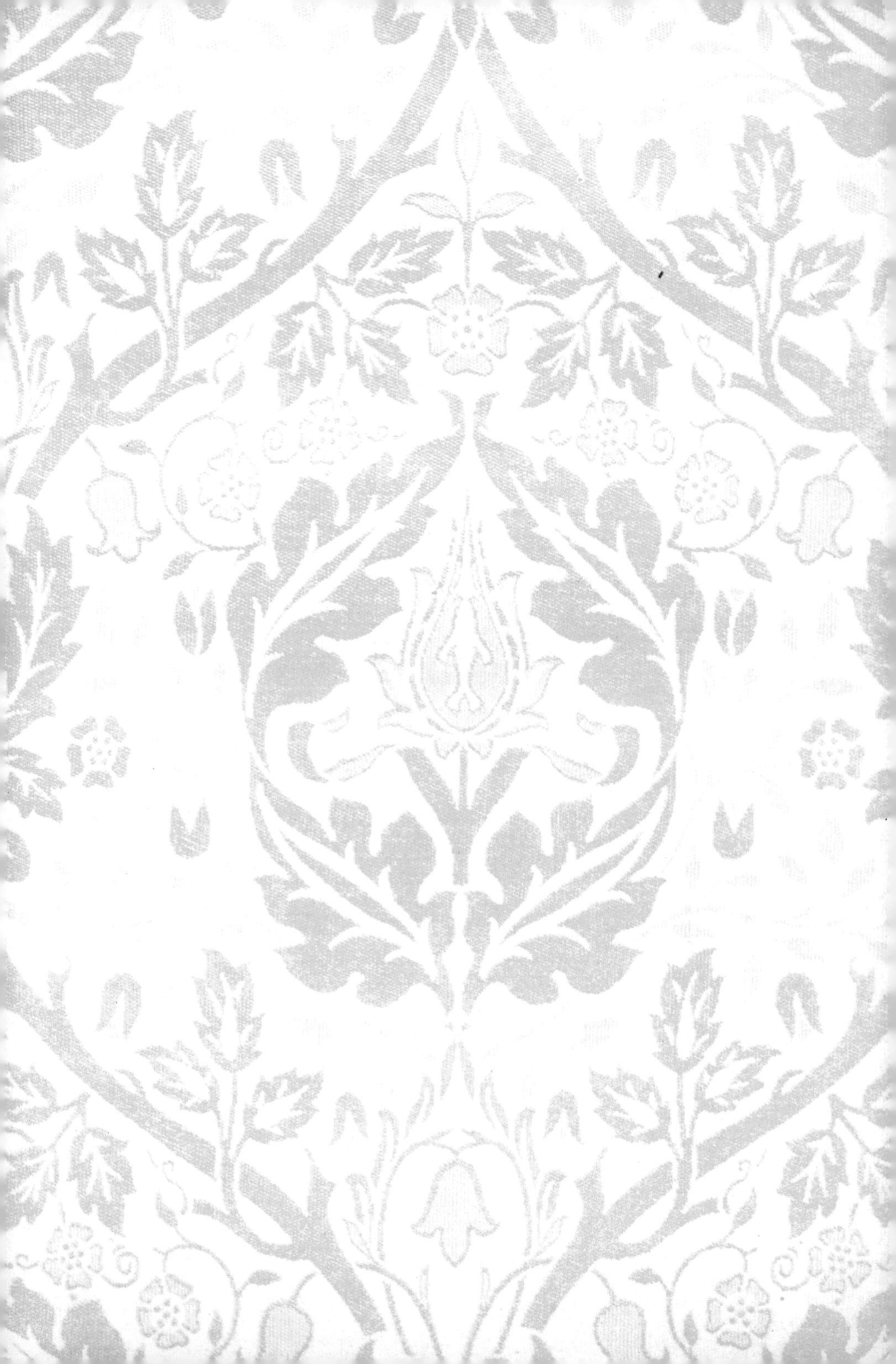

# 思想的貧困

韋政通 著

東大圖書公司 印行

國家圖書館出版品預行編目資料

思想的貧困／韋政通著.--再版.--臺
北市：東大發行，民87
面；　　公分.--(滄海叢刊)
ISBN 957-19-0246-2（精裝）
ISBN 957-19-0247-0（平裝）

110

國際網路位址　http://sanmin.com.tw



著作人　韋政通
發行人　劉仲文
著作財產權人　東大圖書股份有限公司
　　臺北市復興北路三八六號
發行所　東大圖書股份有限公司
　　地　址／臺北市復興北路三八六號
　　電　話／二五〇〇六六〇〇
　　郵　撥／〇一〇七一七五──〇號
印刷所　東大圖書股份有限公司
總經銷　三民書局股份有限公司
門市部　復北店／臺北市復興北路三八六號
　　重南店／臺北市重慶南路一段六十一號
初　版　中華民國七十四年十一月
再　版　中華民國八十七年 二 月

編　號　E 11004
基本定價　肆元陸角
行政院新聞局登記證局版臺業字第〇一九七號



ISBN 957-19-0247-0（平裝）

# 自序

收在這本書的三十六篇文章，除九篇舊作之外，都是一九八二——一九八四這三年中寫成，並曾在報章、雜誌發表。今年度同類型的文章又寫了十篇，討論的問題，有與本書相關的，特別是〈思考方式的突破〉一篇，是針對書中〈思想的貧困〉一文，做了一點重要的補充，因此稿於去年年終就已交給書局，所以沒有補進來。

對一位從事學術思想工作的人，能寫點批判現實的文章，多半要靠外在的機緣，一九八二年年初，我被幾位老友拉到《中國論壇》參加編輯委員會，第二年又被大家推擧爲召集人，負責策劃與審稿的工作，爲配合專題，並輪流寫專欄、社論，書中大部分的文章，都是在這情形下逼出來的。

在這期間，臺灣的政治、經濟、社會等各方面的問題層出不窮，既然要針對現實寫文章，就不能不分出時間和精力去關心這些問題，並將這些問題就思想層次加以檢討與反省，然後提出自認爲有價值的建議。由於個人知識及經驗的侷限，能思考的遠比關懷的範圍要小，形諸文字的更是思考的一小部分，因我深知自由與責任絕對相關，每篇文字都必須經過愼思熟慮，且有主見，才能下筆。在「爲眞理做見證：知識份子的歷史使命」一文中我說：「當大家沉悶的時候，知識份子需要沉思，當人心浮動的時候，知識份子需要冷靜，群衆的行徑往往訴諸本能和衝動。知識份子深知人間有許多問題都不能憑藉理性的思考去解決，但仍然堅持理性，因爲對理性的信任本來就是民主心靈的特徵之一。知識份子必須在一切情緒性的煽惑之前，仍能保持理智性的冷靜和不偏不倚的判斷，否則，一個社會何貴乎有知識份子」？這就是我寫批判現實的文章所持的態度。

同一篇文章裏又說：「知識份子主要的憑藉既然是在思想、觀念與知識，那末他必須先立足於學術，然後才能立足於社會」，這是在過去三年中時常提醒我自己的話，因此學術工作從未因「外務」而中斷。學術的研究與創新，是思想與觀念的水庫，是知識份子的活力泉源，水庫若日漸枯竭，很難成爲一個傑出知識份子的角色。

爲了閱讀方便，我把三十六篇文章性質稍微接近的，分爲三部分：第一部分主要探討「五四」以後的思想，並從不同的角度尋思中國追求現代化遭受挫敗的原因，不可避免的涉及到幾位在學術思想界頗具代表性的人物，這些人物在學術上雖缺乏與他們聲望相稱的成就，但在他們生存的時代裏，都會大放異彩，我常常把這些人物看作悲劇時代裏的縮影，因此除馮友蘭外，多加以推崇，想想我們當前的社會，這一類的典範又何處可尋！我們的學術確有一些進步，但能作爲典範的人物，已一天不如一天。

第二部分是討論當前青年和知識份子問題，我以批判的心靈與社會的關懷作爲現代知識份子的兩個基本條件，以理想主義的精神來治療今日知識份子的冷漠及缺乏信念等病症。當社會大衆群趨於經濟利益時，總要有一些爲理想而活的人，因爲追求眞理堅持理想乃知識份子的本份。如果被視爲社會菁英的知識份子都喪失了奮鬪的意志，飽食終日無所用心，這個社會的希望又寄於何處？如果說今日青年墮落、沒志氣，最大的原因是從家庭到學校到社會都缺少好榜樣。

第三部分是就當前社會、文化、思想的一些問題，表達我的意見，大都是文字精簡，理念豐富的短文，我發覺這一類型的文字，下筆較難，但很耐讀，對忙碌的現代人，是比較合適的一種表達方式。

文章看起來很雜，其中基本的道理却很簡單，不外追尋一個自由、民主、開放的社會和獨立、自尊、理想的人生。爲什麼從「五四」時代就已成爲知識份子嚮往的一些目標，經過大半個世紀，至今仍停頓在理想的階段，其中最根本的原因之一，是由於我們「思想的貧困」，因此在長期西方文化的衝擊下，始終顯得被動而無力，我們的知識界對這嚴重的危機，似乎渾然不覺，我所以把這篇文章的題目取爲書名，就是希望促使大家來反省，並加緊學術思想上的努力，以便早日脫出困境。

韋政通　一九八五年十月四日於內湖碧湖之濱

# 思想的貧困　目次

自序

一

胡適小傳……三
胡適思想綱要……一三
新文化運動時代的自由與民主……七五
啓蒙運動與當代中國思想發展……八三
完成思想啓蒙未竟之業……九一
變遷與回應……九五
——是什麼因素阻礙着我們前進？
認知心態與民主心態……一〇一
學術獨立與自由民主……一一三

民國史上地位突出的三位大學校長……一二一
社會的良心．歷史的見證……一三三
——徐復觀教授
初見馮友蘭……一四一

二

青年的人生觀……一四九
——怎樣為自己找路、意義、理想？
青年文化與青年類型……一六三
青年文化的理想與現實……一七九
人文主義與西皮運動……一八七
批判的心靈．社會的關懷……二〇三
——型塑知識份子的新典範
爲眞理做見證：知識份子的歷史使命……二一五
學習典範：讓理想主義的精神昂揚……二二一
——《中國論壇》九週年
心智的開拓……二二七

三

哲學在人文教育中的地位……二三五
改革青年的思想教育……二四五
傳統與我……二五五
我愛異端……二五七
學習與創新……二六一
思想的貧困……二六五
環境倫理……二六九
工業社會倫理危機的診斷與建議……二七三
老課題上應該努力的新方向
——社會道德問題……二八一
也談「憂患意識」……二八五
上帝的歸於上帝
——我們對宗教法草案的看法……二八九
犯罪與人性……二九三
廿一世紀會是中國人的世紀？……二九七

把經濟活力擴展到文化上去 ——《東亞銳鋒》讀後……三〇一
迎接學術的新挑戰……三〇九
從思想層面看《一九八四》……三一三
我們的反省與展望 ——《中國論壇》八週年……三二一

# 胡適小傳

一個才三歲零幾個月的男孩，就開始在家鄉一個僅兩個學童的家塾裏讀書了，因太矮小，還要大人抱上一隻高櫈子，放學的時候，再由大人抱下來。胡適就從這隻高櫈上開始讀他父親手編的〈學爲人詩〉：

為人之道，在率其性
子臣弟友，循理之正
謹乎庸言，勉乎庸行
以學為人，以期作聖
經籍所載，師儒所述

為人之道，非有他術
窮理致知，返躬踐實
黽勉於學，守道勿失

幾十年以後，胡適的確成了某些人心目中的「聖者」。令人詫異的是，從上引的部分詩句裏，竟然可以看出他一生言行的端倪。五歲喪父，但他實現了父親很高的願望。

童年，伴隨寡母過着清苦淒涼的生活，父親的遺志，和嚴格的母教，使他從小就被人看起來「像個先生樣子」。他的母親，是個苦命而又善良的女人，十七歲時嫁給一個比她大三十歲的滿清小官吏，廿三歲這個小官吏就拋了她，和一個家口衆多的破落戶，去了，留給她的是一個稚弱的孩子，一個很難處的大家庭，還有一副沈重的生活擔子。她沒有怨言，很勇敢地站起來迎接命運的挑戰。她告訴她的孩子：「你總要踏上你老子的脚步，我一生只曉得這一個完全的人，你要學他，不要跌他的股。」胡適從他母親那裏承受到一件稀有的珍寶——一顆純良的心。

在鄉間童年學習的生活中，有兩件事和他後來燦爛的一生，有着密切的關聯。第一件事發生在九歲這一年，他第一次接觸到傳統的小說——一本殘闕不全的《水滸傳》，然後是一本接着一本，每看一冊就把書名記在小手摺上，到十四歲離開家鄉時，摺子上已記了三十多部小說。這些小說使這個愛看書的孩子「打開了一個新鮮的世界」。也爲他後來考證小說埋下了最早的種子。

第二件事，大概在十一歲，小胡適因溫習朱子的小學，而唸到一段司馬溫公的家訓：「形既朽滅，神亦飄散，雖有剉燒舂磨，亦無所施。」這幾句話使他高興的跳了起來，「眞像地藏王菩薩把錫杖一指，打開地獄門了。」一個十一歲的孩子，接着就點讀了《資治通鑑》，並野心勃勃地想編一部「歷代帝王年號歌訣」。誰能想得到呢？司馬光的書，竟使一個孩子形成了一個新的宗教觀，使他變成爲一個無神論者，同時也使他一生自豪的「整理國故」的工作破了土。

一九〇四年，胡適十四歲，跟着生肺病的三哥到上海求學，踏上了一個新的人生旅程。

在上海六年，一共讀了三個學校。最初進梅溪學堂，這個學校的課程雖不完備，但上海這個地方，畢竟開風氣之先，青少年很容易接觸到新思潮，胡適就是在這裏大量閱讀梁啓超的書與文。有一天，同學借來一本鄒容的《革命軍》，當天晚上等舍監查完夜之後，就憑着燭光輪流抄了一本。

不久轉學澄衷學堂，這所學校完善多了，不但有較完整的課程、嚴格的管理，且有頭腦很新的教員，教國文的楊千里先生，用嚴復翻譯的《天演論》做課本。這是胡適第一次讀這本書，十分喜歡。這時候仍在不斷讀梁啓超的文字，《新民說》使他知道中國之外還有很高等的民族，很高等的文化。《中國學術思想變遷大勢》又使他知道四書五經之外中國還有學術思想。

在澄衷讀了一年半，由於學校對英文、數學要求較嚴，遂使他這方面奠定了良好的基礎。可是離開澄衷的時候，却很不愉快。原因是班上有位同學被開除，胡適抱不平向學校抗議，無效。再寫長信力爭，仍無效，還遭學校記一大過。胡適不服，只好離開了，恰巧這時中國公學招考，一九〇六年秋季開學時，就搬進中國公學。

新環境無異是個革命大本營，其中的教員和同學，有不少是革命黨人。不過對胡適來說，還有比這更重要的影響：中國公學提倡「普通話」，也是第一所用「普通話」教學的學校。不僅如此，同學們還創辦了一個白話報——《競業旬刊》。胡適不但藉它發表了許多白話文的習作，且當過這個刊物的主編。一個懷有無神論思想和具有强烈懷疑傾向的少年，在這樣一個新天地裏，做着這份有意義的工作，眞是如魚得水。澄衷學堂的國文老師曾在胡適的作文上批過「言論自由」四個新鮮的大字，現在他獲得實踐師訓的機會，表現得淋漓痛快，在某一篇〈無鬼叢話〉裏，大膽地寫下這樣的句子：「數千年來僅得許多膿包皇帝，混帳聖賢。」如果胡適在那時候，就能讀到唐甄的：「自秦以來，凡爲帝王者皆賊也。」就能讀到譚嗣同的：「二千年來之政，秦政也，皆大盜也。」一定會拍案叫絕，讚嘆不已！

除了《競業旬刊》之外，胡適還在上海以外的白話報上發表了一些白話文，其中有一篇〈論承繼之不近人情〉，胡適在文中，不但反對承繼兒子，並且根本懷疑「爲甚麼一定要兒子」？文末說：「我如今要薦一個極孝順的兒子給我們中國四萬萬同胞。這個兒子是誰呢？便是社會。」這種社會不朽的思想，和人類各大傳統裏相信個人靈魂不朽的思想，比較起來，後者顯然是自私的。一個十多歲少年的思想，在我們中國經過大半個世紀的「現代化」以後，依然是很進步的。

一九〇八年九月間，中國公學鬧了一次大風潮，結果胡適和大多數同學一齊退出來，另外組織了一個中國新公學，並在新公學敎低班的英文。不久新舊公學和解合併，他決定不回去，領了幾百元的欠薪，和幾個同學整天過着搓麻將、吃花酒的荒唐生活。有一天晚上，酒喝多了，醉的不省人事，和巡捕打架，被關進巡捕房。第二天，罰款後放了出來，在鏡子裏看到自己臉上的傷痕，和渾身的濕泥，不禁嘆了一口氣，想起「天生我材必有用」的詩，心裏萬分悔恨，覺得對不起苦命的娘。就在這一天，在悔恨交加的情緒中，生命得到一次新生。

這時候已是一九一〇年，正是庚款留美考試的第二年，生命新生後的胡適，做了一次影響他一生事業的大決定：關起門來讀書，準備留美考試。結果以第五十五名中選。

從此，他開始了一帆風順的新生活。

從一九一〇年九月踏上新大陸，到一九一七年六月回國，經過七年的奮鬥，拿到博士侯選人資格回國。在那個年代，國內風氣剛開，需才孔急，一個放洋的留學生，已是天之驕子。胡適更高同儕一籌，在尚未返抵國門之前，已爲自己佈置好舞台，卽將登台扮演一個歷史性的角色。

一九一五年的夏天，胡適和留學美國的任叔永（鴻雋）、梅覲莊（光迪）、楊杏佛（銓）、唐擘黃（鉞）等已在討論中國文字和文學的問題，其中梅光迪最保守，正因他的觀點和胡適有很大的差距，在激烈爭辯的過程中，才促使胡適用心細想自己的立場，梅越辯越守舊，胡適被「逼上梁山」，決心走向「文學革命」的路。到一九一六年的冬季，發表文學革命思想的時機已成熟，這時候陳獨秀創辦的《新青年》，轟動南北，十月中胡適寫信給陳獨秀，提出文學革命的八個條件，不到一個月，就寫成〈文學改良芻議〉，這篇文章在次年元月號的《新青年》上發表，揭開了新文學（白話文）運動的序幕。儘管胡適在新文學創作方面所做的嘗試，成績不佳，由於他適時的提倡，半個多世紀來，新文學已收到豐碩的成果，這一點胡適提倡的功績，在歷史上的地位，是完全可以確定的。

回國以後在北京大學當教授，在《新青年》發表文章，又出版《中國哲學史大綱》的上册，這些工作雖使他盛名遠播，但這時期梁啓超的時代還沒有過去，陳獨秀對知識青年和社會的影響力，正如日中天，胡適的重要性還不能和他們相比。

在白話文以外，使胡適又一次扮演歷史重要角色，是民國十八年到廿六年之間這一段，這時候國家內憂外患，正陷入嚴重危機，知識界思想分歧、混亂，有的提倡開明專制，有的提倡獨裁政治，有的迷信民族精神，此外社會主義的狂潮，正衝擊着這個古老又破敗的社會，胡適在這多重危機中，當大家心理逆退之際，他在堅持民主自由的原則下，用他的筆和來自八方的言論奮勇作戰。這一時期，他代表着社會的正義，代表着知識份子的良心，剛强不屈地表現出他一生言論生涯中的最高光輝。到這時候，胡適在言論上才算取代了梁啓超、陳獨秀，取得領導群倫的地位。

這一時期胡適發表的文字很多，從一九三〇年的〈我們走那條路〉，到一九三五年的〈試評所謂中國本位的文化建設〉，其中有許多嚴厲批評傳統文化的文章。在五四時代，胡適就寫過不少批評傳統的文字，引起的非議，也不是從這個時期才開始。所謂盛名所至，謗亦隨之。如果孤立起來看，胡適這方面的文字，可訾議之處正多。假如我們能了解一點當時的文化政策、社會景象，和思想界的風尙，對他的文字的評價就不同了。它是富有時代意義的，當政策性的開倒車的時候，胡適在大聲疾呼，指出清末民初以來，由重大的犧牲才換得的歷史方向。就中國力求現代化的大目標而言，胡適在「醜化」傳統的文字背後，有着一股巨大的願力。有充分的事實足以證明，胡適的愛國情操，絕不在任何一個民族主義者或傳統派之下。

胡適不能革命，不會做官，更缺乏做一個在野黨魁的膽識。但在一九三八年的九月，終於做了官——中國的駐美大使，性格雖不適宜做官，在國家面臨危亡的關頭，不得不挺身而出，擔任這個重要職務，在那時候，實在是很少人能比胡適更適合擔任這個職務。接任大使以後，爲爭取美國政府和人民的同情與支持上，付出了最大的心力，後來使他致命的心臟病，就因爲過度辛勞在任上首次發作，住醫院七十七天。

一九四二年九月，恰好任滿四年，胡適帶着心力交瘁的身子，卸下了大使的重任，仍留在美國療養。十月，在哈佛大學短期講學。結束了多年繁忙工作以後，在閒暇中着手研究《水經注》，要斷斷趙、戴的公案。這件學術上的公案，竟耗費了他今後十餘年大部分的寶貴時光，成爲他的「象牙之塔」。五十歲以後，對一個學術思想工作者而言，正是能著作又應該多著作的成熟期，他竟選擇做《水經注》這個案子，這種選擇多少顯示出他在這個年齡本可免除的爭勝之心，似乎竟不能避免。胡適覺得像王國維和孟森這樣傑出的學者，所發表的〈水經注疑案〉的文字，都陷入了很幼稚的錯誤，竟至誣告古人（指戴震）作賊，所以要從頭審這場官司，打一次不平。當然，這種工作本身，有它的學術價值，可是以胡適的天資和訓練，去做這件工作，造成的損失，實不止於胡適個人。

一九五七年，胡適在美國寫信給陳之藩，敍說他當時的心情和意向：「我的打算回去，是因爲我今年六十六歲了(照西洋的算法)，應該安定下來，利用南港史語所的藏書，把幾部未完的書寫出來。多年不寫文字了，筆下生澀得很！在自由世界裏，南港的書最合我用。」究竟是什麼原因使胡適「多年不寫文字」？不安定和藏書不足，應該都是次要的，健康狀況的不佳，算是其中的一個原因，最主要的可能是心理的退返作用——這種趨向，在辭去大使職務以後就開始了。抗戰勝利後，出席制憲國大期間，胡適的朋友傅斯年正「大談俄帝的可畏，從俄國歷史談共禍的發展可能，」那時期，勝利像隻水泡，正應着一句古詩：「山雨欲來風滿樓」，許多人都寄望於這位知識界的領袖，盼望他能有些作爲。可是胡適回來了，且做了北大的校長，他却抱着多種善本的《水經注》，出入國大會場，這不就是心理退返的一個證據嗎？

嗣後的胡適，創進的活力消退，晚年的許多演講，內容除少數例外，大都是舊話重提，《水經注》和《禪宗史》的考證，在他生命史上的意義，正如他自己曾說過的：「人各有最明白的地方，也各有最懵懂的地方；在甲點上他是新時代的先驅者，在乙點上他也許還是舊思想的產見。」胡適一生弄考據，竟懵懂得以爲藉它在提倡科學方法。他到死都沒有察覺到，自己尙未突破清代學風所給予的影響。

胡適在晚年，學術上雖未能做出與他聲望相符的工作，但依然享有盛名，依然是自由主義的代表，依然是衆望所歸的人物。他付出去的多，收到的報償也多。在當代中國，沒有一個書生的去世，能引起社會那樣大的震動和悲哀。

一九二五年，胡適和章士釗七律詩：

但開風氣不為師，
龔生此言吾最喜；
同是曾開風氣人，
願長相親不相鄙。

「但開風氣不爲師」，雖是先驅人物的自謙與自況，再也沒有比這句詩更能恰當形容胡適一生的。他的《中國哲學史》、《嘗試集》、《白話文學史》、古史討論，以及提倡白話文、國語和整理國故的方法，無一不是在開創新領域，開闢新風氣。和梁啓超一樣，在啓蒙工作上撒下許多種子，如何培育使它發芽滋長，是繼起者的責任。

有人說胡適「心腸軟，言語硬」，正好說明他樹立了一個剛正慈和的典型。這一點上也和梁啓超相同，他們都有一股熾熱的心腸，一顆純良的心，一個知識份子所能給予社會的，沒有比這更重要的。

讓我們感激他，懷念他，但不必羨慕，也毋須忌恨，最重要的，我們要與他的品格爭輝，要用工作成績去趕過他，一個能不斷超越前人成就的社會，才是眞正進步的社會。

原載一九七八年十二月「現代中國思想家」⑦

# 胡適思想綱要

有的人可以蓋棺論定，有的人在生前就已經可以論定，也有的人雖然死了，却仍然被人議論紛紛。胡適屬於第三種人。傳統主義者認定他是一個反傳統者，甚至是這方面的代表。自由主義的後進，則認爲他保守。有人把他看成帝國主義或資本主義的代言人，也有人視他爲中國共產主義的開路人。除了最後一種是出於惡意曲解之外，其他三種看法，都可以從他的一生言行中，找到一些證據，但也都只是偏面的。

胡適是個有多方面活動的人——文學、學術、政治、社會改革、知識份子等，因此他扮演着多重的角色——文學家、思想家、教育家、啓蒙者、自由主義、科學主義者。我們要對如此人物，做一個完全而又公正的判斷，實在不是件容易的事。在這裏，我們只希望能做到，幫助讀者了解胡適對空前變局下的中國文化、社會諸問題的所思與所行。要了解這些，當然要先了解他最重要的教育背景和他思想上所得的基本訓練。面臨中西文化衝突之際，這些條件，往往足以決定一個人對本土文化和外來文化的態度。

對這樣的人物，要完全避免批評，是不可能的，但這些對一個歷史性的人物並不頂重要。最重要的是，要了解在一個極端動亂的國度裏，仍能享有四十多年盛名的人物，他究竟對國家社會的新生貢獻了些什麼？使後來者能從他的一生吸取經驗和教訓。每一個傑出的人物，都有他的突出處和難以克服的限制，也都有他的功和他的過，當我們探討這些面時，不在對被探討者加以譭譽，而是希望下一代的俊者，在創造自我典型時，能獲得一點珍貴的啓示。歷史性人物的價值，應該是能活在後人知識和人格創造性的活動中，不是被供奉在廟堂之上。

## 一、對西方思想的認識

留學美國七年，是胡適最重要的學習背景。他學的雖然是哲學，但非常重視眼前的問題，他所想和要解決的問題，都是一件一件的具體問題。這種心態所產生的注意力，囿限了他吸取知識的性質和範圍，他對代表西洋哲學精華的形上學和知識論，沒有興趣，只想學習一些能解決具體問題的知識和方法。

## （一）演化論

二十世紀初，正是達爾文主義在英美風行，掀起學術革命的時代，達爾文的理論，尤其是他的方法，以及這種學說與宗教之間引起的衝突，對一個自幼就佈下無神論種子的青年，自然具有強大的吸引力。四十歲時，胡適曾有如下的自述：

> 我的思想受兩個人的影響最大：一個是赫胥黎，一個是杜威先生。赫胥黎教我怎樣懷疑，教我不信任一切沒有充分證據的東西。杜威先生教我怎樣思想，教我處處顧到當前的問題，教我把一切學說理想都看作待證的假設，教我處處顧到思想的結果。這兩個人使我明瞭科學方法的性質與功用。（〈介紹我自己的思想〉）

赫胥黎就是被達爾文稱爲「我的總代理」，同時也是擴大演化論影響，並爲作有力辯護的大功臣。

最早在中國介紹演化論的是嚴復，胡適十五歲（一九〇五）第一次接觸這方面的思想，就是讀嚴譯的《天演論》。十七年後（一九二二），胡適寫〈演化論與存疑主義〉一文介紹這派思想時，重點是放在方法上。胡先生認爲達爾文和赫胥黎在哲學方法上最重要的貢獻，在於他們的「存疑主義」（Agnosticsm）。「存疑主義這個名詞，就是赫胥黎造出來的，直譯爲『不可知論』（胡先生原譯爲『不知主義』）。……赫胥黎說，只有那證據充分的知識，方才可以信仰，凡沒有充分證據的，只可存疑，不當信仰。這是存疑主義的主腦。」

一八六〇年九月，赫胥黎的兒子死了，他一位文學家朋友金司華寫信安慰他，談到人生歸宿和靈魂不朽的問題。赫氏在回信中，很清晰地表達了他的不可知論者的立場，他說：「靈魂不朽之說，我並不否認，也不承認。我拿不出什麼理由來信仰他，但是我也沒有法子可以否認他。」達爾文也說：「我不能冒充曾對這種深奧的問題帶來一絲的光明。萬事萬物的緣起，乃是我們無法解答的問題，以我自己爲例，我寧願仍以做一個不可知論者爲自足。」

站在科學的立場，對宗教的問題，這是唯一可取的態度。上帝有沒有？靈魂存不存在？科學既不能證明，但也提不出反證，所以只好存疑，只好認爲不可知。可是胡適並不能恪守這種立場，他在有意無意之間，往往把不可知論和無神論混同起來。例如他譯介赫胥黎，說「凡沒有充分證據的，只可存疑」，是對的，但說「不當信仰」，就成爲無神論者的口吻了。一個不可知論者，可能信神，也可能不信神。演化論初期的重要代表：達爾文、赫胥黎、斯賓塞都不是無神論者。達爾文晚年曾說過：「令人深信上帝的確存在的另一個理由，是出於理智的而非出於感情的，使我深深體會到其重要性。」被胡適以「戡天主義」的大師身分介紹給中國讀者的培根，他是一個傑出的科學哲學家，同時也是神秘主義者，在他遺留的文稿中，有一段動人的祈禱文：

爲父、爲道、爲靈的上帝啊！請聽我們卑微的祈禱，熱誠的傾訴，求您關切人類的苦難，關切我們生命的旅程，因爲我們在邪惡的日子中消磨了一生，求您再度開啓恩典的源泉以解救我們無邊的苦難。科學史家李約瑟指出，反對理性和擁護神秘主義的趨勢，可以爲現代科學的功臣，他卽以培根爲例來說明（中譯《中國之科學與文明》第二册頁一四〇）。胡適從不注意這些，他只是從實用和效果的觀點汲取演化論的方法，誇張其功效，做萬靈丹式地應用，希望在中國也能因此掀起一番學術革命。

他介紹的方法，在中國並沒有能激起科學本身的研究。首先是應用在文學革命，胡適要人知道，白話的文學是古文學的進化，這個觀念對新文學的提倡十分有力。當進化的觀念應用到古史討論，問題就更形複雜，中國沒有西方基督教式的傳統，但有類似的道統，道統在中國文化裏是一種複雜的組合，代表中華民族由來已久的信仰。當它與演化論的觀念和方法遭遇時，勢必產生强烈的衝突。由於對古史的懷疑，終於破壞了中國人的道統信仰，不可避免地，連帶着使這個民族的精神力量也遭到損害。鴉片戰爭以後的半世紀，中國人在優勝劣敗的現實壓力下，自信心已逐漸喪失，道統信仰的破壞，更是重重地一擊。在十九世紀中葉以後，西方的勢力膨脹情勢下，破壞一個民族的信心，很容易，但要重建一個民族的信心，就要難上一百倍。

胡適學習的方法，還不祇是應用在文學、學術方面，他還要藉它來提倡一種「新生活」（此文民國八年發表於《新生活》雜誌），一種自然主義的或科學的人生觀，一個新的宗教。

胡氏回憶〈新生活〉一文時說：「赫胥黎教人記得一句『拿證據來』！我現在教人記得一句

『爲什麼』？少年的朋友們，請仔細想想：你進學校是爲什麼？你進一個政黨是爲什麼？你努力做革命工作是爲什麼？革命是爲了什麼而革命？政府是爲了什麼而存在？請大家記得，人同畜牲的分別，就在這個『爲什麼』上。」「拿證據來」和「爲什麼」雖然不同，但都不必然可以導出一個眞正有意義的生活。有證無證屬於科學的活動。一個人知道「爲什麼」毫不足奇，人本來就是能「理由化」的動物。人可以因有正當的理由而導出有意義的生活，也可以因此而諉過自欺。

當胡適提出所謂科學的人生觀時，實際已脫離了存疑主義的立場，走向無神論。無神論不只是一種信仰，它是引發激情的戰鬥工具。胡適意圖利用它向所有沒有證據的世界宣戰。當科學的精神和方法被如此驅使時，它已轉化成科學主義，科學主義是要假藉科學建立一個新的價值系統，以代替舊的宗教和倫理。這種科學主義在中國的氾濫，對科學的發展產生阻力，對傳統則產生相當大的破壞力。假如胡適當年，能忠於存疑主義的立場，能對演化論與宗教之間的微妙關係多一層認識，那末達爾文主義對中國的影響，將是另外一種情況。

## （二）杜威哲學

羅素說：「杜威的旨趣，是生物學的，而不是數學的，他把思想看作是演化的歷程。」（《西方哲學史》第三十章）了解了這一點，也許有助於我們了解爲什麼赫胥黎和杜威的思想，能在胡適思想中融合無間？

胡適到美國的時候（一九一〇），杜威已是著名哲學家。在這以前，他就是一個很關心現實問題的青年，他留學，是爲了找尋解決這些問題的法寶。在當時的美國哲學家中，杜威的實驗主義，可說最能滿足他的需要。所以在康乃耳畢業以後，就進入哥倫比亞杜威門下深造。杜威的傑出貢獻，在以思想爲工具，去改造社會和教育。所以用西方傳統哲學的標準看杜威，他是比較通俗化的。胡適在中國介紹杜威哲學，更常喜歡用很具體的例子：「一個人出去探險，走進一個無邊無際的大樹林裏，迷了路，走不出來了。他爬上樹頂，用千里鏡四面觀望，也看不出一條出路。他坐下來仔細一想，忽聽得遠遠的有流水的聲音，他忽然想起水流必定出山，人跟着水走，必定可以走出去。主意已定，他先尋到水邊，跟着水走，果然走出了危險。」這是民國八年在〈杜威論思想〉文中擧的例子，也是後來胡先生常津津樂道的一個例子。這個例子很能說明杜威哲學的精神，因爲杜威哲學的基本信條就是：「經驗卽是生活，生活卽是應付環境」。很少思想家能像胡適那樣，把一個問題說的幾乎使人人能懂的地步，這是啓蒙運動家不可或缺的條件，也是胡適思想能產生廣大影響的一個重要因素。

有時候杜威的哲學，被稱爲工具主義（Instrumentalism）。什麼叫工具主義呢？胡適說：「一切的思想、知識、經驗，都是生活的工具，生活的基礎。每一個人所有過去的經驗，和現在的經驗，都是爲幫助將來生活的工具。天地間一切眞理，一切學術，一切教育，以及什麼聖人賢人的話，天經地義的金科玉律，都不過是工具。這都是幫助我們解決問題，幫助我們提一個暗

力量，當然也是有價值的思想，這些也不是從這個那個具體的問題下手的。跳出倫理、宗教的範圍，在國家的事務上，當一個國家釐定社會政策，教育政策，和經濟政策時，我也懷疑能完全應用「從這個那個具體的問題下手的」方法。在國家的複雜事務中，尤其是一種大規模的社會試驗，縱然經過數十百年，依然很難確定它的效果是好還是壞。在這種情形下，要想判定那些是有用的知識，那些是眞知識，總是可以有爭論的。我說這些，主要是指出，實驗主義的方法，不是如胡適所想像的那樣，可以做無限制的應用，或應用而卽能見效。

實驗主義能在一段時間裏產生影響力，數十年來胡適有力的傳播，自然是一大原因，但杜威本人曾應邀來中國講學，更是主要的因素。杜威夫婦於民國八年（一九一九）五月一日到上海，恰好趕上「五四」運動，世界上一個最大的古國，正在經歷着激烈的鉅變，難得的歷史景象引發了杜威的好奇與關切，竟使他停留到民國十年（一九二一）七月才離去。他在中國共居了將近八百天，除了在北京大學擔任一年客座教授外，在全國各地演講百次以上。在一個知識飢渴的國家，又恰值新文化運動高潮期間，其影響是可以想見的。

杜威夫婦離開中國時，胡適寫〈杜威先生與中國〉送別，曾預言：「在最近的將來幾十年中，也未必有別個西洋學者在中國的影響可以比杜威先生還大的。」這個預言當然不符歷史事實。不過杜威在中國的那一陣子，教育界的確像來了一陣旋風，一時北京、南京、蘇州、上海等地，都曾出現過幾所「實驗學校」。不幸中國在此後的數十年，一直是在大動亂中，不要說教育的百年大計，就是十年計劃，也難實現。這些有意義的實驗，就像一陣風般地過去了。一個特別重視實驗的思潮，在中國竟沒有環境做長期的試驗，幸運已降臨，我們却把握不住它，這不能不說是我們國家的一大損失。

杜威的思想，是地地道道美國社會的產物，所以杜威能對美國的教育，產生極爲深遠的影響。中國的社會條件，與美國大不同，這應該也是杜威沒有能在中國產生深刻影響的一大原因。由於美國在西方歷史上的特殊地位，直接影響到杜威哲學與西方傳統的疏離。你可以說杜威代表一種思想的革命，但他的西方傳統思想背景畢竟較淺，這在杜威本身，也許不是什麼大缺點。可是對一個中國人，情況就不一樣。近代與中國文化交會的，是整個的西方文化，因此我們希望學習並進而融通的，也是西方文化，而不應該只以美國文化爲對象。代表美式思想的杜威哲學，所給予胡適的限制，不但使他與西方的傳統思想隔離，即使對中國傳統思想中的超知識部分，也缺乏親和之感和深度的認識，因此在他一生的學術生命中，根本洋溢不出中西兩大傳統會合的智慧。歷史上許多大哲學家大思想家，往往要經過肯定與否定、認同與叛逆的痛苦和掙扎的歷程，因而在漫長的人生道上，都能始終保持高度的奮鬥精神和工作情緒，這是因爲他的思域廣濶如一片海洋，海洋中的洶湧波濤，象徵着自然無盡的動力。胡適的一生，缺乏這種經驗，他從杜威那裏獲得的思想生命，終生奉行不渝。只能得一次思想生命的人，是極容易自限的，思想的根鬚所植也不會很廣很深，這直接影響到一個人思想動力的强弱。晚年胡適在美國旅居多年，國家民族陷入如此苦難，他竟能在象牙塔裏玩《水經注》，以他的天賦或他當年的活力，爲何竟如此？上面所說，或許能觸到問題的癥結。

## （三）易卜生主義

胡適從美國帶回來的另一法寶，是易卜生主義，他藉易卜生主義提倡一種個人主義的人生觀。易卜生說：

> 我所最期望於你的是一種眞實純粹的爲我主義，要使你有時覺得天下只有關於你的事最要緊，其餘的都算不得什麼……你要想有益於社會，最好的法子莫如把你自己這塊材料鑄造成器。……有的時候我眞覺得全世界都像海上撞沉了船，最要緊的還是救出自己。

《易卜生主義》這篇文章發表在民國七年（一九一八）六月一日的《新青年》上，正值新文化運動反傳統的熱潮期。《新青年》反傳統言論的廣大影響，促使青年們與傳統的離異。傳統的家庭，一向要求子女順從，爲了家庭的和諧與利益，有時須犧牲個人的意志。個人主義思想的引入，正好爲年青人的叛離行爲提供有力的理由。易卜生的話句句扣人心弦，胡適回憶：「這篇文章在民國七八年間所以能有最大的興奮作用和解放作用，也正是因爲他所提倡的個人主義在當日確是最新鮮又最需要的一針注射。」（〈介紹我自己的思想〉）針對着業已僵化的傳統，針對着傳統家庭的流弊，在近代經過一次個人的解放，也許是必要而又難以避免的，但我們仍應了解，個人主義在十八、九世紀的歐洲能夠興起，並能如胡氏所說「造出了無數愛自由過於麵包，愛眞理過於生命的特立獨行之士」的積極效果，是有它一定的社會條件的。歐洲產業發達，政治不斷革新，社會也比以前富庶安定。這樣的環境裏，比較能經得起個性解放思潮的震盪，個人主義也比較有機會有途徑一展抱負。在民國初年的中國，這些條件完全沒有，當青年男女們從傳統和家庭叛離出來以後，由於社會既貧窮又不安，一時的興奮却敵不過現實生活的高壓，寄身在商業性的大都會裏，自己却找不着一展心願的路，於是徬徨十字街頭，於是理想幻滅，於是又不得不盲目奔馳！「五四」前後，青年人的這一趨向，無疑曾助長了國家社會的動亂。這種演變，自然不是提倡個人主義者預料所及的。

胡適告訴中國青年，易卜生主義是一種「健全的個人主義的人生觀」。個人主義本來就與資本主義社會息息相關，在資本主義社會裏，不但承認人的自利權，而且鼓勵人爲了個人的利益可以從事無情的競爭。以前只有男人們可以如此，現在產業發達，女子有更多的機會取得經濟地位的獨立，她們也能獲得男子們所曾得到的，於是娜拉型的女子日漸增多。十九世紀的歐洲，還有强調奉獻强調犧牲的宗敎傳統，多少平衡了這種趨勢。但在中國，根本就是一個一貧如洗的破落戶的國家，在這種情形下，如果我們還鼓勵年輕的一代：「要使你有時覺得天下只有關於你的事最要緊，其餘的都算不得什麼」，你想，這將有怎樣的後果！傳統敎人利於「家」，個人主義敎人利於「己」，個性也許解放了，個人的尊嚴未必能保持，與社會却造成脫序的現象。

寫到這裏，我當然沒有忘記胡先生在發表〈易卜生主義〉十七年後爲個人主義所做的辯護，他指出那些說個人主義的人生觀是資本主義社會的人生觀，是濫用名詞的大笑話。他反駁道：「難道在社會主義的國家裏就可以不用充分發展個人的才能了嗎？難道社會主義的國家裏就用不着有獨立自由思想的個人了嗎？難道當時辛苦奮鬥創立社會主義共產主義的志士仁人都是資本主義社會的奴才嗎？」(〈個人自由與社會進步〉)假如胡先生這些話是眞的，那就必須要能證明只有個人主義才能充分發展個人的才能，只有個人主義才能培育出獨立自由思想的個人。很顯然，這不能證明，因爲通過其他方式，也可以達到這些目的。何況個人主義的這些品質和功能，有的是由以前的文化遺產中承襲而來，並非個人主義所獨創，亦非個人主義所能獨佔。實驗主義是非常重視思想效果的，假如胡先生在十七年後能不固執己見，正視一下個人主義中國版的效果，我懷疑他仍能振振有詞地爲個人主義做無益的辯護。

## (四) 自由主義

嚴復在清末對「自由」就有精確的認識，他說：「須知言論自由，只是平實地說實話求眞理，一不爲古人所欺，二不爲權勢所屈而已。使眞理事實，雖出之仇敵，不可廢也。使理謬事誣，雖以君父，不可從也。此之謂自由。」(《群己權限論》，譯凡例)但中國自由主義發揮影響力，則是「五四」前後的事。胡適提倡的新思想中，就中國的需要而言，自由主義自有其價值，但發生的實際影響却很有限。

個人主義——尤其是中國版的個人主義，有强烈地爲我主義的傾向，因此個人主義與自由主義的混同莫辨，爲自由主義帶來許多誤解。「自由主義」這個名詞在歷史上雖然出現很晚，但類似的思想和角色，在中西歷史上都是史不絕書的，他們的共同特色，是反抗暴力、不畏權勢、說眞話、爲正義、爲人的尊嚴，奮鬥不懈。

胡適對自由主義的了解，遠比對科學方法的了解爲深刻，這方面的見解，可從〈自由主義是什麼〉一文看出來：

㈠自由在歷史上的意義是「解縛」，也就是從外力制裁之下解放出來。人類歷史上那個自由主義大運動，實在是一大串「解縛」的努力：宗敎信仰自由只是解除某個宗敎威權的束縛，思想自由只是解除某派正統思想威權的束縛。

㈡中國歷史上也有自由主義的運動，但因沒有能抓住政治自由的特殊重要性，所以始終沒有走上建設民主政治的路子。西方的自由主義的絕大貢獻正在這一點，他們覺悟到只有民主的政治方才能够保障人民的基本自由。

㈢自由主義在近兩百年的演進史上，還有一個特殊的、空前的政治意義，就是容忍反對黨，保障少數人的自由權利。向來的政治鬥爭，不是東風壓了西風，就是西風壓了東風，被壓倒的人是沒有好日子過的。但近代西方民主政治却漸漸養成了一種容忍異己的度量與風氣。容忍反對黨，尊重少數人權利，乃和平的政治社會改革的唯一基礎。

在這裏，胡適着重自由主義的政治意義，尤其看重它促使政治社會的和平改革和政權的和平轉移。在〈美國的民主制度〉一文裏，胡適所强調的也是這一點。這的確是自由主義和民主政治對人類的最大貢獻最大恩惠。

不幸自由主義在中國，對民主政治的實際貢獻很小，由於民初的特殊情況，使自由主義的「解縛」這一意義，倒發生了鉅大的作用。自由主義是必然有所對抗的，它主要的對手應該是鎮制性的暴力，可是在中國它的主要對手却是傳統，結果成爲「衝決網羅的自由」，和個人主義的潮流滙合在一起，對傳統種種形成一股强大的破壞力量。因此在此後的數十年中，使自由主義與傳統主義形成長期對峙，影響思想進一步的開展。

## （五）對西方近代文明的態度

胡適是屬於溫和通達型的人，這種性格也反映在他的文字風格上。可是在中西文化這個題目上，却說了許多意氣的話。幾十年來有部分人士，一直喜用「精神文明」和「物質文明」的二分法來區別東西文化，這當然是無稽之言。胡氏對這種無稽之言，往往却矯枉過正地說：「這種物質文明——機械的進步——才眞正是精神的。」「這樣受物質環境的拘束與支配，不能跳出來，不能運用人的心思智力來改造環境改良現狀的文明，是懶惰不長進的民族的文明，是眞正唯物的文明。」這樣的辯駁，除了使人感到在互相吵架之外，什麼也沒有告訴我們。

胡適心目中的西方文明，只限於近代。對西方近代文明的態度，近乎詩人式的謳歌，在這種心態下，對自己的傳統，有時候就難免要落於「醜化」了。他在〈我們對於西洋近代文明的態度〉一文中，有如下的結論：

我們現在可綜合評判西洋近代的文明了。這一系的文明建築在「求人生幸福」的基礎之上，確然替人類增進了不少的物質上的享受；然而他也確然很能滿足人類的精神上的要求。他在理智的方面，用精密的方法，繼續不斷地尋求眞理，探索自然界無窮的秘密。他在宗敎道德的方面，推翻了迷信的宗敎，建立合理的信仰；打倒了神權，建立人化的宗敎，拋棄了那不可知的天堂淨土，努力建設「人的樂園」、「人世的天堂」；丟開了那自稱的個人靈魂的超拔，儘量用人的新想像力和新智力去推行那充分社會化的新宗敎與新道德，努力謀人類最大多數的最大幸福。東方的文明的最大特色是知足，西洋的近代文明的最大特色是不知足。

這是民國十五年說的話。三十五年後，也就是在他去世前幾個月，以〈科學發展所需要的社會改革〉爲題的講演中，對西方近代文明的看法，沒有多大改變。可是在這三十五年中，西方的文化和社會，已經歷過大幅度的變遷，西方人十九世紀的樂觀態度，在第一次世界大戰以後，就已逐漸消失，存在主義的風行，自斯賓格勒、湯因比，到素羅金對西方文明危機的警告，在在都說明近代西方文明業已陷入嚴重的困境中。胡先生却無視於這些。思想能解放一個人，也能桎梏一個人；思想能引導人開闢廣大天地，也能形成人的枷鎖。胡先生竟被早期建立的信念和印象，桎梏的如此之深！他不是一個老學究型的書生，常有機會到世界各地走動，假如少許放棄一點成見，看看西方的現實，你還能說他們建設了「人的樂園」和「人世的天堂」嗎？儘管許多人已有着豐裕的享受，可是那種不思不想的機械式的生活，你能說他們很「幸福」嗎？能說已滿足了人類精神上的要求嗎？古老的文明重視精神忽視欲望，近代的文明則有相反的趨勢，這都是不够健全的。

胡適既謳歌西方近代文明，因此，對那些誇稱中國文化如何比西方高的人，常嚴詞斥責。事實上他往往被這類的言論所驅使，而走向另一極端。下面是一段充滿激情的例子：

> 少年的朋友們，現在有一些妄人要煽動你們的誇大狂，天天要你們相信中國的舊文化比任何國高，中國的舊道德比任何國好。還有一些不曾出國門的愚人鼓起喉嚨對你喊道，「往東走！往東走！西方的這一套把戲是行不通的了！」我要對你們說：不要上他們的當！不要拿耳朵當眼睛！睜開眼睛看看自己，再看看世界。我們如果還想把這個國家整頓起來，如果還希望這個民族在世界上佔一個地位，——只有一條生路，就是我們自己要認錯。我們必須承認我們自己百事不如人，不但物質機械上不如人，不但政治制度不如人，並且道德不如人，知識不如人，文學不如人，音樂不如人，藝術不如人，身體不

如人。（〈介紹我自己的思想〉）

如果這些話是眞的，那麼中國要站起來似乎只有一條路可走——「全盤西化」。但這些話並不是眞的，因胡先生無法證明中國人的道德、文學、藝術全不如人。至少到目前爲止，我們還沒有建立起來，這些方面可資比較的客觀標準。那些誇大中國文化價値的人，胡先生斥之爲「妄人」、「愚人」，相反地，說中國「百事不如人」的人，在心態上和那些愚妄之人又能相差幾何！享有盛名的人，無法避免被人批評，但如果在這些地方授人以口實，誠屬不智之甚！假如年輕的一代，眞要相信了胡先生的話，我相信他不會去認錯，也絕激不起「希望這個民族在世界上佔一個地位」的雄心，這些話只能助長年輕人的崇洋媚外的心理而已！胡先生說，一個現代的國家，絕不是一班奴才能建造起來的。我們也同樣可以說，一個對自己完全失去信心的民族，也無法建造一個新的國家。

## （六）社會主義

社會主義在十九世紀中葉以後，是一股蔓延到全世界的巨潮。二十世紀三十年代的中國，大多數的知識份子，都受到它的衝擊，胡適也是其中的一個。他說：「十八世紀的新宗教信條是自由、平等、博愛。十九世紀中葉以後的新宗教信條是社會主義。這是西洋近代的精神文明，這是東方民族不曾有過的精神文明。」胡適一向都是資本主義的忠實擁護者，但在社會主義的刺激之下，對資本主義，也不得不有所檢討：「十九世紀以來，個人主義的趨勢的流弊漸漸暴白於世了，資本主義之下的苦痛也漸漸明瞭了。遠識的人知道自由競爭的經濟制度不能達到眞正『自由、平等、博愛』的目的，向資本家手裏要求公道的待遇，等於『與虎謀皮』。救濟的方法只有兩條大路：一是國家利用其權力，實行裁制資本家，保障被壓迫的階級，一是被壓迫的階級團結起來，直接抵抗資本階級的壓迫與掠奪。於是各種社會主義的理論與運動不斷地發生。」（〈我們對於西洋近代文明的態度〉）這裏所說的，有些是歷史事實，有些則是當時很流行的意見。在那個時代，不論東方或西方，稍爲有理想主義傾向和人道主義色彩的知識份子，很少不經過對社會主義的憧憬。世界在變，個人也在變，二十八年後，胡先生在臺灣，曾爲了當年講過的那些話，公開表示懺悔，認爲「是我在那時與許多知識份子所同犯的錯誤」。他爲什麼又會拋棄社會主義而回到資本主義的立場呢？胡先生的解釋是：「這個不能不感謝近三十多年當中，歐洲的可以說極左派和極右派兩個大運動的表演；他們的失敗，給我們一個最好的教訓。」極右派是指希特勒、墨索里尼，極左派是指蘇聯共黨。不論東方或西方，在血淋淋的事實之前，知識份子開始轉變，在那時期也是相當普遍的現象，只是不一定都轉回到資本主義上去。

近代以來，可以說是人類的大試驗的時代，各色各樣的主義都有被實驗的機會，而成敗互見。一個知識份子生活在這樣的時代，以今日之我與昨日之我作戰，眞是太平常的事。負有言責，在思想上又具有影響力的人，如果心靈沒有彈性，常常做自我檢討，是很容易誤己誤人的。

學術的淵源，一種思想的前因後果。

所以第二步是要尋出每種學術思想怎樣發生，發生之後有什麽影響效果。因爲前人讀古書，除極少數學者之外，大都是以訛傳訛的謬說，如太極圖、爻辰、先天圖、卦氣之類。

故第三步是要用科學的方法，作精確的考證，把古人的意思弄得明白清楚。因爲前人對於古代的學術思想，有種種武斷的成見，有種種可笑的迷信，如罵楊朱、墨翟爲禽獸，却尊孔丘爲德配天地，道冠古今！

故第四步是綜合前三步的研究，各家都還他一個本來眞面目，各家都還他一個眞價值。（〈新思潮的意義〉）

這就叫做整理國故，也就是胡先生對整理國故的初步構想，那是民國八年。過了三、四年，爲《國學季刊》寫發刊宣言，對這個工作，有了更進一步的考慮，更成熟的見解：

㈠擴大研究的範圍：所謂擴大研究範圍，是包括上下三四千年的過去文化，並打破一切的門戶之見，把一切材料都看成有同等的研究價值。

㈡注意系統的整理：系統的整理，可分三部來說：⑴索引式的整理——把一切大部頭的書或難檢的書，一概編成索引，使人人能用古書。⑵結賬式的整理——結賬是要結束從前的成績，並預備將來努力的新方向。前者是預備普及的，後者是預備繼長增高的。⑶專史式的整理——這步工作最後的目標，是中國文化史，其中要包括民族史、語言文字史、經濟史、政治史、國際交通史、思想學術史、宗教史、文藝史、風俗史、制度史等。胡先生認爲，做這樣工作的人，要有兩種必不可少的能力：一是精密的功力，一是高遠的想像。

㈢博採參考比較的資料：胡適指出，向來的學者誤認「國學」的「國」字是國界的表示，所以不承認「比較研究」的功用。爲了這個原因胡先生鼓勵學者們，打破閉關孤立的態度，多注意日本和西方學者們的成績，以資參考比較，這樣可以爲我們開無數新法門。

結論是：

用歷史的眼光來擴大國學研究的範圍。

用系統的整理來部勒國學研究的資料。

用比較的研究來幫助國學的材料的整理與解釋。

胡適是提倡新思潮的人物，那麼新思潮和整理國故有什麼關係呢？在〈新思潮的意義〉一文中，他就提出這樣的問題：「新思潮的運動對於中國舊有的學術思想，持什麼態度呢？」答案是：「評判的態度」。怎樣評判呢？

(1)對於習俗相傳下來的制度風俗，要問：「這種制度現在還有存在的價值嗎？」

(2)對於古代遺傳下來的聖賢教訓，要問：「這句話在今日還是不錯嗎？」

(3)對於社會上糊塗公認的行爲與信仰，都要問：「大家公認的，就不會錯了嗎？人家這樣做，我也該這樣做嗎？」

評判的態度，就是「重新估定一切價值」。這句話雖是尼采說的，却是文藝復興時代的人文主義者早已做過的。胡適在「五四」時代把它鄭重提出來，正合乎新文化運動的要求。很可惜，半個多世紀來，這方面的成績却是很少很少。胡適所構想的整理國故的大工程，的確是爲學術研究開了一些新的門路，可是要做好這些工作，需要相當的思想訓練，而當時的學術界却仍籠罩在「乾嘉餘孽」的氣氛下，對先秦諸子，他們只能做些校注考證的工作，對宋、明理學則採敵對的態度。儘管胡適曾警告年輕人：「所以我們要希望一班有志做學問的青年人及早回頭想想：單學得一個方法是不够的，最要緊的關頭是你用什麼材料。現在一班少年人跟着我們向故紙堆去亂鑽，這是最可悲歎的現狀。我們希望他們及早回頭，多學一點自然科學的知識與技術，那條路是活路，這條故紙的路是死路。」（〈治學的方法與材料〉）結果大家聽不進去，因爲考據的勢力太大了，二百多年的積習，豈是一旦能改變得了的？科學方法的提倡，不過是徒增其氣燄罷了。卽連胡適本身，也是從這個學風出來的，雖受過西方科學方法的訓練，但因自己畢竟不是學科學的，到後來也只好跟大夥一樣，鑽故紙堆的死路，既考證小說，又審《水經注》的案子，美其名曰提倡科學方法，其實是乾嘉餘風的推波助瀾者。他的餘威直到今天仍未消除。當年胡先生對中國文化史的偉大構想，在這種泄沓的學風下，怎麼能够實現呢？

## (二) 古史討論

「五四」後史學界的古史討論，不僅對史學，對思想，甚至對整個中國傳統的態度，都起了極爲廣泛而深遠的影響。這個歷時達二十年之久的古史討論（民九至民二十八），開始時曾受到胡適提倡「整理國故」，尤其是他所提倡的「評判態度」的鼓舞。

古史討論的領導者是顧頡剛，這位被西方學者譽之爲「中國古史的牛頓和達爾文」的疑古史學家，曾自述受到適之先生的啓發和鼓勵，他說：「我非常地感謝適之、玄同兩先生，他們給我各方面的啓發和鼓勵，使我敢于把違背舊說的種種意見發表出來，引起許多同志的討論。」（《古史辨》第一册自序）當然，我們不能說，沒有胡適提倡整理國故，就一定不會有顧頡剛的古史討論，但如果沒有胡適的提倡和助陣，它的影響一定沒有那樣大。

疑古在由宋至清的歷史上只限於少數幾部經書，「五四」以後的疑古運動則擴及整個古史。胡適在前引的那些整理國故的計劃中，有很濃的疑古色彩，另外在〈研究國故的方法〉一文中，把這種傾向更是表露無遺。他說：

疑古的態度，簡要言之，就是「寧可疑而錯，不可信而錯」十個字。……我們疑古底目的，是在得其「眞」，就是疑錯了，亦沒有什麼要緊。我們知道，那一個科學家是沒有錯誤的？假使信而錯，那就上當不淺了！

接着又說了一段非常武斷的話：

在東周以前的歷史，是沒有一字可以信的。以後呢？大部分也是不可靠的。如〈禹貢〉這一章書，一般學者都承認是可靠的，據我用歷史的眼光看來，也是不可靠的，我敢斷定它是僞的。在夏禹時，中國難道竟有這般大的土地麼？四部書裏邊的經、史、子三種，大多是不可靠的。我們總要有疑古的態度才好！

這是極端的疑古態度，一個對古史抱有如此態度的人，看到顧頡剛大膽的言論，和衝鋒陷陣的勇氣，怎能不感到欣喜？所以在古史討論的初期，就寫〈古史討論的讀後感〉，題目雖然是「讀後感」，實際是爲這個討論鼓吹打氣，更是有意聲援顧頡剛。首先他讚揚這是「中國學術界的一件極爲可喜的事」，認爲是「最有價值的文章」。接着推崇顧先生的「層累地造成的古史」的見解，是「史學上的一大貢獻」，「是顚撲不破的」。又把顧氏的方法總括成下列的方式：

(1)把每件史事的種種傳說，依先後出現的次序，排列起來。

(2)研究這件史事在每一個時代有什麼樣子的傳說。

(3)研究這件史事的漸漸演進：由簡單變爲複雜，由陋野變爲雅馴，由地方的（局部的）變爲全國的，由神變爲人，由神話變爲史事，由寓言變爲事實。

(4)遇可能時，解釋每一次演變的原因。

同時胡先生還擧了一個自己研究井田制度的例子，以便與顧先生的方法印證，證明這個方法研究歷史上的問題是很有效的。

假如我們承認歷史家的任務，是求知眞實的歷史，那麼古史辨的工作，是有它一定的歷史意義的，因爲經過這一步，可以爲我們打開重建古史之門。中華民族在歷史上對人類有過許多傑出的貢獻，破壞了一些烏烟瘴氣的僞古史，並不就等於破壞了傳統。清末以來，士大夫們所表現的那種誇大狂心理，我想多少與這些僞古史製造出來的虛妄信念有關，經由學理及證據把它消解掉，我想有助於中國對廣大世界的了解和適應。現在史學界對《古史辨》不斷提出批評，這是好現象，這說明我們的古史工作又進了一步。

## （三）治學方法與材料

儘管胡適一生的大半時光都消耗在故紙堆裏，也曾助長過乾嘉學風的蔓延，但他畢竟是具有另一種知識背景的人，也比一般做考據的人多一些新的訓練。由於這緣故，他對清代學術的成就和它的極限，有相當程度的自覺。差不多在五十年前他對清學的批評，針對台灣今日的學術界，依然是很有用的警告，值得提出來供年輕人參考。

民國十七年（一九二八），胡先生寫〈治學的方法與材料〉一文，當時有些人受到方法提倡的影響，以爲治學問全靠有方法，材料却不很重要。胡適告訴這些「方法迷」：「不但材料規定了學術的範圍，材料並且可以大大地影響方法的本身。」「單有精密的方法是不够用的，材料可以限死方法。」他舉近三百年中西學術的發展爲例，認爲「他們的方法是相同的，不過他們的材料完全不同。」中國這方面，考證家們的材料，全是文字的，文字的材料有限，鑽來鑽去，總不出故紙堆的範圍，因此研究完全被文字限定。西方的科學家是以大自然爲對象，以實物爲材料，實物的材料是無窮的，他們也不必坐待證據的出現，也不僅僅尋求證據，而可以根據假設的理論，造出種種條件，把證據逼出來。

胡先生又提了一個發人深省的個例：有一位瑞典學者珂羅倔倫，僅費了幾年的工夫研究中國的切韻，就把二百六部的古音弄的清清楚楚。「珂先生的成績何以能這樣大呢？他有西洋的音韻學原理做工具，又很充分地運用方言的材料，用廣東方言作底子，用日本的漢音吳音作參證，所以他幾年的成績，便可以推倒顧炎武以來三百年的中國學者的紙上工夫。」這些話，對研究古學的人，實是很有力的啓示。

胡先生對清學最不客氣的批評是下面這一段：

> 爲什麼三百年的第一流聰明才智專心致力的結果仍不過是枉費心思的開倒車呢？只因爲紙上的材料不但有限，並且在那一個「古」字底下罩着許多淺陋幼稚愚妄的胡說。鑽故紙的朋友自己沒有學問眼力，却只想尋那「去古未遠」的東西，日日「與古爲鄰」，却不知不覺地成了與鬼爲鄰，而不自知其淺陋愚妄幼稚了！

這些話雖不雅馴，倒也說的是事實。爲什麼胡先生這一類的言論，沒有被重視呢？我想來想去，想到一個很實際的原因：老一輩的，由於師承的關係，積重難返；年輕的一輩，由於現實生活的壓力很重，要想另闢新途，那要冒多大的風險？除此之外，我們高等教育所能給予年輕人的基本訓練也實在不够，這使年輕人卽使有勇氣想走一條新的路，也有欲振無力之感。

## 三、對傳統哲學思想的見解

胡先生對中國文化史有一個規模很大的理想，在十個項目中，包括思想史，他自己所做的工作主要就在這方面。中國思想史這個題目，有驚人的複雜性，時間那樣長，每一個時代都有它獨特的特色和特殊的問題，當我們對它做研究時，究竟要選擇怎樣的問題和材料，與個人的興趣和先在的「知識基線」密切相關。胡先生是個理智主義者，因此他對中國這方面的傳統，有深刻的認識，對形上學的問題，則不能體會，也無法了解，因爲他根本缺乏相應的心態。他寫了思想史的古代部分，後面就不曾認眞寫下去，這大概也是一個原因。

### (一) 哲學史

胡適是第一個用現代形式治中國哲學史的人，勞思光曾譏笑他的哲學史裏「根本缺乏『哲學』成分」，這種語氣，很像胡適譏笑「東方這些老文明中沒有多少精神成分」，都是主觀又極端武斷的話。我覺得民國十一年梁啓超對這本《中國哲學史》的開山之作的公開批評，仍是大抵不錯的，他說：

> 講墨子、荀子最好，講孔子、莊子最不好。總說一句，凡關於知識論方面，到處發現石破天驚的偉論；凡關於宇宙觀人生觀方面，什九有很淺薄或謬誤。

這個批評，指出了一點重要的事實，治哲學史的人，凡是對自己的能力所能處理的問題，凡是被自己所喜好的問題，凡是根據自己的知識背景，就能有相應了解的問題，處理起來，就比較能得心應手，易見精采，否則，不是被完全忽略，就容易出之以誤解。每一個治哲學的人，都無法完全克服這些缺點。在這個了解上，一部萬花筒似的哲學史，必須由具備不同訓練，不同愛好，不同知識背景的學者們，運用不同的方式，不同的觀點來寫，庶幾能接觸哲學史的整體。胡適治中國哲學史的最大限制，是他所能清楚把握的部分，在以前的哲學史上都不是最重要的部分，而那些重要的部分，又都爲胡適所不喜，或爲其心態所限，完全了解不進去。可惜胡適一生，似乎並沒有自覺到這一點，他在《中國哲學史》上册出版後八年，頗有信心地說：「但我自信，中國治哲學史，我是開山的人，這一件事要算是中國一件大幸事。這一部書的功用能使中國哲學史變色。以後無論國內國外研究這一門學問的人都躲不了這一部書的影響。凡不能用這種方法和態度的，我可以斷言，休想站得住。」(〈整理國故與打鬼〉)我願意承認這些話都對，但胡先生仍然不知道，用這種方法和態度，所能恰當處理的問題，只佔中國哲學史的一小部分而已。

胡適的長處，是條理清楚，歷史知識豐富（對一般治思想史者言），同時他能注意歷史背景社會環境與思想活動之間的交互關係。你當然可以說這些都是哲學外部的問題，但照我的看法，這些都是了解哲學活動必不可少的條件。因爲哲學不能脫離這些因素而獨存。在這個意義上，胡適這方面的作品，對後來者，的確具有相當的參考價值。

胡先生在民國十八、九年間，曾有寫「長編」的計劃，這是很好很有用的構想。他說：「長編的意思就是放開手去整理原料，放開手去試寫專題研究，不受字數的限制，不問篇幅的長短。一切刪削、剪裁，都留待將來再說。長編是寫通史的準備工作；這就是說，通史必須建築在許多『專題研究』的大基礎之上。」（〈淮南王書序〉）這是經驗之談，也是對治哲學史或思想史的人的切實告誡。胡先生自己只留下十幾萬字的《中古思想史長編》，沒有能完成他的計劃，但這個計劃到今天仍然有用。五十年來，專題和專家研究增加了一些，不過距離我們應有的準備工作，還差的遠，有的重要哲學家，連一篇像樣的論文都找不到，如理學家程氏兄弟，如道家與佛教之間的重要哲學家僧肇。像十七世紀（明末清初）那樣一個重要的思想階段，其中不少人物，很少被仔細研究過。在這樣一個基礎上，要想建立哲學史的大廈，顯然時機仍未成熟。一個人的精力和生命很有限，一個人能做恰當相應了解的哲學對象也有限，所以寫哲學史參考別人的研究成果是必要的。根據一個人的觀點，去貫串整部哲學史，這種專家式的哲學史，對別的從事研究的人，參考價值並不大。利用哲學史的材料發表自己的思想是一回事，寫哲學史又是另一回事，二者相混淆的寫法，是不足爲訓的。

## (二) 孔子——一個歷史的研究

勞榦先生在他的〈追悼胡適之先生並論全盤西化問題〉一文中，曾爲胡先生於民國十年《吳虞文錄》序中說過的「四川省隻手打孔家店的老英雄」那句話做過一番辯解，他說：「我們確實知道胡先生確無反對孔子的意圖，而從胡先生立身行事看來，也是並無不合孔子之敎。」從勞先生文，又使我知道，陳大齊先生在一次公開講演中，曾反覆證明胡先生從未反對孔子。這是勞、陳兩位先生心存忠厚的地方。不過心存忠厚，和討論學術的是非是兩回事。站在學術是非的立場，這種辯解毫無效力。胡先生在臺灣出版《胡適文存》，曾刪除一些文章，〈吳虞文錄序〉却保留下來。出台灣版以前，胡先生曾全部校閱一遍，並沒有覺得有什麼不對。照事實說，應該是這樣：胡適曾有一些反孔的言論，例如在同一篇序中就說：「故這塊孔丘的招牌—無論是老店，是冒牌——不能不拿下來，搥碎，燒去！」怎麼能說這些話沒有「反對孔子的意圖」？如果你要說那不過是民國初年批孔運動中的幾句時髦話，那麼在四十年後，也就是胡先生去世前，在那篇引起爭論的〈科學發展所需要的社會改革〉的公開講詞裏，所說的「我認爲我們東方這些老文明中沒有多少精神成分」的話，又如何解釋呢？當他說這樣重的話的時候，能不考慮到孔子嗎？這話能不包括孔子嗎？我們對一個歷史性人物的崇敬，往往就有爲他掩飾一些缺點的傾向，這是不必要的，因爲人有時候都難免說錯話，有時候也會受情緒支使。胡先生的反孔言論，不要說在他的全部著作中，佔不到什麼地位，就是與那篇極度擁孔的〈說儒〉相比，也不成比例。他的反孔言論，多半是因經由敵對者的過分誇大和渲染，而騰傳一時。

胡適的〈說儒〉，是當代尊孔文獻中的一篇皇皇巨構，它比任何一位國粹派或傳統主義者，都更能描繪出孔子的偉大形象。〈說儒〉寫於民國十九年，當時郭沫若就指出此文「是有近時的『民族復興』的氣運在裏面流蕩」，又說：「假使是純粹地立在宗教的情操上說，〈說儒〉是無可辯駁的。……相信胡適一定是民國以來第一位值得進孔廟的儒者。」如果我們不以人廢言的話，這些話的確道出此文的歷史意義和它的眞正性質。

〈說儒〉是從歷史的觀點，研究殷遺民的民族運動的失敗和轉化的歷史，而以孔子爲中心人物。胡先生把這個運動與猶太民族運動對比，同時也以孔子比耶穌——一個悲劇民族所期待的聖人。

猶太民族亡國後的預言，也曾期望一個民族英雄出來，……但到了後來，大衞的子孫裏出了一個耶穌，他的聰明仁愛得了民衆的推戴。……孔子的故事也很像這樣的。殷商民族亡國以後，也曾期望「武丁孫子」裏有一個無所不勝的武王起來「大囏是承」，「肇域彼四海」。後來這個希望漸漸形成了一個「五百年必有王者興」的懸記，引起了宋襄公復興殷商的野心。這一次民族復興的運動失敗之後，那個偉大的民族仍舊把他們的希望繼續寄託在一個將與的聖王身上。果然，亡國後的第六世紀裏，起來了一個偉大的「學而不厭，誨人不倦」的聖人。這一個偉大的人不久就得着了許多人的崇敬，他們認他是他們所期待的聖人；就是和他不同族的魯國統治階級裏，也有人承認那個聖人將與的預言要應在這個人身上。和他接近的人，仰望他如同仰望日月一樣，相信他若得機會，他一定能「立之斯立，道之斯行，綏之斯來，動之斯和。」他自己也明白人們對他的期望，也以泰山梁木自待，自信「天生德於予」，自許要作文王、周公的功業。……他打破了殷、周文化的藩籬，打通了殷、周民族的畛域，把那含有部落性的「儒」抬高了，放大了，……他做了那中興的「儒」的不祧的宗主。

把孔子納入一個民族復興運動的轉化過程中來了解，使我們重讀他的話語，重讀別人對他的讚賞，覺得更有生氣，就覺得眞有那回事一樣。這是一位歷史家極富創造想像力的產品，經由這種想像，把這個偉人從一個久已被人遺忘的歷史性運動中復活起來。

由於「儒」字的本義是柔懦，經過胡先生的進一步研究，也復活了老子與孔子的關係，他們都曾是爲人治喪、相禮的儒，他們本是一家，老子從原始儒的基礎上建立了柔弱勝剛強的人生觀，孔子却從原始意義的儒出來，建立了「仁以爲己任」的新的「君子儒」。老子這個人對我們治思想史的人來說，眞是撲朔迷離，胡適的說詞，確能令人有信而有證的感覺。

## （三）理智主義與人本主義

一個學人在複雜的思想史裏，要講出精彩來，就必須充分運用自己的訓練，和自己發展出來的知識光圈。前面我們曾說過，胡先生對傳統哲學的了解有很大的限制，但由於他能充分運用他所已有的資源，所以他從複雜的思想史裏，依然有很重要的發現。

民國四十八年七月，胡氏在東西哲學會議上宣讀了一篇〈中國哲學裏的科學精神與方法〉的論文，這是一篇重要的文章，可以代表胡先生一生對傳統哲學的見解的一個總結。

在這篇有一本書的大架構的論文裏，作者很敏銳地指出古代中國的知識遺產裏，有一個「蘇格拉底傳統」，這就是重視自由問答，自由討論，獨立思想，懷疑、熱心而又冷靜求知的儒家傳統。這個傳統的一個緊要部分，是「知識上的誠實」，它對後代中國的思想發生了持久不衰的影響。

代表這個蘇格拉底傳統的，孔子以外有老子，老子在那樣早的年代發展出一種自然主義的宇宙觀，是一件眞正有革命性的大事。胡先生說：

> 自然主義本身最可以代表大膽懷疑和積極假設的精神。自然主義與孔子的人本主義，這兩樣的歷史地位是完全同等重要的。中國每一次陷入非理性、迷信、出世思想——這在中國很長的歷史上有過好幾次——總是靠老子和哲學上的道家的自然主義，或者靠孔子

的人本主義，或者靠兩樣合起來，努力把這個民族從昏睡裏救醒。

當然，這種說法也許有人不贊成，但站在理智主義的立場，或傳統哲學的主流上，都是合理而又相當切近歷史事實的解釋。在通常的了解，道家和儒家一直處於相反而敵對的立場，但在這個解釋上，二者却是合作在創造光輝的歷史。

在中國蘇格拉底傳統中另一個重要人物是王充，他是中國哲學史上罕見的一位具有批評精神的哲學家，他批評的對象是漢代的「災異神學」，方法是科學的：「虛浮之事，輒立證驗。」代表的標幟是「疾虛妄」，用來批評這種神學的世界觀是老子與道家的自然主義哲學。

接下來是胡適所說中國的文藝復興的大時代，它經歷宋、元、明、清四個朝代。在宋、明這個階段，現在我們稱之爲「新儒家」，因爲這是一個有意要恢復佛教進來以前的中國思想和文化的運動。這個運動在根本上是一個儒家的運動，但却採取了自然主義的宇宙觀，正是老子和哲學上的道家的自然主義與孔子的人本主義合起來反抗中古中國那些被認爲是非中國的、出世的宗教的一個實例。

這個運動的偉大領導者，和這時期人本主義的代表人物是朱熹，他揭示了「卽物而窮其理」、「以求至乎其極」的口號，也有很濃的懷疑精神。他不但在復興儒家的工作上，表現的極爲優異，由於懷疑精神的誘發，他也改進了一種歷史的考證方法，因此開了一個學術復興的新時代，在這個時代裏，學者們全靠嚴格而冷靜的研究，延續並發揚了理智主義的傳統。

對研究中國思想史的人而言，胡先生把宋以下的七、八百年，看成是中國思想上的一個大運動的演變，是很值得重視的見解，從這個見解出發，也許我們更容易了解這一漫長時期思想史的眞相。

讀者如果把〈中國傳統與將來〉和這篇〈中國哲學裏的科學精神與方法〉二文合起來讀，你將會發現，中國的傳統思想在胡適心中是充盈着一股人本主義和理智主義的流，而且他對這個傳統的未來，深具信心，他在前一文的結尾曾說：「我深信，那個『人本主義與理智主義的中國』的傳統沒有毀滅，而且無論如何沒有人能毀滅。」

## （四）權威與自由

胡適一生沒有寫一部中國政治思想史，如果他這樣做的話，也許比寫一部哲學史成功的機會大的多。因爲他對中西政治史的知識比較豐富，又擅長歷史的比較方法。以西方政治思想史爲背景，必然可以幫助我們發掘自己這方面的問題，同時也更能了解我們政治哲學中一些重要觀念的價值。

〈中國古代政治思想史的一個看法〉可以作爲一個例子。這是胡先生於四十三年春季在臺灣大學的演講，探討的主要問題是「權威與自由的衝突」，在世界政治哲學裏，這是一個具有普遍重要性的問題。也許是由於演講的方式所限，胡先生只做鳥瞰式的觀察，你如果把這些見解，帶入資料中去做深細的印證，自然難免有扞格不入的地方，但這種講法，極富啓發性，有開闢研究領域，激發研究熱情的作用。

胡先生對這個問題，分四點（也可以說是四件大事）來說：

第一，是無政府的抗議，以老子爲代表。這是對政府的干擾，和奪權鬥爭帶來的紛擾的抗議。這種思想的基礎建立在「無爲而無不爲」的天道觀上。胡先生認爲老子無政府主義的政治理想，能在世界上佔有一個很獨立的、比較有創見的地位。西方到十八世紀才有不干涉的政治哲學起來，恐怕是因直接間接受中國的影響。近代民主政治初起時，都是對政府抗議，希望把政府的力量減輕到最低，最好做到無爲而治。這種思想中國比任何一個國家都要早二千三百年，這是很重要的一件大事。

第二，是孔、孟一班人提倡的一種自由主義的教育哲學。這種教育教人參加政治，參加社會，但却要求「不降其志，不辱其身」，以保持個人的尊嚴。胡適認爲這種教育產生了健全的個人主義。個人主義就是將自己看作一個有擔當的人，不要忘了自己有使命，有責任。

第三，在老子所提倡的無政府主義，和孔、孟所提倡自由主義教育之後，歷史接踵而來的不是無爲的政治，也不是自由的社會，而是對人干涉最多，對自由威脅最大的極權政治的興起。在這期間，墨子的「上同而不下比」的思想，就是一種極權主義的提倡。他的思想影響到商鞅，使他在西方的秦國，與秦孝公的合作下，不但實行了極權政治，而且成效卓越。後來居然在這個基礎上，在一百年之內，就打敗群雄，統一中國，建立了秦帝國——一個規模龐大的極權國家。

第四件大事是極權國家被打倒，無爲政治的試行。秦帝國——一個以可怕武力打成功的極權國家，却無法安定，只十五年就倒下去了。可是第二個帝國的漢朝却安定了下來。究竟是什麼力量使他安定的呢？據胡先生的了解，是老子的無政府主義、無爲的政治哲學使他安定的。這個思想不但安定漢朝四百二十年的基業，也規定了以後二千多年政治的規模。這第二個大帝國，沒有軍備，沒有治安警察，也沒有特務，租稅又輕，這自然是老百姓第一次覺得這個政府是值得維持，值得保存的。

以上的見解，雖嫌得粗略，但已就思想史的演變，豁顯了權威與自由的問題。胡適的一生，對無爲政治都抱着很濃的興趣，不但認爲是對付現實政治的武器，甚至以爲是走向民主政治的一個步驟。這也許是政治完全不上軌道的環境裏所產生的一種不得已的想法。事實上，中國傳統政治的無爲思想，也是一種不得已的想法，在那樣的政治形態裏，皇權本身是絕不願意無爲的，無爲思想只有在小農經濟的鄉土社會裏才能滋長，這種經濟結構限制了皇家權力的擴張，一個貧乏的社會，供應不起擴張權力的動能，不無爲又將奈何！

無爲政治的實施，至多只能緩和權威與自由的衝突，並不能解決這個問題。放任的自由，是一種棄兒式的自由，並沒有任何實質上的收穫。

## 四、社會改革

胡適雖沒有像梁漱溟那樣做過實際的社會改革的試驗，但他是當代中國第一個從事喪禮改革的知識份子。同時他對社會問題的關切和思考，在他的思想中也佔有一個相當重要的位置。就這個意義說，無疑的，他算是一個社會改革的思想家。

### (一) 民初的社會和它的問題

民國七年初胡先生回國不久，寫了篇〈歸國雜感〉，敍說他親眼所見的種種。離國七年了，這七年又正值推翻腐敗的滿清之後，開始建設一個新的共和國家的時候，如照我們一般的想像，那必定是朝氣蓬勃，百廢皆舉了。事實上竟完全不是這回事。國號是更新了，它的社會卻幾乎樣樣照舊，七年後和七年前相比，這樣一個大的國家，竟沒有出一部哲學書，找不出一部可看的小說，阿猫阿狗都可以掛牌醫病，醫死了人，也沒有人怨恨，也沒有人干涉。最普遍的怪現象，就是時間不值錢，大家閒着都沒事幹，「時間不值錢，生命自然也不值錢了」。教育呢？內地的私塾，都已改成不三不四與當地需要無關的洋學堂，有的中學敎師，雖是省立法政學堂出身的，可是連日本在那裏的常識都沒有。胡先生很感慨地說：「現今的人都說教育可以救種種弊病，但是依我看來，中國的教育，不但不能救亡，簡直可以亡國。」總感想是：「我以爲這二十年來，中國並不是完全沒有進步，不過惰性太大，向前三步又退回兩步，所以到如今還是這個樣子。」當然，胡先生所見的只是部分的現象，但知識與教育方面的現象，很足以代表一個社會的風向。民國六、七年間，正是以《新青年》爲中心的新文化運動的高潮期，以少數知識份子發動的一個新運動，在這樣的社會裏，要它產生鉅大的變革，那將是多麼艱巨的事！現在我們讀《新青年》的文章，總覺得他們的言辭激越，過分帶着否定的語氣，假如我們知道當時的政治舞台上在玩着什麼把戲，知道當時的社會又是多麼的破敗與黑暗，就不難對他們的言論有同情的理解了。

不公道是人類社會極普遍的現象，古代如此，現代也是一樣，但不公道的程度，各地方有很大的差距。民國以後的社會，其不公道的嚴重程度，也許比以往任何時代都有過之而無不及。有一次胡先生在平浦火車裏，與國聯派來的一位衞生專家史丹巴先生同行，史氏告訴他在中國十二個月的感想，他說：「中國有一個最大的危險，有一件最不公道的罪惡，是全世界文明國家所絕不容許的。中國整個政府的負擔，無論是中央或地方政府，全都負擔在那個大多數的貧苦農民的肩背上，而有資產的階級差不多全沒有納稅的負擔。越有錢，越可以不納稅；越沒錢，納稅越重。這是全世界沒有的絕大不公平，這樣的國家是時時刻刻可以崩潰的。」這個國家，一方面「都市商家，公司銀行，每年公佈鉅大贏餘，」另一方面，「人民吃不起鹽了，窮到刨側地土上的硝鹽，又還要犯罪受罰！」這是民國二十四年初胡先生在〈新年的夢想〉一文中所記的話。像這樣的社會，如何能不引起大暴亂？稍有良知的知識份子，看到這種現象，怎能忍心不去改革它？

要改革社會，必須診斷它的病源。胡適在〈我們走那條路〉的文章裏，曾指出我們的社會有五大病源，他稱之爲必須剷除和打倒的五個大仇敵：

第一大敵是貧窮。

第二大敵是疾病。

第三大敵是愚昧。

第四大敵是貪污。

第五大敵是擾亂。

胡先生在該文中曾舉了一些有力的例證做說明，這並不能算是什麼大發現，而是衆所週知的事實。在這些事實裏面最基本的一個當然是貧窮，其他的問題除貪污外，都與貧窮直接有關。

問題的癥結既然找到，要解決這些問題也當然要從這裏着手。奇怪的是，胡先生在這緊要的地方，他的思考却滑走了，因爲要解決中國社會的貧窮問題，必須要討論經濟問題、土地政策問題，甚至資本主義、帝國主義、共產主義等問題都要牽涉在內，可是對這些重大的問題，在胡先生的一生言論中，却很少涉及，或涉及而不願深談，或談了却又是一些不關痛癢不知利害的話。資本主義和帝國主義百年來在中國爲害之深，是每一個中國國民都親身體驗到的，上述的社會五大病，那一樣和這些外來的因素無關？那一樣不是由于這些外來因素而使病況更加沉重？可是在胡先生的心目中，所謂「資本主義不過是勤儉起家而已」。（〈從《到奴役之路》說起〉）帝國主義不但不是我們的仇敵，反應該「感謝帝國主義者，把我們從這種黑暗的迷夢裏驚醒起來」。（〈慈幼的問題〉）我寧願相信胡先生說這些話的時候，是出於一種自責知恥的心理。自責知恥的勇氣是值得嘉許的，但不可因此就抹煞帝國主義在中國製造的無數殘酷事實呀！

從胡先生不能正視或不願深思的這些重大問題上，很容易使我們想起另一位大思想家孫中山先生，他的思想可以說都是從這些問題的深思而展開的。他對建設新中國，不但有遠程的理想，且設計了近程的具體方案。他走的路是不錯的。如以孫先生的思想作爲參考架構，胡適對中國的未來，和社會改革的一些構想，根本上的確是有些欠缺。

## （二）改革的條件和方法

一個人的思想，必然有他選取的一些焦點，並由焦點放射出去觀察各種問題。「我並不否認我『偏袒』那個自由民主的潮流，這是我的基本立場，我從不諱飾，更不否認。」（〈我們必須選擇我們的方向〉）民主自由就是胡適選取的思想焦點，所以對改革社會，也主張從這裏着眼。

我深信思想信仰的自由與言論出版的自由是社會改革與文化進步的基本條件。自從四百多年前馬丁路德發動宗教革新以來，爭取各種自由的運動漸漸成功，打開了一個學術革新，思想多元發展，社會革新，政治改造的新鮮世界，如果沒有思想信仰言論出版的自由，天文物理化學生物進化的新理論當然都不會見天日，洛克、伏爾泰、盧騷、節浮生，以至馬克斯、恩格爾的政治社會新思想也當然都不會流行傳播，這是世界近代的明顯事實，用不着我多說。（〈我們必須選擇我們的方向〉）

不錯，這是近代史的事實。但我們也不可忘記，西方近代自由運動的成功，是伴隨着產業革命以來，人民生活水準逐漸提高，社會的富庶繁榮。如果沒有這些條件，自由民主的運動很難成功。當一個國家大多數人民都在生存線之下掙扎時，他們最最渴望的是麵包而不是自由。假如嚴重的飢餓問題不能克服，少數知識份子所倡導的各式自由，就絕難去帶動一個社會實現它所需要的新的變革。因爲飢餓迫使人民廉價地出賣自己，引發社會性的暴亂，反而製造自由運動的鉅大障礙。

胡適是重視方法的，對改革社會的方法，也有他自己的見解，他不贊成用革命的方式，認爲中國社會的那五大仇敵，不是可以用暴力的革命所能打倒的。他說：「打倒這五大敵人的眞革命只有一條路，就是認清了我們的敵人，認清了我們的問題，集合全國的人才智力，充分採用世界的科學知識與方法，一步一步的作自覺的改革，在自覺的指導之下，一點一滴的收不斷的改革之全功。不斷的改革收功之日，即是我們的目的地達到之時。」要使這個方法行之有效，必須假定我們已有大量現成的人才，和够世界水準的科學教育；更重要的，是有一個全心爲人民福祉着想，又有足够的能力推動改革的政府。

可是照胡適的想法，改革並不一定全靠政府，他對個人能力的估量很高。他說：「人人都是一個無冠的帝王，人人都可以做一些改良社會的事。去年的五四運動和六三運動，何嘗是『得君行道』的人做出來的？知道個人可以做事，知道有組織的個人更可以作事，便可以知道這種個人主義的獨善生活是不值得摹倣的了。」（〈非個人主義的新生活〉）說個人和有組織的個人，具有做事的力量，這是可信的。但這股力量並不是在任何時間和地點都能發揮出來。卽以胡先生自己爲例，以他言論界驕子的地位，他的言論能對社會產生一些影響力，也只能在某一段時期，時移境遷，情形就大不一樣了。

胡先生相信個人的力量，但對獨善的個人主義，却深不以爲然。民國八、九年間，一般有志青年提倡所謂新村的運動，抱着「改造社會要從改造個人做起」的觀念，以爲要發展自己的個性，必須先跳出現實社會。胡先生很正確地指出，這「還是脫不了舊思想的影響」。舊思想要人窮則獨善其身，達則兼善天下，認爲須先修身而後才能治國平天下，把個人與社會截然分開，這種思想，最後很難不與出世的思想合流。胡先生針對這種觀念，提出改正的意見，認爲：

(1)個人是社會上無數勢力造成的。

(2)改造社會須從改造這些造成社會造成個人的種種勢力做起。

(3)改造社會卽是改造個人。

把個人與社會看作一體，把個人與社會的改造工作看成不可分割，就社會改造的意義說，這觀念是正確的。

## （三）改革的信心

社會是一個極複雜的整體，其中有好也有壞，有黑暗也有光明，有紊亂也有秩序。你要想去挑毛病，任何社會都可以挑出一大堆，何況是民國以後的社會？如果換一個角度去觀察，縱然是在軍閥長期互鬥之下，人民生不如死，但社會依然有不少的進步：

㈠帝制的推翻。帝制倒了，一切妃嬪、太監、貴胄、吏胥、捐納都跟着倒了。

㈡教育的革新。消極方面，因舊敎育的推倒，連帶着八股、駢文、律詩也倒了。積極方面，新敎育雖還膚淺，然而常識的增加，技能的增加，文字的改革，體育的進步，國家觀念的比較普遍，這都是舊敎育萬不能做到的成績。

㈢家庭的變化。舊家庭的崩潰，使父母公婆與族長的專制權威減削了，兒女宣告獨立。在這變化的家庭中，婦女地位的抬高與婚姻制度的改革，是五千年來最重大的變化。

㈣社會風俗的改革。如女子的解放，如婚喪禮俗的新試驗，如青年對於體育運動的熱心，如新醫學及公共衞生的逐漸推行，這都是古代聖哲所不曾夢見的大進步。

㈤政治組織的新試驗。二十多年的試驗，雖然還沒有做到滿意的效果，但在許多方面（如新式的司法，如警察，如軍事，如胥吏政治之變爲士人政治。）都已明白的顯出幾千年來所未曾有的成績。單就最近幾年來頒行的新民法一項而論，其中含有無數超越古昔的優點，已可說是一個不流血的社會革命了。（〈寫在孔子誕辰紀念之後〉）

總起來說，「最近二十年是中國進步最速的時代，無論在知識上，道德上，國民精神上，國民人格上，社會風俗上，政治組織上，民族自信力上，這二十年的進步都可以說是超過以前的任何時代。」（同前）

**無論是怎樣的社會，只要有進步，我們就有信心。**

## （四）改革的目標

社會的問題是很複雜的，當你釐定改革的目標時，自然也有多樣性的可能，有的重視社會的安定，有的着重生活水準的提高，有的則特別强調移風易俗的重要性。胡適注重的目標，與他所選取的思想焦點息息相關。他的思想焦點既在自由民主，因此他希望社會能培養一種新的人格，一種自由主義的典型，這種典型富有個人主義的色彩和獨立的精神。

胡先生爲個人主義所立的標準極高：⑴是獨立思想，不肯把別人的耳朵當耳朵，不肯把別人的眼睛當眼睛，不肯把別人的腦力當自己的腦力。⑵是個人對於自己思想信仰的結果，要負完全責任，不怕權威，不怕監禁殺身。只認得眞理，不認得個人的利害。這樣的人格，對社會進步，對人類的文明，有什麼價值呢？胡適說：

所以我完全贊同張熙若先生說的『這種忠誠勇敢的人格，在任何政制下都是有無上價值的，都應該大量培養的。』因爲這種人格是社會進步的最大動力。歐洲十八、九世紀的個人主義造出了無數愛自由過於麵包，愛眞理過於生命的特立獨行之士，方才有今日的文明世界。（〈個人自由與社會進步〉）

關於獨立的精神，胡先生說：「我們希望提倡一點『獨立的精神』。我們曾說過：『不倚傍任何黨派，不迷信任何成見，用負責任的言論來發表我們各人思考的結果：這是獨立的精神。』我們深深的感覺現時中國的最大需要是一些能獨立思想，肯獨立講話，敢獨立做事的人。」（〈獨立評論的一週年〉）對中國版的個人主義的表現，在前文第一節，我們曾有所批評。在這裏，胡先生爲個人主義塑造的理想典型，簡直是蘇格拉底式的人格，這種人格在中西歷史上都是罕見的。我們不能把社會改革的工作完全寄望於少數特異之士的身上，那畢竟是可遇而難求的。改革的目標如果是要放在人身上，那末就需要透過教育的程序，使全民的性格和生活方式有整體性的改變，在這個廣泛的基礎上，產生特異之士的機會才大爲增加。要達到這個目標，又必須先改革教育，因爲只有自由民主的教育，才比較容易培養出胡適所理想的那種自由民主的人格。

# 五、文學革命

文學革命是新文化運動的一部分，也是新文化運動收穫最豐碩的一部分。文學革命最主要的是文體的革命，它打倒了幾千年文言文的權威，使白話文成爲普遍應用的工具。我們這個民族，在歷史上建立起第一個大帝國的時代起，就奇蹟似地有了統一的文字，但一直要晚到最近當文學革命收到普遍效果之後，我們才有了統一的語言。這是曠古未有的奇功。這個偉大的功績，雖是由無數的白話文運動者和推行者的貢獻而成，但胡適却是點燃這個運動第一把火炬的先導者，他的一生如果只有這一件貢獻，在歷史上已經可以不朽。

## (一)文學的進化觀

胡適很清楚，白話文的使用，在中國有很長遠的歷史背景，到民國初年的新文化運動時期，這個長期累積的成績要求全國公認的時機業已成熟，文化先驅者只要能充分把握時機，就能創造文化的佳績。他說：

中國的國語早已寫定了，又早已傳播的很遠了，又早已產生了許多第一流的活文學了，——然而國語還不曾得全國的公認，國語的文學也還不曾得大家的公認，這是因爲什麼

緣故呢？這裏面有兩個大原因：一是科學沒有廢止；一是沒有一種有意的國語主張。（〈五十年來中國之文學〉）

這就是新文學運動前的歷史情況。促使這情況改變的第一聲，是淸廷在內外情勢的夾逼下，於一九〇五年下令廢止科學，消除了白話運動的一大障礙，同時也爲這個運動提供了有利的條件。然後就等待有意的自覺的提倡了——這就是把握時機。事後看起來好像很容易，歷史重要事件最初知道去做的總不簡單。胡適所以知道去做，進化史觀和實驗主義的知識訓練，顯然給予他不小的助力，他自己說過，「對於文學的態度，始終只是一個歷史進化的態度。」（同前）關於這一點，在〈文學進化觀念〉一文中，分四層來陳述：

第一，文學乃是人類生活狀態的一種記載，人類生活隨時代變遷，文學也隨時代變遷，故一代有一代的文學。

第二，每一類文學不是三年兩載就可以發達完備的，須是從極低微的起原，慢慢的，漸漸的，進化到完全發達的地位。有時候，這種進化剛到半路上，遇着阻力，就停住不進步了；有時候，因爲這一類文學受種種束縛，不能自由發展，故這一類文學的進化史，全是擺脫這種束縛力爭自由的歷史；有時候，這種文學上的羈絆居然完全毀掉，於是這一類文學便可自由發達；有時候，這種文學革命祇能有局部的成功，不能完全掃除一切枷鎖鐐銬，後來習慣成自然，便如纏足的女子，不但不想反抗了，竟以爲非如此不美了！這是說各類文學進化變遷的大勢。

第三，一種文學的進化，每經過一個時代，往往帶着一個時代留下的許多無用的紀念品；這種紀念品在早先的幼稚時本來是很有用的，後來漸漸的可以用不着他們了，但因爲人類守舊的惰性，故仍舊保存這些過去時代的紀念品。

第四，一種文學有時進化到一個地位，便停住不進步了；直到他與別種文學相接觸，有了比較，無形之中受了影響，或是有意的吸收人的長處，方才再繼續有進步。

把文學進化觀應用到中國文學史，胡適認爲，儘管中國的古文在二千年前已經成了一種死文字，但文學的進化並未終止。代表中國文學進化的民間白話文學，却一直在不聲不響的繼續發展着，這個發展可分五個時期：漢、魏、六朝的「樂府」，代表第一期；唐代的白話詩和禪宗的白話散文，代表第二期；五代白話詞，北宋柳永、歐陽修、黃庭堅的白話詞，南宋辛棄疾一派的白話詞，代表第三期；金、元時代的白話小曲—如《陽春白雪》和《太平樂府》兩集選載的——和白話雜劇，代表第四期；明、清小說代表第五期。這五個時期的白話文學之中，最重要的是這五百年中的白話小說。胡先生甚至認爲這五百年中，流行最廣，勢力最大，影響最深的書，並不是四書五經，也不是性理的語錄，乃是那幾部「言之無文行之最遠」的《水滸》、《三國》、《西遊》、《紅樓》。(〈五十年來中國之文學〉)

照胡先生文學進化的理論看，民國五、六年之間開始的文學革命運動，不過是文學進化的自然結果，自覺而有意的提倡，不過是加速它的發展過程，使它早日普遍化罷了。

## (二) 新文學的建設理論與試驗

文學進化觀，就文學革命說，還只是爲這個運動提供一個歷史的理由而已，要推進這個運動，需要進一步的理論，需要與以前爲白話文所做過的工作，有顯著的不同。

據胡適回憶，文學革命運動一開始就有兩個要點與以前那些白話報或字母的運動絕不相同：(1)這個運動沒有「他們」、「我們」的區別。白話並不單是「開通民智」的工具，白話乃是創造中國文學的唯一工具。白話不是只配拋給狗吃的一塊骨頭，乃是我們全國人都該賞識的一件好寶貝。(2)這個運動老老實實的攻擊古文的權威，認他做「死文學」。從前那些白話報的運動和字母的運動，雖然承認古文難懂，但他們總覺得「我們上等社會的人是不怕難的，吃得苦中苦，方爲人上人。」這些「人上人」大發慈悲心，哀念小百姓無知無識，故降格做點通俗文章給他們看。但這些「人上人」自己仍舊應該模倣漢、魏、唐、宋的文章。文學革命便不同了；他們說，古文死了二千年了，他的不孝子孫瞞住大家，不肯替他發喪舉哀；現在我們來替他正式發訃文，報告天下「古文死了！死了兩千年了！你們愛舉哀的，請舉哀罷！愛慶祝的，也請慶祝罷！」(〈五十年來中國之文學〉)

判定二千年來的古文是死文字，這種話如果只是作爲提倡白話的宣傳口號，是不必多所計較的，假如眞以爲是如此，那是極端的武斷，因爲寫出的文學作品究竟是死的還是活的，與文體並沒有必然的關係。

文學革命的理論，胡適最初主張從八事入手：

一、須言之有物。

二、不摹倣古人。

三、須講求文法。

四、不作無病之呻吟。

五、務去濫調套語。

六、不用典。

七、不講對仗。

八、不避俗字俗語。(〈文學改良芻議〉)

稍後做了一點字眼上的改正，就成爲著名的「八不主義」。在〈建設的文學革命論〉裏，胡先生說他的建設新文學的唯一宗旨只有十個大字：

「國語的文學，文學的國語」。他說：「若要造國語，先須造國語的文學。有了國語的文學，自然有國語。這話初聽了似乎不通，但是列位仔細想想便可明白了。天下的人誰肯從國語教科書和國語字典裏面學習國語？所以國語教科書和國語字典，雖是很要緊，絕不是造國語的利器，眞正有功效有勢力的國語教科書，便是國語的文學，便是國語的小說、詩文、戲本。國語的小說、詩文、戲本通行之日，便是中國國語成立之時。……中國將來的新文學用的白話，就是將來中國的標準國語。造中國將來的白話文學的人，就是製定標準國語的人。」

創造新文學如何進行呢？第一步要多讀白話範文，如《水滸傳》、《西遊記》、《儒林外史》、《紅樓夢》等。有志造新文學的人，都該發誓不用文言作文，以便白話這種工具，有更多磨練的機會。第二步要講求方法，揚棄舊小說的陳腔濫調，多收集材料，並擴充經驗的範圍。結構方面，要多注重剪裁、布局，和描寫的技巧。前面兩步只是創造新文學的預備。「工具用得純熟自然了，方法也懂了，方才可以創造中國的新文學。」

韓愈等人在提倡古文運動的時候，不但有一套理論，最重要的是他們都是極具才華的文學家，所以在理論之外，還能提供範文。對運動的成敗而言，示範性的創作，比理論更具關鍵性。胡適當然了解這一點，所以在美國留學時就開始做白話詩，回國後還繼續朝這方面努力，還引起沈尹默、周作人、劉復等的興趣，一同參加白話詩的試驗。胡本人的新詩試驗成績不佳，但新文學運動以後，新文學作家人才倍出，終使白話文的寫作蔚然成風，壓倒了古文的勢力。蔡元培當年曾預言：「我敢斷定白話派一定佔優勢。……將來應用文一定全用白話；但美術文或者有一部分仍用文言。」（〈北京女子高等師範演說〉）後來的史實，證明蔡先生的話是完全正確的。

### (三) 貢獻

在發動新文學運動後十四年，胡適回想這段歷史，覺得他的貢獻只在：

⑴指出了「用白話作新文學」的一條路子。

⑵供給了一種根據於歷史事實的中國文學演變論，使人明瞭國語是古文的進化，使人明瞭白話文學在中國文學史上佔什麼地位。

⑶我發起了白話新詩的嘗試。(〈介紹我自己的思想〉)

胡適很幸運，也很滿足，因爲他親身看到這個運動的成功，也受到無數受惠青年的愛戴與讚美。他在那運動以後，寫作生命又持續了四十五年之久，加上他在其他方面的貢獻，使他成爲這一頁歷史的代表性的人物。

## 六、中國的未來

近代中國在西方文化的衝擊之下，復又在帝國主義長期的侵略之下，無論是政治、經濟、社會、文化各方面都發生持久性的路線之爭。在幾條主要的探路思想中，胡適是西化主義的重要代表，他的思想有很濃的親西方色彩。同時他堅信，中國的傳統，在接受西方的挑戰和適應中，會

復活起來；採納吸收新文化的成分，只會使我們的老文化格外發揚光大。（參看〈傳統與將來〉）

## （一）世界文化的趨向

近代史發展到十九世紀中葉以後，使世界的關係比以往任何時期更密切。隨着科技一日千里的發展，密切的關係將更加深加廣。因此沒有一個國家能脫離國際社會而單獨尋求他的出路。當知識份子為中國文化尋找出路時，先認清世界文化的趨向，就成為先在而又必要的工作。

胡適是我們這時代少數能從世界的背景和變動上來考慮中國問題的思想家之一。民國三十六年，當一個翻天覆地的大變動即將來臨之際，他依然鎮定而樂觀地演講〈眼前世界文化的趨向〉的大問題，他認為當時世界文化共同的理想目標有三個：

第一，用科學的成績解除人類的痛苦，增進人生的幸福。

第二，用社會化的經濟制度來提高人類的生活，提高人類的生活程度。

第三，用民主的政治制度來解放人類思想，發展人類才能，造成自由的獨立的人格。

由於科學發明了種種可怕的武器，為人類帶來毀滅性的恐懼，因此引起人們對科學的懷疑和悲觀。胡適的看法是：這種戰時工作，不是科學的經常工作，更不是科學的本意。科學的正常使命是充分運用人的聰明才智來求眞理，求自然界的定律，要使人類能夠利用這種眞理這種定律來管理自然界種種事務力量，譬如叫電氣給我們趕車，叫電波給我們送信，這才是科學的本分，才是利用科學的成果來增進人生的幸福。

胡先生爲何要說「社會化的經濟制度」是第二個理想標準呢？因爲他了解到這是能顧到社會大多數人民利益的經濟制度。最近幾十年世界歷史一個很明顯的趨向，就是無論在社會主義的國家，或是資本主義的國家，重視社會大衆的利益，已是它們共同的特色。

第一次世界大戰之後，世界上興起了反自由反民主的集體專制的潮流，在這個世界性的風暴之前，許多人對民主自由喪失了信心。在胡適看來，這不過是一個小小的波折，一個小小的逆流。他充滿信心的告訴大家：「我們可以不必因爲中間起了這一個三十年的逆流，抹煞那三百年的民主大潮流、大方向。」

既然找到世界文化的趨向，本來中國文化的定向，自然是在如何竭力達到這個世界性理想標準了。

## (二) 現代化

最近十多年來臺灣對現代化的問題，有過熱烈的討論，參與者多半是社會科學方面的學者，現在這個名詞已普遍被應用。年青的一代恐怕很少人知道在民國二十二年時，就已有過現代化問題的討論，參加討論的文章有二十六篇之多。在這之前，有一場中國社會史的大論戰，在這之後，又有「全盤西化」的論爭。這都是在沉重的國難聲中，知識份子熱切關懷國家前途的表現。

現代化問題討論的主題，是中國之資本主義或社會主義的前途問題。胡先生寫〈建國問題引論〉一文，對這個討論提出他的批評，認爲這幾十年的革新工作，無論是緩和的改良運動，或是急進的革命工作，都犯了一個大毛病，就是太偏重主義而忽略了用主義來幫助解決問題。因此他談現代化，跳出了社會主義和資本主義之爭，因爲現代化也只是一個問題，這個問題依胡先生的說法應該是這樣的：「怎樣解決中國的種種困難，使他在這個現代世界裏可以立脚，可以安穩過日子。」我們討論問題在於建立中國，不在於建立某種主義。早在民國八年，當大家正熱衷於討論「主義」的時候，胡先生就已提出警告：「多研究問題，少談些主義！」因爲「偏向紙上的主義，是很危險的，這種口頭禪很容易被無恥政客利用來做種種害人的事。」（〈問題與主義〉）

中國的現代化既是在謀求解決中國的種種困難，並使它能在現代世界裏立足，那具體的目標，當然是在順應世界的大潮流，使科學知識、經濟成長和政治民主都能達到世界的水準。

## （三）民主

民主是新文化運動的主題之一，是民國以來政治思想的主流之一。胡適於民國十五年曾一度發表過一些同情社會主義的言論，後來爲此做過自我修正。民十五以後，他一直仍然是維護民主自由的鬥士。例如當中國的憲政在排除萬難的情況下，剛開始有點進展的時候，有人起來反對了，以爲民主政治是資產階級的政治，是保護有產階級而壓迫貧苦民衆的政治。胡先生針對這種誤解，爲憲政做了幾點申辯：

第一，憲政和議會政治，都只是政治制度的一種方式，不是資產階級所能專有，也不是專爲資本主義而設的。近百年來所有保障農工和制裁資產階級的種種「社會立法」，都是經由議會才產生出來。一種政治制度，就好比一輛汽車，全靠誰來駕駛，也全靠什麼目的來駕駛。我們不因爲汽車是資本主義的產物而就不用汽車，也不應該用「議會政治是資本主義的產物」一類的話來抹煞議會政治。

第二，我們深信憲政是引中國政治上軌道的一個較好的方法。憲政沒有什麼玄秘，只是政治必須依據法律，和政府對於人民應負責任兩個原則而已。議會政治只是人民舉代表來辦政治的制度而已。（〈憲政問題〉）

民國二十三年，由於前一年底「閩變」的發生，部分知識份子遂憂慮國家可能遭到分裂的命運。同時法西斯主義的興起，似乎給他們一個啓示：要建立一個民族的國家，或是在困境中要團結全民的力量，獨裁政治才是最有效的政治。於是有一度主張中國政治走專制獨裁路線的言論，其中主張最力的就是胡適的朋友蔣廷黻。結果他們之間毫不客氣地辯論起來。胡先生堅決站在民主的立場，認爲中國實行專制不可能，理由是：

㈠我不信中國今日有能專制的人，或能專制的黨，或能專制的階級。今日夢想開明專制的人，都只是不知專制訓政是人世最複雜繁難的事業。

㈡我不信中國今日有什麼有大魔力的活問題可以號召全國人的情緒與理智，使全國能站在某個領袖或某黨某階級的領導之下，造成一個新式專制的局面。

㈢我觀察世界各國的政治，不能不承認民主政治只是一種幼稚園的政治制度，最適宜於訓練一個缺乏政治經驗的民族；而現代的獨裁政治是一種特別英傑的政治，是需要很大多數的專家政治，在中國今日是做不到的。（〈一年來關於民治與獨裁的討論〉）

胡先生着重在情勢或條件不足的觀點，認爲中國實行專制獨裁不可能，理論上的效力是不够的。卽是情勢許可，條件充足，我們仍不應該贊成這種主張，因爲他會爲人民帶來最大的災害。相反的，民主政制，却是所有政制中所可能帶給人民災害的最輕微的一種。此外，說民主政治是一種幼稚園的政治制度，現代新獨裁政治是一種研究院的政治，眞是比於不倫。完全是兩種不同類型的政治，怎麼可以用不同的程度來相比？

## （四）科學

胡適是一個科學方法的提倡者，一個科學的有力宣揚者，他相信任何一個國家，都必須發展科學才能成爲一個現代文明的國家。可是他對一個落後國家要發展科學，文化傳統方面可能會有一些怎樣的障礙，政治、社會方面應該如何配合等問題，却很少有深度的思考。最令人難解的是，他一談到科學發展的問題，幾十年來，總是集中注意力在東方是精神文明和西方是物質文明的二分謬見上。他不遺餘力地攻擊這種謬見，但採取相反的論點：東方的文明才是唯物的，西方的科學才是眞正高度的精神文明。

在民國十五年到十七年之間，胡先生相繼用中英文發表文章，爲「西方物質文明」之說熱烈地辯解，例如在一篇英文的〈東西文明〉中，曾如此熱忱頌讚科學和技術的近代文明：

> 這樣充分運用人的聰明智慧來尋求眞理，來控制自然，來變化物質以供人用，來使人的身體免除不必要的辛勞痛苦，來把人的力量增加幾千倍幾十萬倍，來使人的精神從愚昧、迷信裏解放出來，來革新再造人類的種種制度，以謀最大多數的最大幸福，——這樣的文明是高度理想主義的文明，是眞正精神的文明。

三十三年後，在〈科學發展所需要的社會改革〉中，再度引述上面這段話，在這篇引起論爭的演說裏，除了說「東方這些老文明中沒有多少精神成分」這句話外，其他部分的意思幾乎都是三十多年前說過的，如說：「在消極方面，我們應當去掉一個深深的生了根的偏見，那就是以爲西方的物質的唯物的文明雖然無疑的佔了先，我們東方人還可以憑我們的優越的精神文明自傲。我們也許必須丟掉這種沒有理由的自傲，……。在積極方面，我們應當學習了解、賞識科學和技能絕不是唯物的，乃是高度理想主義的，乃是高度精神的。」又說：「唯物的文明這個名詞，雖然常被用來譏貶近代西方世界的科學和技術的文明，在我看來却更適宜於形容老世界那些落後的文明。因爲在我看來那個被物質環境限制住了，壓迫下去了而不能超出物質環境的文明，那個不能利用人的智慧來征服自然以改造人類生活條件的文明，才正是唯物的。」

當民國十幾年的時候，胡適爲這個問題做辯解，那是有所對的，所以還有點意義。到民國五十年的時候，這種論調早已過時，胡適竟仍如此鄭重其事的大施撻伐，所攻擊的不過是一個假象而已。如果說民國以來的科學發展，曾受到一些阻礙，這一類的論調所造成的影響，必然很小，這些阻礙當該是來自政治、社會、經濟和教育等方面的因素。當梁啓超喊出「科學破產」的口號時，對一些科學的外行人，也許有點影響，對眞正從事科學研究的人，絕不致產生什麼影響。當有人叫着東方是精神文明，西方是物質文明時，「精神文明」却離開我們的生活越來越遠了，「物質文明」却激起年輕一代熱烈的追求。因爲科學不比宗敎、政治，效果不容易看出來，它是可以立竿見影的。

如果要問：胡先生何以對這樣一個重要的問題，竟牢牢地膠着在一個無謂的論點不放？我的了解是，他在中年以後，知識方面的增進，遠不及他的聲譽增長的快。最後的十幾年中，一半的時間在鑽故紙堆，另一半的時間又在做一個「名人」的應酬中浪費了。人的精力有限，他還能有多少時間來迎接一個「知識爆炸」的新時代？要保持一個學術名人的聲譽，他必須在一生的任何階段，都要和最努力的年輕學者一樣的努力才行。胡適的心理衰老，畢竟過早了些！

一九七八年十二月《現代中國思想家》⑦

# 新文化運動時代的自由與民主

新文化運動（一九一五—一九二三）這一時期在文化思想上是一個相當複雜的時代，可以說是中國現代史發展的一個樞紐，我們後來幾乎可以從一個人對新文化運動抱持什麼樣的看法和態度，就可以很明顯的反映出他思想的立場。這個運動是多面的，今天我們要充分了解這個運動還是相當困難，尤其在臺灣這個時空要了解這個運動，還是相當受限制的。

我談這個時代自由與民主的特色，想就這個時代的意識形態做一個概括的分析，我覺得這時代的意識形態對後來有很大的影響。

## 一、民主思想的特色

我們先談民主思想的特色，講特色可以儘量避開資料的引證。它的第一個特色，可以在和清末的民主觀念的比較中看出來，清末對內閣制、三權分立、議會政治與政黨政治的問題都討論很多，這時期比較重視制度的問題，而新文化運動則因新制度的努力已經失敗了，由於制度努力的失敗，所以要更深入追究觀念思想文化的問題。清末提倡民主思想者對傳統的態度，和新文化運動時不同，在晚清那一階段，雖已經有反傳統思想，但它不是全部否定的，對民主、平等、自由等觀念，開始都仍用傳統思想裏一些近似的觀念來附會。我們不要譏笑這些附會，因爲這種附會，可以讓我們了解新觀念吸收的過程，像佛敎初入中國也經過格義的過程才成長獨立起來，所以那個階段如果發展下去反而是個比較好的開始。到了新文化運動時期，提倡民主就完全和傳統對立了，跟傳統文化的認同也完全破裂了，在和傳統完全疏離的情況下來談民主，這是第一個特色。

第二個特色，我以陳獨秀的思想爲例，因爲當時陳獨秀是最具有代表性的新式知識份子。他講民主大抵是現實環境的反映，在民國以前他對政黨政治還有嚮往，到了民國初年政黨政治失敗以後，他開始反對政黨政治了，他要尋找一種新的政治形式，甚至把「政黨」和「政治」對立起來。這裡所說的「政黨」在當時仍是傳統式的朋黨，缺乏理想，多半是現實利害的結合，所以他把政黨和政治在概念上分離，他認爲政治是要爲民謀福利，重建社會秩序的，而政黨祇是權力獨佔，不管人民福利的。他在當時看到的政黨是這樣的。到了杜威來中國以後，他受到一些影響，重新反省民主的觀念，而提倡地方自治和同業聯合，已有吉爾特（Guild）社會主義的思想在裡面。他的民主思想沒有能脫離出現實的刺激把它做一個澄清，認眞去瞭解西方民主的一套，最後他的民主思想從最早的政黨政治走到無產階級的民主上去了，這是一個烏托邦式的民主虛像。他基本上仍是一個理想主義者，他理想到極端的痛恨武力政治，後來他組中國共產黨，也沒有軍隊，他忽視了清末以來武力對政治的重要影響。

## 二、自由主義的特色

在自由方面，我們可以這樣講，新文化運動時代的自由，曾經歷由理智的自由主義到浪漫的自由主義。在運動初期，觀念上他們有些理智的自由主義的傾向，陳獨秀剛開始辦《新青年》的時候，主張培養青年獨立自主的人格，那些觀念是不錯的。辦《新青年》是因老的一代不行，希望教育新的一代，要新的一代在個人主義、自由主義的實踐中覺醒，在這方面，胡適之和陳獨秀都講得不錯。但很不幸，當他們講這套自由觀念的時候，正遇上帝制運動，帝制運動使《新青年》整個方向變了。原來的方向是要養成獨立自主的青年，自尊自信的人格，轉變以後由反帝制而反孔教、反傳統。因袁世凱帝制運動失敗之後，又有復辟，他們都是掛着孔教的招牌，當自由主義和傳統對立起來以後，理智的自由主義就轉變爲浪漫的自由主義，自由主義成爲解放者，要求從傳統裡面解放出來。

## 三、自由主義與傳統的對立

在觀念上浪漫的自由主義與傳統的對立，可以歸納出幾個項目：

第一是科學對儒學，他們說中國的儒學不科學。

第二是民主對專制。

第三是個人主義對家族主義。

第四是法治對禮教。

第五是强調多元的價值，來反對傳統儒家的定於一尊。

這是當時觀念上的五種對立。在對立中，使文化認同完全破裂了，完全從傳統的基礎上疏離出來了。美國有位研究中國思想的學者 Joseph R. Levenson 對當時的自由主義就曾有過一種解釋，他說，這是一種「無根的世界主義」，或者是一種「自由的世界主義」。這種世界主義，我們在臺灣的知識份子也經歷過，就是一方面對傳統不能認同，一方面對現實政治又討厭，那精神上就無處掛搭的飄出去了，世界主義成爲這種精神狀態的一個藉口。

在我簡單的介紹了新文化運動時期自由和民主的特性以後，後面的分析或許比較有意義。我的看法，新文化運動在當時主要發展出三種的意識形態，這是在新文化運動那七、八年當中不斷形成的。這些意識形態在當時就是建立新中國的精神基礎（這新的精神與傳統文化精神的關係，是一個大問題）。

## 四、民主自由思想的影響及其評價

第一個意識形態是自由主義，我這裡講的都是廣義的，自由主義也是如此。在新文化運動時代，他們把自由、民主、平等、人權這些觀念是混在一起的。自由主義意識形態的消極意義是批判傳統，積極的意義是要建立一個自由民主的中國。

第二個意識形態是民族主義，新文化運動初期就和反帝運動結合在一起，民國四年日本向中國提出二十一條要求，這時候反帝的情緒就已非常高漲，五四運動使反帝情緒達到沸點，這是民族主義高揚的大運動。民族主義在消極方面就是反抗強權、反抗帝國主義，而在積極方面的要求則是希望建立一個獨立主權的民族國家。

第三個意識形態是我們在臺灣三十年來避諱不大允許談的社會主義。這也是新文化運動中形成的一種意識形態，陳獨秀在《新青年》第一期就已經提到社會主義，他腦海中的西方文明有三個主要的成分，第一是人權，第二是進化論，第三就是社會主義。

當然在他以前早有人談到社會主義，孫中山先生很早就了解社會主義，並深受其影響。但是社會主義形成一種流行的、具影響力的意識形態，是在新文化運動時代。這個意識形態對現代中國影響極大，新文化運動之後的二十年間，思想界幾乎是社會主義的狂潮一般，連自由主義的胡適都不例外。要了解現代中國思想，特別要注意這個潮流，它是一個主流，當時多數的知識份子都走到這個方向。雖然大家對社會主義的了解很不一樣，但是都有一種理想主義的嚮往。這也是十九世紀末期以來世界性的潮流。為什麼新文化運動後，會出現社會主義潮流？第一是蘇俄革命的成功，激起中國知識份子的憧憬，同時俄國廢除他們在中國的特權，這一點特別受到中國人的歡迎，當中國人受到列強欺凌的時候，蘇俄伸出友好的手來，這影響了陳獨秀，也影響了　國父孫中山，聯俄容共，這也是主要導因之一。

我們從以上三個意識形態可以看出來，它們的的確確代表當時中國人努力的大方向，這大方向就是要建立一個民主自由、獨立自主、社會和經濟平等的國家。

從理想一方面看，社會主義的消極意義就是反對不平等，反對剝削，積極意義就是建立一個人道而又平等的社會。

這些方向在這三個意識形態裡整個標出來了，這也是中國現代史的最基本要求。將來的中國一定要滿足這些基本的要求。

## 五、為什麼會出現社會主義的狂潮？

後面我解釋一下，爲什麼新文化運動之後，會出現社會主義的狂潮。

第一個原因是剛才講過的蘇聯十月革命的成功，這對中國的刺激很大。第二個原因是這三種意識形態，祇有社會主義被認爲能够滿足那個時代的兩種基本要求：一是反帝，另外一個就是反傳統（當時也有稱反封建的）。一種意識形態能够風行，它一定要能滿足當時的需要。第三個原因，要從爲什麼社會主義那麼容易被中國人接受來了解。這跟傳統的文化資源有很大的關係，中國人的傳統裡，有一些觀念容易和社會主義聯想在一起，從孔子開始，「均平」觀念一直是中國社會思想裡面重要的理想，歷代許多大思想家都提到這個觀念，第一個企圖去實現這個理想的就是王莽，他搞土地國有，結果被大地主、豪門擊敗了，還被罵了兩千年，後來胡適之給他伸寃，說他是中國第一個社會主義者。土地均平的理想不能實現，是引發中國歷史上動亂的一個主要原因。所以，孫中山先生了不起，他很早就主張要平均地權。這個問題將來一定要徹底解決。因中國人有這樣一個要求均平的傳統，所以接受社會主義比較容易。

以上的說明，對這樣一個思想複雜的時代，不免掛一漏萬，尤其是社會主義，很容易引起誤會，我僅提到它理想主義的一面，這一面也可吸納到社會民主和經濟民主的民主體系中，這也是最能吸引知識份子的原因。社會主義在新文化運動時代，起先是馬克斯主義化，後來布爾雪維克化，就已成爲禁忌。自由主義在新文化運動後已開始衰落，衰落的原因，除自由主義本身不健全之外，又同時遭到左右的夾擊。民族主義成爲民國十六年以後國民黨的主要精神基礎，就在這個基礎上後來抗日戰爭中能團結各黨各派共赴國難。

## 六、思想問題至今依然如新

新文化運動已過去六十多年，但當時提出的文化與思想上的問題依然如新，三種主要的意識形態所標示的方向，仍然是我們今天所追求的。這個方向本是辛亥革命、五四新文化運動，以及國父的國民革命運動一貫的目標，不幸由於內憂外患和激烈的黨派鬥爭，造成民族精神的嚴重分裂。民族精神的新生和團結，才是民主建國的基礎，才能提供中國現代化的動力，現代中國缺乏這最重要的條件，如何能不失敗！

一九八二年二月《亞洲人》

# 啓蒙運動與當代中國思想發展

據我所知，以「啓蒙運動」來解釋民國初年那一段文化思想的發展，還不很普遍，近年來少數學者如張玉法、鄭學稼等是採用這個觀點的。江金太、成中英兩位先生已提供了相當豐富的有關啓蒙運動的背景知識，現在我們可以進入啓蒙運動的本身來看問題。

成先生提到中國啓蒙運動就整體而言，其政治性遠大於文學性及思想性，這點十分重要，因爲這種性格與後來的演變有很大關係。與中國啓蒙運動後來未能發展出令人滿意的成果，也有莫大的關係。中國啓蒙運動開始的時期，正是以西方浪漫主義爲時代背景，當時中國要求十七、十八世紀啓蒙運動的一些元素，事實上卻受到十九世紀反啓蒙運動的浪漫主義的影響。這種歷史差距，相當程度地影響到中國這個運動的性格。今天，我就打算從浪漫精神的角度開始來了解中國啓蒙運動的特性，與成先生所採的理性角度剛好相對。

中國啓蒙運動的特色，我想可以從兩點來加以掌握：一、是浪漫精神；二、是充滿矛盾的思想組合。我先擧一些當時的文化現象爲例，來說明浪漫的意思。

浪漫精神在這個運動中最直接的表現是「文學革命」，有的學者檢討當時的新文學認爲只有浪漫的氣質與浪漫的生活，而缺乏眞正的浪漫精神，也就是缺乏理想性與創造的想像力。不過當時的文學革命表現出一種浪漫的精神是不錯的，而且這方面較有顯著的成就。其次，當時知識份子極力反傳統的態度，也是一種浪漫精神的表現。他們不加深思地抨擊傳統的權威。早在晚淸，少數激進的知識份子卽已表現出這種傾向，例如譚嗣同的《仁學》、康有爲的《大同書》、章太炎的〈五無論〉，以及吳稚暉等人提出的無政府主義，大體都屬於浪漫的思想。再看五四時期的自由主義，它最突出的意義是「解放」，也就是譚嗣同所謂的「衝決網羅」。自由主義偏向於這方面的表現，所以可稱之爲浪漫的自由主義。再看看當時一項很重要的思想表現——民族主義。民族主義在西歐是一種內發的精神力量，本不排外。德、俄兩國由於承受外來的刺激而產生的民族主義，雖帶有排外性，但歌頌自己的傳統文化。在中國的民族主義很特殊，一方面對自己民族自尊有强烈的需求；一方面對自己的文化傳統卻採强烈的攻擊態度。既要打倒帝國主義又極力歌頌西洋文明，這時就使中國的民族主義喪失內聚的動力。歌頌也好，打倒也好，基本上都是浪漫精神的表現。

爲什麼在中國啓蒙運動時代會有浪漫精神的表現呢？一方面固然是受了西方十九世紀浪漫主

義時代的影響；另方面在中國傳統本身也可以找到根源：我以爲從孟子所開出的儒家傳統的主流，認爲可以撇開知識談道德實踐，特別迷信意志的力量，相信憑藉德化的思想就足以改造社會，這都是富有浪漫精神的想法。後來陸象山、王陽明延續了這個傳統，使中國知識理性無從滋長。陸、王哲學表現的特色是重視了人的自覺，有反權威的傾向，解決束縛的要求也很强烈，而陸、王哲學正是淸末民初流行的傳統哲學思想，康有爲在萬木草堂講學時，卽以陸王心學敎梁啓超和陳千秋，他的《新學僞經考》被稱之爲「考證學中的陸王」。我們固無從據此推斷陸、王哲學與啓蒙運動的浪漫精神有直接的因果關係，而只是指出當時有利於浪漫精神發展的部分思想背景。此外，直接從啓蒙運動中發展出來的新史學，如顧頡剛的《古史辨》，也是極具浪漫色彩的史學運動。

關於思想上矛盾的組合，我們可以從民族主義、自由主義和社會主義三方面略加以探討。

啓蒙運動時期的民族主義，它的推動者主要是學生和工人。學生在受了巴黎和會的刺激後，力主外抗强權，但他們本身接受西式敎育，對於自己民族的信心已經日漸動搖。這兩種情緒帶給他們內心相當大的矛盾。至於工人，在五四以後的群衆運動中，扮演相當重要的角色，中國工運也在此時期成型。他們一方面響應民族主義的大纛；但在稍後，中國工運與「工人無祖國」的國際工運掛鈎上，豈不也形成一種矛盾。

再看當時的自由主義，他們主張自由民主，但本身的言論既不理性也不寬容。所謂自由，對他們而言只是一種攻擊傳統權威的工具。此外當時的科學鼓吹者，提倡的是科學主義，啓蒙思想教人懷疑，科學主義却是對科學崇拜。他們一方面竭力趨新；另一方面又十分念舊，充滿邊際人的苦悶和矛盾。當時社會主義者的口號是反帝又反封建。反帝，與民族主義同調，必須在傳統的力量支持之下才能產生動力。但他們却把中國傳統文化視爲封建，而加以否定了。關於這些矛盾，梁漱溟在民國十九年時就說過：近二、三十年來，我們是自己搗亂、自己否認的滑稽史。

了解中國啓蒙運動的兩點特色之後，讓我們來檢討一下它在思想方面的影響。在中國啓蒙運動中蘊育出來的三種意識型態：傳統主義對新思潮是反動的；自由主義則受到左右兩方的夾擊，只在教育方面發生較大影響；而社會主義反而有較廣泛的影響。

啓蒙運動追求的主要目標是民主、科學。爲什麼這個在清末已經相當清晰的目標，在經歷近百年後的今天，仍然無法在中國落實生根呢？要解答這個大問題，恐怕必須從政治、社會、思想、文化等各方面加以檢討，但我們今天只討論思想部分，並且僅以社會主義做主要的線索。

在「五四」啓蒙運動之前，社會主義原只是一潛流，爲什麼在運動的高潮期，竟然演變成一股思想的巨潮呢？我想第一點，這與中國傳統中一部分的理想有關。中國傳統要接受自由、民主相當困難，但接受理想性的社會主義相當容易，因爲中國一直有「均平」的理想傳統，爲歷代許多重要思想家所强調。近代引進的社會主義被許多重要知識份子認爲是實現這個理想的有效途徑。十幾年前我在一個收藏舊雜誌的圖書館裡翻閱「五四」後期雜誌，注意到一個現象，就是幾乎很少有批評馬克斯主義的文章，宣揚的文字却很多。當時一般知識份子似乎沒有能力去檢討這股既浪漫又革命的思潮。

除了傳統背景之外，國父　孫中山先生是近代中國最了解社會主義的思想家，因此，他對社會主義有深刻的批判，中山先生把 Socialism 翻譯成民生主義，一九〇五年同盟會的誓辭「驅逐韃虜、恢復中華、建立民國、平均地權」。其中「平均地權」就是社會主義或民生主義落實下來的具體目標。一九〇六年《民報》發刊詞上，又闡述社會革命的民生主義。民國元年中山先生解總統職後，在同盟會老會員的歡送宴上，曾以實行社會革命號召同志。接著他到上海在江亢虎的社會黨總部演講三次，講題是：社會主義的派別及批評。

在五四時代北京大學是自由學風很盛的學府，各種社團在其中蓬勃發展。與社會主義有關的，有工團社會主義社團、基爾特社會主義社團、馬克斯主義社團，這些社團培養了一些激進的青年。

但是，社會主義能在中國風行最具決定性的一點，是革命後的蘇聯對中國的態度。第一次世界大戰結束後的巴黎和會期間，中國遭受列強欺侮，蘇聯却雪中送炭，於民國八年七月發表對華宣言：放棄在華特權、取消庚子賠款並歸還中東鐵路。

蘇聯革命成功及對中國主動示好的行動對中國現代史影響很大。它影響了當時的兩位政治領袖：陳獨秀與孫中山。陳獨秀受蘇聯革命的刺激，正式成立了中國共產黨；孫中山則改組國民黨，並決定採聯俄容共的政策。聯俄容共的利弊得失，目前學者們仍在繼續研究中，但無論如何，這個政策的推行，曾助長了共產主義在中國的發展。

聯俄容共後，社會主義的理想已變質。在「五四」前知識份子所宣揚的社會主義具有强烈的人道主義精神，使人很難抗拒。後來中國共產主義所標榜的社會主義，則已布爾雪維克化了，它已成爲現實政治奪權鬥爭中的工具。啓蒙運動後社會主義在中國的演變，這個過程正好應了海耶克所說的是一條「到奴役之路」。

從淸末到民國十幾年這段時期，知識份子很難排拒社會主義的誘惑，再擧兩個有代表性的例子：梁啓超民國八年歐遊歸來發表觀感，認爲資本主義已沒落，社會主義不能避免，但指出布爾雪維克不適于中國。在自由主義知識份子中最具代表性的胡適，民國十五年也以爲社會主義是十九世紀中葉以後的新宗敎，是人類社會共同的潮流。

爲什麼啓蒙運動在中國未能獲得順暢地發展？爲什麼啓蒙運動時代所提倡的自由、民主、科學這些新文化理想，至今大都仍停在理想的階段？爲什麼啓蒙運動在西方本是一個以理性爲主導的運動，而在中國理性的成分竟如此稀薄？爲什麼社會主義對中國知識份子有如此强大的吸引力？爲什麼變質後的社會主義，竟能赤化中國，使中國現代史不是前進，而是大倒退？我上面的談話，特別提出社會主義做主要線索，就是想趁機把這些問題提出來。我們的反共如不能勝利，中國將無前途。但要認眞反共，我們遲早總要面對並全面而徹底地清理這段歷史，使上述問題逐一獲得合理的答案。不能忠實地了解過去歷史的民族，很難找到前進的正確方向。

一九八三年五月十日《中國論壇》

# 完成思想啓蒙未竟之業

發生於近代西方的啓蒙運動，孕育於十七世紀，到十八世紀則大放異彩。由於這個持續達百餘年的思想運動，才使近代西方人從中世紀的精神桎梏中解放出來，建立新的世界觀，重塑了整個近代世界的心靈。威爾·杜蘭在探討這段歷史之後，以感激的心情，總結這一世紀的思想家對後世的功績：「今天，我們思想、言論及信仰的相對自由，……以及法律、政府中無數人道的改革，……這些都是拜受十八世紀思想家、也可能是十七世紀更深刻的哲人之賜。由於他們，我們的智慧才能受到無盡的啓發，而產生了十九世紀的文學、科學、哲學及政治的才能」。自由、人道、潛能的發揮，都是一個社會走向近代、走向高度發展，不可或缺的條件。

在民國成立前後那二、三十年中，我們確實經歷過類似西方啓蒙運動的思想啓蒙時期，但無論從後來的發展或是從今日成果看，我們的思想啓蒙工作迄未完成。這個運動在西方所以能豐收，在中國却落得慘敗，其中的原因必須透過複雜的歷史狀況才能加以說明。這裡我們只擬提到一點，卽人才的因素，因人才畢竟是推動歷史最重要的因素之一。

十七、八世紀的西方，科學家有牛頓，哲學家有洛克、斯賓諾莎、休姆，以及近代最偉大的理性主義大師康德，政治學家有孟德斯鳩，他們爲啓蒙運動奠定了雄厚的思想基礎，而由伏爾泰和盧騷這兩位動力極強的思想家，在現實上卽時發揮了巨大的影響，把這個運動帶至高潮。

在中國啓蒙運動前一百年中，思想方面我們有什麼人才呢？十九世紀前期有龔定庵和魏源，後期有康有爲與章太炎，這些人物在中國近代史的脈絡裡，固然都有一定的貢獻，但與世界級的思想人物相比，還有一段距離。唯一稱得上世界級的思想家是孫中山先生，在晚清他是唯一熟悉世界思潮的人物，他一生勤求新知從未間斷，但由於國家內憂外患所造成的特殊處境，終使他扮演了革命家的角色，革命家爲了鼓舞同志領導群衆，表達思想的方式不能不力求通俗，這些思想必須經由學術化的精製，才能放出更大的光芒。不幸民國以後，大部分的人才，都捲入一波又一波的革命風潮之中，很少知識份子能定下心來，像孫先生當年，爲國家的根本問題，從事深入的思考，並努力提昇思想的水平。

再看我們思想啓蒙的代表性人物，如梁啓超、陳獨秀、魯迅、胡適，在一段時間裡，他們都曾有過精采的表現，使他們取得歷史地位，但沒有一人自始至終堅守思想啓蒙的理想，長期從事發揚理性工作。因此，他們的思想，終其一生大都停留在常識的層面，難以提昇自身的思想境界，爲國家樹立思想上的偉大典範。在這裡我們不必歸咎於環境的惡劣，西方十七世紀的哲人，大半在孤獨無援中工作，在最困難的逆境中奮鬥，十八世紀的伏爾泰和盧騷的一生，更是屢遭放逐，備嚐艱辛。從史書中看那時代的啓蒙運動，眞是高潮迭起，熱鬧非凡，其實這些思想家們很少獲得時人的同情和了解，曾長期生活在寂天寞地之中。當代中國的知識份子，一個很嚴重的問題是，很少有人眞正了解，在革命風潮和政治運動之外，還有重要的工作可做。一個國家許多優秀的頭腦，不能堅持理想、守住崗位，學術思想的工作怎能有進步？在國家追求現代化的過程中，作爲國家建設基礎的學術思想如不能大幅的進步，其他方面的進步又如何可能？民主與科學的口號，雖然到「五四」時代才叫響，但在十九世紀的後期，早就有不少知識份子看清楚這個方向，爲什麼在百年之後的今天，這個目標仍多半停在理想的階段，根本的原因之一就在這裡。向當權派爭民主固然重要，如果沒有深厚的學術基礎和獨立自主的學術環境，我們很難培養出適合民主需要的優秀政治人才。向當權派爭自由固然重要，但知識份子更應該了解，在學術思想方面努力創新，才是人類理智和自由精神的最高表現。

檢討百年來知識份子的歷史，偌大一個國家，能堅守學術崗位努力不懈的人，眞是太少太少。我們希望這一代的高級知識份子，對這一點要切實的反省。重新認識知識份子的主要任務是在學術，重新了解學術有學術自身的使命。這個使命就是要爲國家的百年大業、長期建設創造思想與理論的基礎。眞正的知識份子不必一味抱怨環境，環境好固然要努力，環境不好，更要加倍努力，因爲只有好的和更好的工作，才能使你不滿的現狀逐漸改變，除此，別無他途。一個國家如果他的高級知識份子的身上表現不出强大的韌力，這個民族很難支撐久遠。學術工作者有責任維護學術的尊嚴，而維護之道必須在學術創造的自身上努力。

在今天，就整個國家而言，我們要完成思想啓蒙的大業，依然是一個百廢待擧的局面，依舊是困難重重。由於思想啓蒙基本上是一學術思想上的創造性工作，因此從事學術思想工作的知識份子，必須發揮最大的潛力和願力，努力補上這歷史性的一課。下面引羅素的話，針對我們知識份子的病痛，可作爲學術工作者的座右銘，羅素說：

「在時空上保持著某種程度的孤立，是產生偉大作品不可或缺的要素；閉目靜思片刻，我們當不難發現，世界上有某些東西其重要性遠超過群衆的短暫垂青。事實上，我們所受的痛苦，不在乎神學信仰的貶值，而在於孤寂氣質的消失。」

一九七三年五月十日《中國論壇》

# 變遷與回應
## ——是什麽因素阻礙着我們前進？

任何文化都有變遷，只是變的幅度有大小、速度有快慢。當代中國思想界一度曾流行中國傳統自秦漢以來卽已停滯之說，這純是根據外來某種機械式的史觀所產生的謬論。中國自十九世紀中葉以後因西方文化的撞擊所造成的變遷，不但幅度與速度比以往任何時期都顯得大而快，其中變的意義也與往昔有顯著的不同。在此以前，三千多年的中國社會、文化儘管曾經歷過幾次較大的變遷，但大抵說來，仍如柯萊基（Edward A. Kracke, Jr.）所說，是「在傳統中變」，因作爲文化核心部分的價值觀念和價值系統，並未受到嚴重的挑戰，社會的基礎部分，也一直能保持相當程度的穩定。近代中國遭遇的是整體性的文化挑戰，因此所產生的變遷，也是基本而全面的，幅度之大，已越出傳統的樊籬；晚清時李鴻章、王韜、嚴復等人或强調這是三千餘年的大變局，或認爲是秦漢以來未有之世變；郭嵩燾更有「西洋人之入中國，爲天地之一大變」之語；他們對新時代來臨的感受，十分眞切。

在西方文明狂飈驟雨般的侵襲下，引起中國社會、文化空前激烈的回應：一八六五年創辦第一所具有近代技術的工廠——江南製造局；一八九八年的新法，揭開民主運動的序幕；一九〇五年廢除一千多年的科學，使敎育制度開創新里程；一九一一年推翻滿清，結束兩千多年的專制政體。到了一九一五至一九二三年間要求全面革新的新文化運動時，使一波强一波的回應達到最高峯。

近代中國變遷與回應的過程，以及由此過程出現的種種問題，近幾十年來對國內外人文及社會學者，一直具有很大的吸引力，由於他們的努力，使錯綜複雜烽火瀰漫的中國近代史，已逐漸顯露清晰的面貌，也已掌握若干關鍵性的問題。在這裏我們特別關切的是，爲什麼在民國初年就已有相當共識的新文化目標如民主科學，到六十年以後的今天，實行起來依然步調緩慢，困難重重？日本差不多與我們同一時期面對陌生的西方而展開近代化的運動，也曾和我們一樣遭遇許多重大難題，甚至一度走入歧途，幾乎遭遇亡國滅種之禍，但在戰後他們却加速地建立了一個現代化的日本，使一曾長期依賴中印文化的蕞爾島國，現在至少在工業技術和民主政治這些方面，已成爲先進國，作爲一個有光輝悠久歷史的中國人，在這由先進轉爲落後的殘酷事實之前，怎能不感到慚愧與悲哀！每當日本人發生「以怨報德」的事件，我們縱然能理直，但終難以氣壯！

中國人啊！究竟是什麼因素阻礙著你前進？這是我們今日必須嚴肅正視並痛切反省的大問

題。

史學家余英時教授在〈從史學看傳統〉一文中涉及中國現代化問題時，有如下的斷語：「而現代化之稍有成績可見者大體也都偏在技術方面，至於精神方面、基本價值方面，傳統則依然佔有絕對的優勢，不過蒙上一層薄薄的現代面紗而已。」問題是在中國已經過一百多年的震盪，傳統的價值和精神基礎事實上已從根動搖，爲什麼我們在這方面調整的過程却如此艱困？對這樣複雜的問題當然沒有簡單的答案，但也不可以逃避而不加探討。

所謂精神和基本價值，表現在具體生活中，通常包括態度、習慣及信仰系統等，這方面之不易轉化，形成非西方國家走向現代化的過程中最基本的難題。非西方國家引進西方技術通常比較容易，一旦要提高技術的層次到基本科學的研究與發展，就要碰上這基本的難題。如要實行民主自由，則與精神和基本價值之能否轉化就有更密切的關係。

作爲一個民族的精神基礎和基本價值的形成，都有它悠久的歷史傳統。傳統之所以被重視，是因爲其中所包涵的精神與價值曾長期維繫這個民族和社會的穩定，因此任何一個悠久的傳統對新觀念都不會輕易接納。傳統的主要功能也在此，否則一旦遭遇到新事物新觀念的挑戰，社會將迅速瓦解。在幾千年的農業文明中，傳統的確扮演着最重要的角色。十七世紀以後，由於科學和工業的革命，人類進入創世紀的新時代，從此所有的傳統都無可逃避地要接受這一新文明的挑戰與考驗，沒有一個傳統不經過重大的再生而能重建他的民族尊嚴和國家聲譽的。

中國受到西方新文明的挑戰與考驗，迄今已超過一百四十年，後六十年反傳統似乎一直居於新思想的主流，爲什麼經過大半世紀的反傳統潮流，至今傳統的精神和基本價值仍佔有絕對的優勢？這事實一方面說明我們的新文化運動只是表面的新，支持新文化運動者，他們的精神、思想模態和價值觀念，並沒脫胎換骨的更新。新文化運動必須有新的學術工作才能使它在新時代生根，新學術成果的累積和擴大的應用，才能使舊社會起根本的變化。由於這方面努力不足，才使新文化運動很容易被壓制或摧殘。

傳統的精神和基本價值之難以轉化，這事實另一方面也說明我們的保守主義（包括政治的和文化的）對新文化的確產生了抵制和頑抗的現象。要了解近代中國的保守主義，遠比了解新文化運動來得複雜而困難，它不但表現於社會層次，也不僅見之於學術、教育層面，長期以來它一直是領導和決策階層的基本理念。因此，這種保守主義如海耶克（F. A. Hayek）所說可「慣於運用政府的力量來阻止變動，或限制變動的速度」，因爲他們「對社會發展之自動的調整力缺乏信心」。很不幸廿世紀却是人類有史以來變遷速度最快的世紀，問題層出不窮，問題之來，如不能迅速調整機能，發揮高度的應變能力，必然陷於難以自拔的困境。結果保守主義只能長期地被動地在重重難題中掙扎，很難積極有效而又高瞻遠矚地推動國家現代化的工程。

保守主義最大的資源是傳統，這本身也有難題，如不能創造性地善用傳統，傳統將成爲沉重的負荷。現代社會有一套新生的結構，想把傳統的資源引入新生的結構中發揮功用，不見得比學習先進國家的經驗容易，二者同樣需要冒進的勇氣和抉擇的智慧，因二者皆非現成，且永遠有適與不適的問題存在。無論是利用傳統資源或是吸取先進國家經驗，都有賴於創新的觀念，尤其要靠創造性人才。很不幸任何社會的保守主義，都不同程度地壓抑着創造性的心靈。

因此，一個走向新生的社會，往往不可避免地會產生保守主義與自由思想之間的爭議，在爭辯過程中，一方如愈保守另一方則可能愈激進，距離越拉越遠，一旦引發危機，受害者則是社會全體。我們應知一個有效促進新生的社會，二者不宜敵對，應該能合作，因雙方有共同的目標，莫瑞（Gilbert Murray）說得好：「保守主義的目標是拯救社會秩序，自由思想的目的是把社會秩序往自由人——免於自私、免於激情、免於偏見的人——所作的判斷接近一點，並且經由這個改變更有效地拯救社會秩序。」如果我們不故意曲解自由，自由思想是永遠與秩序觀念結合在一起的。沒有秩序的自由，不是無政府狀態便是暴民社會，這時候自由與傳統都會被摧毀，毛澤東發動的所謂「文化大革命」，就曾造成這樣一個社會。

自由是塑造現代社會最基本的原理之一，沒有它不容易有創新的觀念，也很難培養出創造性的人才。自由的教育，在錯失中才有靈活矯正的機能；自由的學術，才能打破禁忌，深入問題，想像一切可能的答案；自由的社會，比較有公平競爭的機會，個人傾向於成就取向，因此也較富活力。歷史上人才輩出的時代，大都是個人能自由發展的時候，中國的戰國時期，西方的希臘以及文藝復興時代，都是顯著的例子。只有建設一個自由開放的社會，新觀念才有機會向舊觀念挑戰，這個過程如能持續，新觀念得以居於引導的地位，有的舊觀念也因通過新考驗，從僵化中重新復活。一個自由開放的社會，必然是集合不同利益集團的多元系統的社會，因此容忍某種程度的衝突和矛盾，是維護自由保存活力必須付出的代價。

回顧中華民國的歷史，我們已歷經浩刧與巨變，但在回應的過程中，失敗顯然遠多於成功，從早期的軍閥割據，終於演變到今日海峽兩岸的分裂。近三十年來臺灣本來有絕大的機會可以使我們立於不敗之地，竟然演變到今天內外危機重重的局面，原因固不單純，但與政治集團的性格有莫大的關係。

一個政治集團在創建的初期，必然充滿着冒險進取的精神，與保守的勢力搏鬥，否則就沒有成功的機會。取得政權以後，於是主客易位，由攻轉守，再加上三十年的主政，使它在政治與經濟權力兩方面都取得絕對優勢，對一個政治集團本身來說，當然是絕大的成功，但此等利益的擴張，不但使創建初期的銳氣消退，組織本身也逐漸僵化，於是使應付大小危機的能力，顯得力難從心，這情勢正應了威廉·詹姆士（William James）的話：「建立在『擁有』上的生命，比建立在『行動』或『存在』上的生命更不自由。」

該怎麼辦？路是現成的，重振「五四」新文化運動的朝氣和精神，拿出最大的決心和最大誠意，訂下日程表，十年之內，充分實現民主憲政，這是我們生存的保證，也是國家的正大出路。

一九八三年一月十日《中國論壇》

# 認知心態與民主心態

一九六六年初，殷海光先生發表一篇題爲〈論認知的獨立〉的文章，一開頭就引亞里斯多德的話說：「把不是什麼說成是什麼，或把是什麼說成不是什麼，便是假的；而把是什麼說成是什麼，把不是什麼說成不是什麼，便是眞的。」這就是認知活動的規則，把這條規則加以簡化，就是「是什麼就說什麼」。中國傳統裏的考證家强調的「實事求是」，也是同樣的意義。孔子說：「知之爲知之，不知爲不知，是知也。」「是知」之「知」卽同於「認知」。此外，孔子對管仲的評論，也可以當作認知心態表現的一個例子，在道德方面，他說「管仲之器小哉！」但在事功方面，則認爲「微管仲，吾其被髮左衽矣。」他把一個人的德行和保衞民族的事功分開來看，不以偏概全，這就是客觀。

## 一、重道德的文化

在通常的情形下，一個人只要接受過相當程度的科學方法訓練，客觀認知的表現，並不很難，但在某種特殊的情況下，要做到這點，可能極端困難。左傳裏記載一則這樣的故事：齊國崔杼殺了他的國君，史官秉筆直書：「崔杼弑其君」，史官遂因此遭到殺身之禍。其弟接掌兄職，照寫，又被崔杼所殺。次弟也遭了同樣的命運。一直到三弟仍照寫，崔杼無奈，才放過他。由這個例子可知，在橫暴權力之前，要做到「是什麼就說什麼」，須以生命爲代價。這樣的例子雖不常有，但類似的故事，在人類歷史上，却是史不絕書的。在中國傳統的思想家中，東漢王充是表現認知心態的一個較爲突出的例子，《論衡》裏有〈知實〉、〈實知〉兩篇，所謂「實」就是以感官知覺的經驗爲實。他有兩句名言：「事莫明於有效，論莫定於有證。」「效」是效驗之效，「證」是實證，意思是說：凡事在經驗上有效驗的就是對的，否則就是錯的；一個論調，能實證的就是對的，否則就是錯的。很顯然，王充這些思想，都表現了認知的特性。

上面舉這些例子，是在說明中國傳統裏，並不缺乏認知心態的表現。但整個地來說，這種心態在中國思想史中並未獲得順暢地發展，因此認知心態也沒有能成爲中國文化的一個特徵。

爲什麼認知心態未能順暢地發展？主要是因爲中國的邏輯學只停頓在先秦的萌芽階段，其次是中國哲學的主要問題不在知識。中國哲學的主要問題在人生、社會與政治，「內聖外王」足以概括，在儒家，外王也是內聖的延長。內聖是成德問題，而重德正是中國文化的主要特徵之一。

## 二、人與言應分開

由於重視道德問題，因此對人對事最慣用的一種思考方式是訴諸道德判斷，而不是認知判斷，如孟子評楊、墨：「墨子兼愛，是無父也；楊子爲我，是無君也；無父無君，是禽獸也。」訴諸道德判斷，往往是很獨斷的，這樣的方式無法對評論的對象有同情的了解，孟子這則言論犯了邏輯上「人身攻擊」的謬誤。又如朱熹，他在認知心態方面有相當的表現，對歷史上的人物和事件，也有不少持平之見，但對王安石的批評，卻接受了當時流行的偏見，既說他「一時取合人主，假利勢以行之」，又說他「其學不純，而設心造事，遂流入于邪！」也是由道德判斷而導致人身攻擊之一例。王充因在〈自紀〉中很坦率地提到他父祖生前的劣跡（如「橫道傷殺，怨讐衆多」之類），又寫了〈問孔〉、〈刺孟〉二文，結果犯了傳統的大忌，挨罵了二千年，有的說他「不孝莫大」，有的說他「背經離道」和「名教罪人」。

像這一類的情緒反應，任何人有時候是不能完全避免的，但在討論問題和評論學術時，必須盡量克制，因爲這類反應一旦成爲習慣形成風氣，就會嚴重妨礙認知心態的展現。說到這裏，又不禁使我想起孔子兩句了不起的話，他說「不以言舉人」，「不以人廢言」。「人」與「言」是可以分開看的，一個人說的話是不是正確，和他的爲人沒有必然的關係。一個人說的話是否正確，可就兩個標準去衡量，第一看它有沒有違犯邏輯，其次要看他的話能不能在經驗上徵驗，假如不能通過這兩個標準，你可以判斷他的話不正確。當然，這裏所說的「言」是指意義的陳述，假如是詩歌之「言」，則言爲心聲，就無所謂正確或不正確了。孔子的話，至今在知人論事方面，仍是一條有用的規則。

## 三、「平心而論」值得探究

許多年來，我一直很欣賞王陽明下面這段話，他說：「學貴得之于心。求之于心而非也，雖其言之出于孔子，不敢以爲是也；求之于心而是也，雖其言之出于庸常，不敢以爲非也。」這是說討論學問上的是非，不可訴諸權威，而不訴諸權威，正是從事客觀認知的重要條件之一。但陽明在這裏以「心」爲是非的判準，這個心當然是指良心或良知，良知卽知是知非之心，自孟子開始卽已如此認定，後來在中國傳統中良知遂成爲判別是非最重要的判準，在一般人的生活裏，一個人說的話，祇要他表明是憑良心說的，就表示可以信賴，就足以使原先不信賴的人言塞。

這裏暫不討論良心或良知是否可靠的問題，我們要探討的是，在討論學問上的是非時，是否僅能「求之於心」？是否「求之於心」就能決斷學問上的是非？依陽明的意思，答案是肯定的。但照我們現在的了解，不論是倫理的學問或知識的學問，要判斷他們的是非，如僅求之於心，只能是一種主觀的判斷，不能達到客觀認知的判斷，要達到客觀認知的判斷，至少須通過上述那兩個標準：不違背邏輯並合乎事實。

我們引陽明的話，不是要討論陽明的思想，只是想藉他的話指出這種「求之於心」的思考習慣，至今仍相當普遍地潛存於我們知識份子的意識之中，這種思考習慣在討論問題時會妨礙我們的認知活動，最明顯的一個例子，是我們知識份子寫文章，很喜歡用「平心而論」這句話，當他用這句話時，是表示他下面說的話是足以信賴的。

「平心而論」表示作者說這些話的時候很冷靜，是心平氣和的，但一個人頭腦冷靜心平氣和，是否就能保證他說的話可信賴不會犯錯呢，從認知的意義看，顯然不能，因如前文所說，一個人說的話是否正確，另有其衡定的標準。那末寫文章的人爲什麼總喜歡說這句話呢？我以爲是一種傳統思考習慣的遺留，這種習慣不自覺地誘發人對人對事採主觀的判斷，而不容易自覺地去發展認知的判斷。

道德判斷是主觀判斷的一種，認知判斷不能取代道德判斷，但今後我們應學習當我們必須下道德判斷時，希望讓這種判斷建立在客觀認知的基礎之上，否則我們很難從主觀心態中解放出來。中國傳統中的認知心態所以未能順暢地發展，習慣於主觀心態的思考，是一個重要的原因。

因認知心態未能順暢地發展，使中國缺乏一個爲知識而知識的傳統，學術成爲道統的附庸、倫理教化的工具。中國傳統特別重視倫理道德，在道德實踐方面有很大的成就，但因缺乏認知的考驗，理論方面的發展很弱，一個缺乏這方面發展的倫理或道德的體系，在施教的過程中，往往只能教人信其然，而很少追究其所以然。

## 四、積極培養「認知心態」

在道德的教條中，有些的確是天經地義的，但在教育的意義上不應該止於此，例如「不說謊」在任何社會都被視爲當然，我們如遇到「爲什麼我們不應該說謊」這樣的問題怎麼辦？在我們的教師中，學生如提出這樣的問題，可能會以爲這個學生是在爲自己的說謊辯護，但愛因斯坦在〈科學定律與倫理定律〉的短文中，認爲這個問題是有意義的，他的答覆是因爲說謊會破壞他人的信賴，沒有這種信賴，社會的合作是不可能，或至少是困難的。倫理的規則，類似於數學中的公理，因此在認知的意義上，上面這個問題還可以追問：不說謊這條倫理的公理是怎樣產生的呢？照愛氏的解說，是由我們與生俱來避免痛苦和毀滅的傾向，以及個人對鄰人行爲積聚的情緒反應所導致的。我們這裏並不是要正式討論這些倫理問題，而只是爲對倫理問題做認知考察學一個簡單的例子，只有經由這樣一步步的考問，才可能發展出一套倫理學，經由認知意義的探討建立起來的倫理學，才足以防止我們對一種道德教條輕信盲信的習慣，不加批判地輕信盲信一種教條的習慣，不也是可以助長中國人輕信盲信其他教條的心理根據嗎？

我們思想教育的失敗，原因很多，但一個重要的原因，就是沒有認眞地去改變傳統輕信盲信的習慣，甚至還在鼓勵一種廉價的信仰。認知的心態，用通俗的話來說，就是一種打破沙鍋問到底的精神，如果我們不鼓勵合理的懷疑，對任何問題都允許追根究柢，縱然暫時接受一種信仰，這種信仰是很容易動搖的。換一個環境，碰到一些新的刺激，他可能以同樣輕信的心理去接受其他的教條。假如當初希望他接受一種信仰時，曾經過認知性考問的歷程，以後當別人向他宣傳某一種教條時，也會習慣地用同樣的方式去考問它，就可以不致流于輕信和盲信的。

如何才能使我們的認知心態獲得順暢地發展？這對中國的未來是一個重要的問題。這個問題在理論上比較容易回答，數學、邏輯是認知訓練的基礎，多讀有謹嚴方法的客觀研究的論文，和一些實證的研究，都有幫助。但一個人在研究上做到這點或許比較容易，對自己研究課題之外的問題，尤其在日常生活中要做到這點就很難，因爲那必須使認知心態成爲一種思考的和心理的習慣，在中國傳統裡長大的人要做到這點是比較難的，因爲舊有的思考習慣和心理習慣不容易改變。

不容易改變的原因很複雜，原因之一是由於我們的思考習慣和心理習慣與來自傳統的一些根深蒂固的信仰分不開」，這些信仰多半不是建立在認知的基礎之上，一旦這些信仰受到認知的考驗，就很可能導致原有信仰的動搖，而破壞了心靈秩序與心靈安寧，這是一件相當痛苦的事。保守主義者對新觀念在不同程度上都懷抱敵意，其故在此，因爲新觀念以及新觀念可能帶來的變動，會使人感到不安和不快。

其次談到民主心態。

中國人爲什麼缺乏民主心態？幾十年來關心民主的知識份子已談了不少，最近十多年來，學者們喜歡從權威性格來討論，因爲高程度的權威性格與民主的性格之間，確有鮮明的對立。所謂權威性格，最簡單的了解，就是一方面喜歡支配，另一方面又習於順從，對權位比他高的人他順從，對權位比他低的人他要支配，在父子、師生、主管部屬之間，這種性格的表現最爲普遍。這種性格之所以妨礙民主心態的表現，最主要的原因是因它不能尊重個性和容忍異見。

中國傳統的家族組織是以父子關係爲主軸，再加上制度化的孝道，使代間關係只强調單行道式地服從，因此很難培養出尊重個性的行爲。所有的社會在眞正民主化之前，都不能容忍異見，而異見是促使社會進步的必要條件，因此不論是良性的或惡性的反異端的想法，都足以妨害社會的進展，並抑制個人的創進力，所以人類一部自由民主的奮鬥史，在這個意義上可以說是使異端者由受迫害而達到合法地位的歷史，於是產生了所謂合法的反對者。

## 五、尊重個性與容忍異見

要培養民主心態，使民主成爲一種生活方式，必須使尊重個性和容忍異見這兩點切實身體力行，而其下手之處又必須從家庭從教室從兒童的教養做起。下面的幾點可供做父母和做教師者參考：

①民主的一個重要原則是選擇，選擇必須本於自由意志和個人的判斷，不受任何外來因素干涉。選擇是一種能力的表現，在權威主義的教養之下，這種能力難以滋長。現代的父母和教師，這方面要盡量抑制，非必要不宜任意使用權威，相反地要教孩子凡事自己去選擇，自己去決定，同時也教他們對自己的選擇和決定負責，因自由和責任是不能分開的。

②不論是父子和師生，當彼此意見相左時，要提出足以使對方信服的理由去說服他。如一時不能說服，不用强制方式達到目的。强制方式不但會拉遠彼此間的距離，甚至會引起憎恨的情緒，有一條古老的規則對現代人仍然有效，那就是「己所不欲，勿施於人」。

③現代的父母只能要求子女有限度的順從，「有限度」是指：除非子女有明顯反理性的動機或行爲時，才嚴格要求他們順從我們的勸告之外，其他本於習俗的，本於主觀利害的要求，都應該避免。中國人一般缺乏個性，而表現爲優柔寡斷、游移不定、好依賴等性格，與父母們過分要

求子女們順從的教養方式，有密切的關係。過分要求子女們順從的父母，往往凡事都喜干涉，即連自發的興趣也很少不被干涉的，干涉可能是出於關切，但二者畢竟不同，如果是干涉到子女的興趣，很可能扼殺了他們的潛能。民主是最能培養個性並尊重他人興趣的一種生活方式，其價值亦由此可見。

④不同的意見往往使人不快使人難堪，所以才要學習容忍。我們應學習「別人可能是對的，自己可能是錯的」的思考習慣，這樣才能培養出互相尊重的精神，才是所謂開放的心靈。開放的心靈與民主的心態，名異而實同。

⑤做父母的要以愛心與負責去取得子女的回敬；做教師的，除了關懷之外，還要靠學識。如缺乏這些起碼的條件，僅靠傳統賦予的權威來維繫這種關係，這種關係可能名存而實亡，在現代社會裏，這種方式的維繫，很可能是產生青少年反理性行爲的淵藪。民主的生活方式，是要做到在日常生活中遭到的問題，也要學習用理性的方式去解決。傳統社會與現代社會已有很大的不同，年齡的差距極可能就包括知識的差距和世事感受的差距，因此做父母的做師長的就不能假定自己一定能了解子女和學生，如何了解他們如何與他們相處，仍要不斷地學習。

## 六、認知心態與民主心態的關係

二者的關係，在這裏我只能簡單地說明幾點：

①認知心態與民主心態，基本上都是心智的活動，但認知心態的訓練是這種心智活動的基礎。西方傳統中的認知心態的表現優於中國、印度和依斯蘭的傳統，結果民主政制產生於西方，而非產生於中國、印度和依斯蘭的傳統。民主政制產生的條件很多，但從心態上看，民主心態可以由認知心態直接誘發，因講求並堅守客觀認知的人，必然反對獨斷反對訴諸權威的論式。如求證於中西的思想傳統，這一點可以看得很清楚。

西方思想傳統以知識爲主，這方面的成就須推翻舊說，不斷推陳出新，一個大哲學家必須獨立門戶，開闢新天地。讀西方思想史，派別之衆多，有如千門萬戶，個個傲然獨立，壁立萬仞，兩千多年的發展，就像連綿的羣山，其間雖有前後承續的關係，但如萬壑競流，個個有不同的精神面貌。民主自由的思潮產生於這樣的傳統，是可以理解的。

中國的思想傳統以人生問題爲主，重點在建立道德主體，開拓心靈世界，終極的目標在人格的創造上，入手的方法在反求諸己，個人的理想在經由立己立人以求自我的實現。因此知識的活動只處於輔助的地位，缺乏獨立性。於是典範人物成爲學習過程中的決定因素，學問的目的則在「爲往聖繼絕學」，一個思想家企圖獨立門戶，開闢新天地，會被認爲離經叛道。在這樣的傳統裏，自然特別重視傳統，强調尊師重道。但在這樣的傳統裏，認知心態不能順暢地發展，也發展不出民主的心態，也是可以理解的。

②認知心態可以誘發民主心態。另一方面，愈民主的社會，愈能允許認知心態的發展，因此，具有認知心態的人，多半渴望民主。二者是互相影響互相支援的。科學代表認知心態的最高表現，一個社會如重視科技，而又不願走向民主，結果對內對外都可能帶來災害。

③民主必重法治，法治與人治對立，中國傳統中號稱重視法治的法家，那是「以法治人」的法治，不是民主政治中的法治。民主社會法治的精髓，一在保障人民的權利，二在限制政府濫用權力。民主的法治，司法權獨立於黨派之外，法律的裁決，是一種典型的認知判斷，這種判斷有時與人情相合，有時與人情相悖，因此「法律不外人情」之說並不可取，因由人情建立不起來客觀的準則，法律是一種客觀的準則，它不滿足任何個人的需求，因此有所謂法律的公正性。法律之所以具有公正性，因爲它對所有的國民有同等的效力。法律公正性的建立，不能單靠主觀的公心，它需要客觀認知爲基礎。因此有認知心態訓練的人，比較容易養成守法的習慣，也比較能體認法律公正性的價值。

一九八一年一月十八日《時報雜誌》

# 學術獨立與自由民主

學術獨立在我們這個國家，仍然是一個需要長期努力才可能實現的理想，因爲在西方已經享有學術獨立的一些國家，也曾經過一段很長的歷史。不論東方和西方，都缺乏學術獨立的傳統，因學術要取得獨立的地位，基本上與寬容的態度分不開，而這種態度是在近代的自由運動以及民主實踐中才逐漸培養出來的，所以今天祇有一些享有相當自由的民主國家，才比較能接近學術獨立的理想。我說「接近」，是因爲完全的學術獨立，在這個世界並不存在，而且在現實世界裡，這是永遠不可能的。

學術獨立至少包涵下列幾點：(1)國家或社會對有能力從事學術工作者能提供適當的研究環境；(2)大學不只是一個教學的地方，它還必須是一個從事基礎或高深學術研究的場所；(3)政府有提供研究經費的義務，但沒有干涉學術的權利；(4)學術之間的爭論可以公開討論，並允許各種意識型態自由競爭；(5)學者享有充分的學術資訊，爲了學術上的需要，可以無忌諱地運用一切資料；(6)學術工作者相信學術是一自主的王國，有它自身的尊嚴和律則，學術上的問題必須在不影響它的尊嚴並遵循它內部的律則去解決。以上這幾點可以作爲一個社會是否具有學術獨立的判準。依據這些標準，可以明顯地看出，不僅共產主義社會沒有學術獨立，卽使非共產主義的社會，如尚未自由化民主化也同樣缺乏。其中最主要的關鍵在第三點。因在工業化之前，所有妨害學術獨立的因素中，最嚴重的是來自政府的干涉。

一九四七年，國民政府還在大陸的時候，胡適先生曾提過一份〈爭取學術獨立的十年計畫〉，重點在建議政府用國家最大的力量培植五個到十個大學，發展他們的研究所，打開大學是研究院的新風氣。關於相關的政治問題，計畫裡特別提到一句：「現行的大學制度應該及早澈底修正，多多減除行政衙門的干涉，多多增加學術機關的自由與責任」。這表示胡先生很淸楚，我國學術之所以未能獨立，至少有一部分原因，是由於行政衙門的干涉。但他似乎不知道，政府的干涉這一點如不能獲得澈底改正，一切周詳的計劃都將成爲紙上談兵。胡先生的計劃提於中國大陸滿天烽火之際，政府當然無暇考慮這關乎國本的大計。但在臺灣我們曾有過三十年的安定歲月，爲什麼仍然未能達到學術的獨立呢？最主要的原因，就是我們沒有能充分實現民主，也就是沒有能完全依據中華民國的憲法實行憲政。近兩百年來，人類在各種制度的試驗中，已有充分證據顯示，祇有以自由爲目的的民主制度，才比較能有效地防止政府對學術的干預。胡適在計畫中又提到創立霍鏗斯大學的吉爾門校長，因竭力提倡研究院的工作，遂打開美國學術獨立的風氣，而在大陸曾做北京大學的校長，在臺灣曾做過中央研究院院長的胡適先生，雖有學術獨立的完整計劃，却無法實現。其間的不同，就因爲美國已經是一個民主的國家。除非我們能充分實現民主，否則我們的學術獨立將永遠是一個可望而不可及的理想。基於這個了解，我們知識份子關懷民主運動，並在能力可及的範圍協助推動民主，並不只是爲了政治，同時也是爲了學術。一個國家的學術如不能獨立，要想大幅提高大學教育的素質，大量培養高級的研究人才，幾乎是不可能的。

一個學術不能獨立的國家，造成的最大問題是思想貧困。最近吳大猷就「人文與自然科學應如何均衡發展」的問題與余英時對談，他說：「據我看，我國的學術是很薄弱的」。余先生在一篇文章裏曾檢討現代中國史學所以衰落的原因，認爲這「並不是孤立而突出的現象，實際上它祇是整個學術荒蕪的一個環節而已。」「學術薄弱」或「學術荒蕪」都是思想貧困的直接反映。思想貧困影響所及，並不限於學術，也導致政治的貧困。政治貧困是指缺乏自由民主的理想。要使從政者能爲自由民主而奮鬪，必須先使自由民主的思想普及於社會，並在每一國民心中落實生根。馬克斯·韋伯認爲政治家必須具備三個條件：熱情、責任感、冷靜的判斷力。要培養出第三個條件，必須有深厚的思想基礎和良好的思想訓練。一個思想貧困的社會，如何能造就出這樣的政治家來！

我們絕不缺乏優秀的青年，由於教育長期在教條主義影響下，使多數青年得不到適當的誘導和啓發，在自己的國土上反而不容易發揮潛力成爲人才，這是多麼不正常的現象！誘導和啓發思想的方式不止一端，但在現代社會最重要的一項是知識的自由流通。一個國家祇有當它享有充分的出版自由時，才能有最自由最豐沛的知識交流。豐沛的知識交流，不僅激發學習熱情，更能有效地刺激創新的欲望。知識的自由流通，不僅是促使社會進步的源頭活水，也是國家力量的重要來源。因此出版的禁令以及對言論思想種種不必要的限制，受害者豈止是作者與出版人，眞正受到戕害的是推動國家進步發展的原動力。

敎條主義的爲害，正如心理學家葛登納所說，它要求人們「不要思想，不要表現個人。敎條裡也許蘊藏著好的、智慧的思想，但敎條本身却是壞的，因爲它無條件地被人接受，無條件地被視爲好的。」所以敎條主義一旦得勢，必然導致思想的貧困。同時敎條主義也必然造成學術工作者的士氣低落，久而久之將不可避免地使知識份子流於痲木。這是一種惡性循環。要從這種循環中解脫出來，消極方面要認清敎條主義——尤其是由政治力量支持的敎條主義，很可能對文化活力及思想創新扮演殺手的角色；積極方面應盡一切的可能朝建立一個自由開放的社會去努力，因爲祇有這樣的社會才比較能保持文化的活力，提供激勵思想創新的環境。許多開發中國家所以限制思想及出版自由，不願走向開放社會，多半基於一個錯誤的假設，即以爲那樣會影響國家的安全或社會的穩定。殊不知在這劇變的世界裡，人類的安全經常會受到新的威脅，欲求保全唯有不斷的創新。缺乏創新的社會，縱然看起來穩定，也祇是僵化與冷漠造成的穩定，這樣的社會很難有效地應付內部及外來的危機。祇有自由開放的社會，才能達到動態的穩定，動態的穩定才是眞正的穩定。

政治與學術始終未能建立起合理的關係，形成傳統中國的一大問題，這個問題至今依舊困擾著我們懸而未決。先秦時代「道」尊於「勢」的理念曾一度流行，那是因爲正值社會劇變的大轉型期，再加上多頭的政治勢力，使知識份子享有較多自由的狀況下產生的。等到秦國統一了多頭的政治勢力，情勢很快改變，原先以道自尊並欲做王者師的儒，在專制天下的格局下，就不得不如《禮記・儒行》所說，以「夙夜强學以待問，懷忠信以待擧」，作爲自處之道了。這還是有所守有所不爲之士，秦漢以下能做到這一點的，已堪稱大儒。這種人物在歷代多半祇能屈居下位，幸而有這些安貧樂道的人物，才使學術思想在民間保存一線生機。專制帝王當然不能滿意於這種情況，爲了製造與士大夫共治天下的假象，於是以利祿爲釣餌，期待天下英雄盡入彀中。自漢代學術與利祿相結以後，學術便一直處於政治附庸的地位。民國成立以來，傳統的帝制雖已被打倒，在西潮衝擊下也曾有過新文化運動的震撼，但政治居於絕對優勢的現象迄未改變，學術附庸於政治的不合理的關係，也沒有產生基本的變化。這說明一項事實：我們這個國家，無論是政治、學術或是二者之間的關係，還沒有趨於正常化。

國家要眞正現代化，政治與學術之間的關係必須做合理的調整，調整的方向是要達到二者旣獨立又相關，獨立是說政治與學術都有他自己活動的範圍，應做到彼此分工但互不侵犯；相關是說在國家整體的目標上，二者必須彼此合作並互相尊重。例如擬定政策執行政策是政府的要務，在擬定政策時可能有數種待決的方案，究竟何者爲宜何者爲不宜，就不能不依賴學術。當政策執行的過程中，如發生偏差需要矯治時，也同樣需要學術的協助。所以學術實乃政治的命脈，國家建設的基礎。祇有當一個國家的學術不斷進步，國家的建設以及服務人民的品質才能有實質性的提高。又如政治上的人才、政治的好壞，大半決定於從政者的素質，政治人才必須接受學術的陶養，尤其是領導人才，更必須有高深的學養。不學無術或不學有術的政治人物，不僅危害政治，也可能危害國家。如要實行民主，政治人物本身就缺乏自由民主的素養，民主理想的實現將難如登天。自由民主的素養，則又必須從自由民主的學術環境和氣氛中，才能陶養出來。

當然，並不是所有的學術工作都能有助於政治，或與政治相關，如保存文化傳統的學術工作，甚至基礎科學的研究，都很難說與政治有什麼直接關係。所以學術方面的工作，至少有一部分，既不能取決於政治的觀點，更不能取決於實用的觀點。學術本身既是一自主的王國，眞正決定學術工作的，應是學者自己。學者除了知識上的成就之外，還有從他白首窮經的敬業精神表現出來的學術人格和學術尊嚴，對人的影響，後者的價值可能遠大於前者。

學術獨立是學術工作者的基本權利，既是權利，就必須爭取。爭取之道，除了運用學術推動政治民主化，並使政府充分了解學術獨立對國家整體性發展的重要性之外，最根本的做法還是要返求諸己。學者應知道，學術的獨立王國，不能靠政治來分封，僅靠立法也無濟於事，它要靠學術工作者能堅守自己的崗位，維護學術的尊嚴，表現學術的人格，並在學術上眞正能做出成績。祇有當學術在國家整體的發展中切實表現出它的貢獻，獲得大家的信賴，那時候，獨立自主的學術王國，才能自然造成。

獨立自由的學術，必然有助於建立獨立自由的政治。反過來說也一樣，學術自由化，政治民主化，二者是互依並進的。一個現代化的中國，必將是既有獨立自由的學術，又有獨立自由的政治，當這兩項目的完成時，我們才眞正有一個獨立自由的國家。

一九八三年十月十日《中國論壇》

# 民國史上地位突出的三位大學校長

民國史上稱得上教育家的大學校長，除蔡元培、胡適之、傅斯年三位先生之外，據我所知，至少還有南開大學的張伯苓，和主持北大近二十年的蔣夢麟。我所以挑選這三位，是因他們除了教育家這個角色之外，在他們生活的時代裡，對學術思想都曾有過開拓性的貢獻，因此使他們在這方面的地位顯得格外突出。

## 一、蔡元培：使北大成為新文化運動的搖籃

蔡元培在民國教育史上能獲得無以倫比的崇高地位，主要不在他曾任中華民國第一任教育總長及首任中央研究院院長，而是由於他民國六年接任北京大學校長後，在北洋政府動盪不安的政

局下，竟然能把充滿科學思想的舊北大，改造成爲新文化運動的搖籃。從此新北大，不僅爲我國大學教育史揭開新頁，也成爲中國現代史上自由民主教育的象徵。

蔡元培能爲北大開新風氣，我想下面三點是最重要的：

第一，不標榜道德，能以身作則。民國二十九年蔡先生逝世香港，不論是當年的同事或弟子，在悼念文字中，對這一點幾乎是異口同讚。例如由蔡先生請到北大做文科學長（文學院長）的陳獨秀，就提到蔡氏不信宗教，也反對祀孔，「他從來不拿道德向人說教，可是他的品行要好過許多高唱道德的人」。從「受師訓」到「備僚屬」，與蔡先生有二十五年密切關係的傅斯年，稱讚其師是一位謙謙君子，從不以言語壓迫人，也不以自己的意見强加於人，但他極有自信。他的自信建基於他的知識，和許多受西方啓蒙運動影響的人物一樣，也相信理性足以支配一切。傅斯年認爲蔡先生的人格「是火候到純正的度數中鍊就的」，即使「拿世界上任何文明時代、任何文明國家的道德條件來量他，都沒有一點差錯，他老先生却是向不標榜道德的」。與傅斯年同門的羅家倫，指出蔡先生修養深厚的另一根源，是因他自幼卽服膺明朝劉宗周（明亡時絕食殉難）的學說，所以他律己嚴而待人寬，能實行身教，「不但許多學生，而且有許多教授，對他中心悅而誠服。」

第二，做人有原則，對事有擔當。在通常的情況下，一個人能做到這兩點，已是難能可貴。而當年蔡元培任北大校長時，北京城中誠如傅斯年所說，「只是些北洋軍匪、安福賊徒、袁氏遺孽」，在如此惡劣的環境裡，要做到有原則、有擔當，自是困難百倍，蔡先生還是做到了。

由於北大師生提倡新思想，又主張文學革命，不僅引起舊官僚和頑固保守分子的痛恨，也使北洋政府深感不安，於是對蔡先生大施壓力與恫嚇，並派特務跟蹤。在這危急的情況下，蔡氏的親信勸他解聘陳獨秀、約制胡適之，以解學校之危。蔡先生答道：「這些事我都不怕，我忍辱至此，皆爲學校，但忍辱是有止境的。北京大學一切的事，都在我蔡元培一人身上，與這些人毫不相干。」這是他對事有擔當的表現。

民國十二年，蔡先生因教育總長彭允彝干涉司法、蹂躪人權，非法逮捕羅文幹（財政總長），憤而辭職。這件事使他忍無可忍，不能再與這樣的上司爲伍。當時報紙稱蔡氏此舉爲「不合作主義」，胡適也讚揚他這是「有所不爲」，「是尊重自己的人格」。這是蔡先生做人有原則的表現。

第三，不問政治立場，尊重學術自由。蔡先生任北大校長時，對於守舊的陳漢章、黃侃，甚至主張清帝復辟的辜鴻銘，參與洪憲運動的劉師培，都因爲他們的學問可爲人師，而與新派的胡適之、陳獨秀、錢玄同同聚一校，陳獨秀說：「這樣容納異己的雅量，尊重學術思想自由的卓見，在習於專制好同惡異的東方人中實所罕見」。另一方面，受到尊重的教授們也頗能自重，如劉師培教的是三禮、《尚書》和訓詁，絕口未提帝制；辜鴻銘教英詩，雖很奇怪地把英詩分爲「外國大雅」、「外國小雅」、「外國國風」、「洋離騷」等類，也從未宣揚他的復辟主張。

當時馬克斯的思想已開始流行，基於尊重學術研究的自由，蔡先生認爲在大學裡是可以研究的，因爲有好奇心而無辨別力，是青年被誘惑的根源，大學如能研究，正可以爲學生解惑去蠱。

作爲一個聲譽卓著的大學校長，他對辦理大學的具體構想和做法又如何？蔡先生在就職演說中就强調，大學是研究高深學問的地方，所以必須重視學術，尤其是文哲與自然科學，因爲歷史上許多學術思學的大運動、大貢獻，莫不源於這方面的研究成果。他針對當時仍懷抱科擧思想的大學生說：「若徒志在做官發財，宗旨旣乖，趨向自異；平時則放蕩冶遊，考試則熟讀講義；不問學問之有無，惟爭分數之多寡。試驗旣終，書籍束之高閣，毫不顧問。敷衍三四年，潦草塞責，文憑到手，卽可藉此活動於社會。」這種求知的心態，實是我國幾千年來，而至今仍未改正的大病。蔡先生因在德、法等國遊學多年，所以對這方面的弊病看得十分眞切。

此外，蔡先生對學術界的互助與合作也很重視，他覺得學術研究不但要集體合作，校際間也應當互助。他聲稱，學說上可以有宗師，但不能有派系與門戶。蔡先生爲北大請教員的開放作風是很有名的。他要求於敎員的，不但要有學問，更重要的是還要有繼續研究的興趣，並能引起學生的研究興趣。在健全組織方面，他在北大曾組織評議會、各科敎授會，卽所謂敎授治校，這樣將使無論何人來任校長，都不能任意而爲。對學生的課外活動，北大成立了體育會、音樂會、書畫研究會，希望藉這些活動涵養學生的心靈，他理想中的大學生，須養成博愛人類的心性及服務社會的習慣。

在蔡先生的教育理念中，最珍貴、最重要的一點，是於民國十一年就有「教育獨立」的提議，他說：「教育是幫助被教育的人，給他能發展自己的能力、完成他自己的人格，於人類文化上能盡一分子的責任；不是把被教育的人，造成一種特別器具給抱有他種目的的人去應用的。所以教育事業，當完全交與教育家，保有獨立的資格，毫不受各派政黨或各派教會的影響」。其實，這一點如做不到，我國的大學教育很難走上正規。

## 二、胡適之：能做獨立研究才是真正的大學

吳稚暉嘗謂傅斯年是「眞正校長，主持大學，（蔡）孑民外一人」，不提胡適。僅就大學校長這個角色而言，胡的確不及蔡、傅。胡先生於三十五年九月任北大校長，三十七年十二月於炮火中飛離北平。接任前一年由傅斯年代理，整頓復員後的北大，傅是功臣。胡先生在任兩年多，內戰方殷，在學生罷課、教師罷教的事件常發生的情況下，對學校雖談不上有多大建樹，但由于他在學界的崇高聲譽，在他領導下的北大，依然是北方亂局中一股安定的力量。

在這兩年裡，經過愼思熟慮，終於提出〈爭取學術獨立的十年計畫〉，這可以代表他對我國大學教育，最具體、最完整、也最有遠見的一套構想。他希望在十年之內，集中國家的最大力量，培植五到十個成績最好的大學，使他們盡力發展研究工作，使他們成爲第一流的學術中心，

使他們成爲國家學術獨立的根據地。這十年計畫應包括整個大學教育制度的革新，也應包括「大學」觀念的根本改變，卽大學必須朝研究院的方向去發展，必須能訓練研究人才。他主張，有敎授與研究生做獨立的科學研究的，才是眞正的大學。

早在民國二十三年，胡先生在〈敎育破產的救濟方法還是敎育〉一文中，就提到敎育破產的原因之一，是因「敎育的政治化」，結果使一些「學校所認爲最不滿意的人，可以不讀書、不做學問，而僅僅靠著活動的能力取得祿位與權力」。現在在這份計畫書中，又再度提到應澈底加以修正的大學制度，須包括「多多減除行政衙門的干涉，多多增加學術機關的自由與責任」。這一點與蔡元培主張的「敎育獨立」，在精神上是完全一致的。這個計畫在當時曾引起討論，可惜「議論未定，金兵已渡河」，根本無法實現。

民國四十七年，胡先生從美國來到臺灣，有一次在台中東海大學向學生談話，談到中國的高等敎育雖然發達得很早，但是不能延續，沒有一個歷史悠久的學校，比起歐美來，就顯得落伍。「爲什麼歷史不及我們的國家，會有那麼長遠歷史的大學，而我國反而沒有呢？」胡先生這個問題提得好，在談話中他只答覆歐美大學所以能長遠，是因他們的大學有獨立的財團、獨立的學風，以及敎授可以獨立自由繼續的研究等等，對中國的學校爲什麼難以延續，並未做進一步說明，這實在不是一個容易解答的問題，如只想到歐美有的條件而我們沒有是不够的，因創造這些條件，仍要靠文化的基礎。無論如何，這一歷史現象是很値得我們思索的。

當時東大創辦未久，胡先生以爲私立學校比較自由，所以希望東海能有一個好榜樣，把握自由獨立的傳統，「因爲祇有在自由獨立的原則下，才能有高價值的創造。」

大學生只知做官發財，不把學問當回事，這是民國六年蔡元培所看到的現象。四十多年後，胡適在臺灣大學演講〈大學的生活〉，指出很多學生選擇科系時，都不免帶有短見而傾向於功利。天資好的都跑到醫工科去，唸醫又祇走入實用方面，因此他「感到今日的青年不免短視，帶著近視眼鏡去看自己的前途與將來。」胡先生的演講距今已二十六個年頭，情況又如何?!他在那次演講結束前，要求臺大青年：「社會上需要什麼，不要管它；家裡的爸爸、媽媽、哥哥、朋友等，要你做律師、做醫生，你也不要管他們；不要聽他們的話，只要跟著自己的興趣走。」教育當然是要滿足社會需要的，但社會的需要很複雜，也有不同的層次，一般所說的需要是偏向實用的。胡先生的大學理想是要能做高深學術的研究，他的話也是站在這個層次上說的。民國以來我們似乎一直沒有能眞切了解到，一個國家學術思想的水準如不能普遍提高，政治社會方面的建設，是很難進步的。

## 三、傅斯年：大學是平淡無奇的教育

傅斯年說他自己的學問比不上胡適，但辦事却比胡適高明。蔣夢麟對他的評語是：「孟眞爲學、辦事、議論三件事，大之如江河滔滔，小之則不遺涓滴，眞天下之奇才」。由於他的危言高論，因此常惹禍，不免使人聯想到他很像東漢李膺、范滂那一型的人物。爲學方面他是我國「科學的史學」學風的倡導者；此外，他有强烈的民族思想，也熱衷於中國的現代化。說他能「辦事」，並不祇是如通常所說的精明能幹，無論是主持學術機構或辦理大學，他不但有理想、有計畫，更重要的是，他有實現理想、執行計畫的能力。

從民國十七年起，傅先生主持中央研究院歷史語言研究所，一直到三十八年就任臺大校長爲止，「他的確爲中國的現代學術奠定了一個新的基礎」（李濟語）。在這期間，曾和他共過事的李方桂，認爲他對學術有正確的看法，而且能堅守原則；其次是他能知人善用。做事能堅守原則，另一方面他又「能讓你做你所想要做的事」，因此李先生覺得他的確是一個不可多得的領導人才。

傅斯年的領導才能，在臺大校長任內有更大的發揮。當時正值大陸失守、社會動盪，在短短不足兩年的時間裡，對臺大的課程與師資都做了必要的改革。爲了激勵學生的求知慾，他一開始就決心改進共同科目及各學系的基礎課程，務使學生一進校門，就能得到第一流的敎授敎他們，需要實習的有充分的實習機會，閱覽室有參考書可用。師資方面，他手訂新的聘任及升等標準，重視敎學成績，尤其强調學術上的成就。其中有一條規定：增加薪俸，可依年資；如要升等，必須要有學術上的貢獻。爲了提高臺大師資水準，許多從大陸來的年輕敎師，多半要低一等聘請。

他並不重視所謂「名教授」，他說：「名而有實，自然很好；如果名只是報紙上多見，各種職員錄上多見，還是不名的好。」在主持史語所時，他不許研究人員在外兼課。在臺大他要求專業精神，有時候他會由院長、系主任陪同去教授的教室聽課，有些教授的位子就是被他「聽」掉了的，兩年之內，共有七十多位教授未被續聘。另外也有一些有實學的教師，是因毛遂自荐而被聘用，這方面他有和蔡元培一樣的開放作風。

三十八年十月，傅先生爲了檢討臺大的講座制度並策畫未來學術研究的方向，發表〈臺灣大學與學術研究〉長文，聲言大學辦的好不好，最重要的一點是能否集中人才、能否聘到好教授，有好的教授才能從事學術研究，「不能研究的教授很難是好教授，不能『苟日新，又日新，日日新』的教書匠，是很難啓發學生的」。爲了學術研究，他希望行政方面少加干涉，「假如教授受行政人的干預太多了，流弊極大，可以弄到學術研究根本難得進行」。又强調「教與學的自由」，認爲這是學術進步的必要條件。關于如何振作研究風氣，他要求必須做到下列幾件事：①當代的文獻相當齊全；②討論的環境相當良好；③從事研究者要有朋友通信。這還是自身以外的。至於教員本身，必須有做研究憑藉的訓練。

傅斯年接任臺大校長時，社會上對共產黨的問題鬧得很兇，有人藉題在報上攻擊他，說他對共區逃出的學者專家未能盡量羅致，又有人說他包庇共黨學生，爲此他曾一再發表聲明加以駁斥，並趁此機會撰文說明他辦理臺大的三點理想：

第一，平淡無奇的敎育。他一開始就告訴大家，「我不會創造奇蹟」，「我的貢獻只是在那裡誠心誠意的辦事而已」。針對社會上大談反共的現象，他說：「事實上的『反共』，比口頭上的反共還要緊，因爲你若僅僅是口頭反共而已，而共產黨的滲透，却來之不已，那末愈反愈多得不勝其反。若使得防共阻共有效，第一件事是自己健康起來，這樣子他才無隙可乘」。傅先生使臺大「健康起來」的做法是：①協助解決學生的生活問題，包括食、住、衣、書、病。②加强課業，使學生不能遊手好閒。③提倡對學生身心有益的各種課外娛樂和運動。「這樣辦學，我想共產黨來鬧的機會是減少的多了。」

第二，性品敎育的初步。所謂性品敎育，就是對人對物要能立其誠。把這個道理用在敎育上必須要考察事實、辨別是非，要做到不欺人、不自欺。傅先生說：「我以爲學校的道德陶冶，是不能够『諄諄然命之』，必須用環境、用智識、用興趣陶冶他們。」蔡元培不標榜道德，但能以身作則，傅斯年也有同樣的風範。他在臺大對學生的性品敎育，只說過一句「講道」的話，就是「不扯謊」。他常對學生說：「假如你們發現我有扯謊，或者開空頭支票，或者有意無意騙你們一下，你們應立刻向我說；假如是誤會的話，我要解釋明白；假如眞是說話靠不住，你們可以用我責備你們的話責備我。」

第三，公平。做一個領導者，公平是必要又是很難做到的一點。傅斯年所以提到這一點，是因校外有人向他抛紅帽子，誣衊他包庇學生，這罪名很嚴重，但他的表現頗有擔當：「我不能承認臺灣大學的無罪學生爲有罪，有辜的學生爲無辜，此之爲公平。不能承認任何人有特權，此之謂公平。……假如這幾個人非要弄出得若夫事件（註）不可，寧可我受誣枉。我旣爲校長，不能坐視我的學生受誣枉。」吳稚暉說他是「眞正校長」，可知所言非虛。

一九八四年六月二十五日《中國論壇》

註：Dreyfus 事件發生於一八九四年，法國一名猶太軍官被誣間諜罪判無期徒刑，經左拉等著名知識份子營救，奮鬥了十二年，才使寃獄獲得平反。

# 社會的良心・歷史的見證

## ——徐復觀教授

剛過完七十九歲生日的徐復觀教授，現臥病於臺大醫院，身體消瘦，下身癱瘓，七十多歲的老妻二十四小時守在身旁。一個多月來，有不少敬愛他的知識份子和青年學生叩訪，他念念不忘未完成的學術工作和中國的民主前途。年初在香港趕寫今夏出席夏威夷國際朱子學會議有關程朱異同的論文，他希望再寫兩篇就可以澈底澄清這一歷史的公案，中國思想史方面還計劃寫兩本書，但他現在病倒了，病得不輕。

以復觀先生對國家社會的貢獻，他今天已不祇是妻子的丈夫、兒女的父親、學生的老師，他是屬於我們整個社會的。他熱愛國家，關懷社會，是知識份子的典範。他不畏權勢，為民請命，我們的社會沒有他，會顯得更冷漠。凡是追求公道、正義，嚮往自由、民主的人，都應該關懷他，滙聚成一股社會的暖流去溫暖他，祝福他早日康復。中國的文化還沒有復興，中國的民主運動還沒有成功，我們需要他。一個社會如果沒有像他那樣堅守原則剛勇不屈的獨立之士，很難實現自由民主的希望。

復觀先生在過去三十多年中，創造了生命的奇蹟，他出身行伍，早年曾在日本學軍事，大陸淪陷後，始潛心於學術，至今在中國思想史和藝術史方面，成就斐然，成爲國際知名學人。他治思想史，能以現代的經驗和問題去考問傳統，復以傳統的理想啓廸當代。他服膺儒家的人文理想，但不諱言其短，一心想把儒家從極權專制的糾結中釐清出來，還它原來面貌。他是當代新儒家的代表之一，又與其他幾位不同，他富有批判精神，關懷社會大衆，充滿道德勇氣。政論文章包羅萬象，古今中外，理想現實，表現機智與卓見，言人所不能言，道人所不敢道，鼓舞着無數的心靈，扮演着社會良心的角色。他的文章常爲自己帶來麻煩，爲家人帶來不安，十多年前被迫離開東海大學，離開臺灣，退居香港，每星期一至星期五做學術研究，週末則爲報章雜誌撰文，維持簡樸的生活，對臺灣的社會發展、民主運動，一直寄以關切與同情。

一個具有獨立批判精神的知識份子，必須是非第一，人情其次，復觀先生在過去三十年中，因抱追求眞理講求是非的態度，有時使他陷於四面作戰的困境，不知得罪了多少學術界人士。最近的一個例子，是錢穆先生在香港的一篇訪問記，使他的良知感到萬分迷惘，因而對老友的史學提出嚴厲的批評。中國大陸經毛澤東的共黨專政統治三十年，民不聊生，國幾不國，現正當北京許多良心血性之士在「四五運動」口號下，發出了强烈地對民主自由要求之時，錢先生却依然發表假史學之名，以期達到維護專制之實的言論，無異對在生死邊緣掙扎的十億人民所發出的沉痛呼聲，潑上一盆冷水。徐、錢二先生，都以宏揚中國文化爲職志，「但錢先生所發掘的是二千年的專制並不是專制，因而我們應當安住於歷史傳統政制之中，不必妄想什麼民主」。徐先生却認爲「在專制下的血河淚海，不激發出民主自由來，便永不會停止」。

復觀先生在我們的社會裏，一向是對國民黨公開批評最多的知識份子之一，在大陸時期他爲國民黨努力過、貢獻過，抗戰勝利後到淪陷前夕，並曾參與高層機要，他所以不斷批評，是因他對前半生奉獻過的黨，難以忘情，是因他對僻處海隅的黨仍抱有希望，但當局竟始終對他不能諒解，常施以壓力，使他在垂暮之年仍感到無處安身，他躺在病床上問老妻：「我出院後，我們住在那裏?!」

國民黨在大陸的失敗，他親身經歷了這一幕歷史性的悲劇，目擊黨內的紛爭與腐化，他有資格爲這一段歷史做有力的證人。他指出國民黨在大陸統治著地面，共產黨早已統治了頭腦。國民黨中反共的核心份子，因種種原因，大多數都是膚淺的唯物主義者，遂成爲思想上降共，行動上反共的兩棲狀態。國民黨幹部的洋氣，與共產黨幹部的土氣，恰可作一鮮明的對照，國民黨竟以絕對優勢而一敗塗地，這當然不是國民黨較共產黨更爲現代化之過，而是國民黨現代化的後面缺乏靈魂。

逃離大陸後，復觀先生痛定思痛，認定要反共只有反共產黨之所爲，全力實行民主才能救中國，也才能救國民黨。假定還有人想以自己一套控制人民的方法，把人民從共產黨的手心中，控制到自己的手心裏來，則不僅是以暴易暴，而且小巫不能打倒大巫，因之以暴絕不能易暴，這只有增加反共的困難。他提醒當局，現在政府存在的根據是我們的憲法，現在政府的性質是憲法政府，站在一個國家的堂堂體制和法理上說，憲法對現在的政府是直接的關係，而三民主義乃是間接的關係，誰違反了憲法，便是誰在削弱政府的基礎，誰在損害政府眞心的威信。今日政府的使命，與其說是要把臺灣建設爲一個三民主義的模範省，不如說應把台灣建設爲一個民主憲政的模範省。憲法是一國之公，任何人不可以不遵守憲法。實行憲政，才表示政府站穩了自己的立場，而不是走一黨專政的回頭路。

復觀先生三十多年來，反共立場堅定，由各個角度不同層面不知寫了多少反共文章。但他的反共態度和反共言論與官方一味醜化而又流於口號者不同，他認爲一個長期受儒家思想薰陶的人，起心動念，自然直接落在國家人民的身上，而不能被一黨之私所束縛。那些不問自己如何，只罵對方怎樣，在實質上只是一種懦夫。他絕不以爲顚倒是非，是站穩自己、打倒敵人的有效方法。前二年當徐先生站在國家人民的立場，對中共一些比較合理的作法也寄以希望時，曾引起此間反共人士的不滿，說他姑息養奸，他對這一類的中傷或誤解，在〈國族與政權〉一文中，有進一步的辯解與澄清，他堅持任何政權，任何政權的領導者，只是自己國族歷史中的「過客」，有的過客無聲無臭，有的過客流芳百世，有的過客遺臭萬年，但其爲過客並無二致。不僅遺臭萬年的過客，並不等於國族，卽使是流芳百世的過客，也不等於國族。由此可以了解，政權的是非利害，並不等於國族的是非利害。徐先生强調，一個負責的作者，便應以國族的是非利害，批評政權的是非利害。

復觀先生因香港與大陸隣近，因此十多年來對大陸的動亂與變化，一直有高度的關注，當四人幫無法無天地胡鬧時，他早就預言江青一夥必然會垮臺，因「事有必至，理有固然」。他曾批評毛澤東思想中有三個特性：一是反潮流；二是無限鬥爭；三是把事與人都只作爲他個人的手段而不當作目的。他懷疑，毛這三種思想特性的背後，可能隱藏着爲毛所不自覺的虛無主義。三十年來，毛思想對國家人民，造成這樣大的災害，中共當局竟依然閉目不看，滿口不認，逼着大家繼續作落後的痲木的偶像崇拜，這便把許多人的大腦機能，都給卡死了。四人幫一被捕，他就指出，中共在長期偶像崇拜之後，首須突出人民在政治中眞正當家作主的地位。人民身受的利害，人民看到的是非，是考驗一切思想，檢定一切思想的最高標準。在人民意志之前，任何偶像都掃進垃圾堆裏去，這樣才是「實事求是」。

當然，復觀先生和許多從大陸逃亡出來的人一樣，思念故鄉，感懷生活過大半輩子的大陸上的種種人和事。他在病中告訴訪者，鄧小平託人帶口信希望他回去看看。在美國，在香港，在臺灣，許多人都回去看過又出來，又回來了，但徐先生告訴鄧小平：「我是主張自由民主的，而你們反對自由民主，你們搞統戰利用不了我」。最近在香港癌病復發，急忙趕來臺灣，這裏是他目前唯一希望安居的國土。

去年九月復觀先生在美國女兒家中住了一段時間，在返港途中經過臺灣，在臺北記者問他：你認爲「以三民主義統一中國」，這個政治號召有什麼實質的意義？他答道：我個人信仰三民主義，主要是信仰它的基本精神及導向。今天三民主義的一些主題的看法，必須重新檢討，例如民族主義對人口問題的看法就已經很不適當了。我認爲，爲了避免過時的主題內容，引起觀念上的混亂及實施上的困難，與其以三民主義作爲統一中國的政治號召，不如以民主主義作爲統一中國的號召。這樣不但不違背三民主義的精神，而且有更大的號召力與實質意義。記者又問：您認爲黨內與黨外應如何溝通？他還是同樣的觀點：如果大家誠心誠意的相信民主主義，民主主義本身就可產生一種溝通的作用，大家在民主主義的運作上，自然會取得溝通。

中國文化偉大的精神之一，是特別重視人格中剛毅不拔的精神，當代新儒家人物中，最能突出這種精神的有二人焉，一位是在中國大陸的梁漱溟先生，另一位就是台灣的復觀先生，他們誠實、勇敢、自尊、自信，對海峽兩岸的政治領袖都曾提出過嚴正的批評，表現出大儒的風骨。要復興中國文化，必須寄望這種精神在知識份子中普遍復活。那些諂媚當道，只圖私利的人物，小人儒而已，何足以言復興文化！

史學家威爾·杜蘭，寫十八世紀啓蒙時代的伏爾泰和他同時代的人士，有如下的感謝辭：「由於那些人士，此時此地的我們，才能免於恐懼地自由寫作，雖然並非免於責難。要是我們不尊敬伏爾泰，我們就不配享有自由」。希望我們的子孫，在三十年或五十年後，也能有機會自傲地寫下類似的話。伏爾泰是十八世紀的啓蒙思想家，毫無疑問，復觀先生三十年來也正是在從事再啓蒙的工作。

最後，我們再度祝福徐復觀教授早日康復，也對徐夫人五十年來對徐教授的體貼與犧牲，表達無限的敬意。

一九八二年三月《暖流》

已近中午，在入門電梯口，與來自北京的邱漢生、張立文、冒懷辛等人相遇，他們從樓梯走下來，正要進午餐去，陳榮捷爲我們一一介紹。

下午六時，我們幾個由臺灣去的差不多同時到達傑佛遜堂樓下的大餐廳，餐廳外綠草如茵，景色幽美，小池塘裏養着大金魚，魚不避人，悠然自得，劉述先說，方東美當年出席東西哲學家會議，曾在此抓魚。這時候，馮友蘭由他的女兒馮宗璞陪伴來到餐廳吃自助餐，劉述先爲我們引見，握手。馮著白色舊香港衫、灰舊褲、涼鞋，他的儀表和神態，使我很快聯想起錢穆，二人體型也差不多，馮略高，今年都已八十七歲。晚上，陳榮捷看到臺灣與北京出席會員之間能自然相處，感到欣慰，表示這也是大會的願望之一。當我們一行未出發之前，對未來在漫長會期中，要如何與北京方面來的會員相處，心中多少有些疑慮，想不到到了東西文化中心，雙方相見都很自然，在以後十多天的會期中，在夏大校園，在會場，在幾次的旅遊途中，彼此都能歡暢地談笑，民族的感情自然流露著。

七月七日上午八時半，正式會議揭幕，會中本來邀請臺灣的錢穆，北京的梁漱溟、馮友蘭三人爲特別來賓，僅馮一人到會，錢、梁未出席但提了論文，錢的論文是〈略論朱子學之主要精神〉，梁是〈試論宋儒朱熹氏在儒家學術上的貢獻及其理論思維上的疏失〉，馮的論文用英文，題目是〈新儒學的一般陳述〉。因馮在現場，開幕儀式後，第一篇卽宣讀他的論文，由馮宗璞以英文代讀，馮坐在主席臺上。文章開頭就說三十五年前曾在夏大做訪問教授，由於這次會議，使他有機會舊地重遊，並看到許多老友。在這漫長又是人生最重要的歲月中，馮在中共不斷地權力鬪爭中浮沉，回想往事，大概會像做了一場噩夢吧！他的論文藉柏拉圖的理型論與康德的認識論，討論新儒家普遍與特殊的問題，認爲東方和西方雖爲海洋所分隔，但在哲學上却反映出，生命中都面對同樣的問題。

接著梁、錢的論文由杜維明、余英時分別代讀，這三篇文章不在討論之列。徐復觀本已應邀宣讀論文，不幸於會前不久逝世，大會全體會員曾爲他默禱，並由劉述先代讀了他論文的一部分。馮雖親臨大會，在中國會員之間，十四天的會期中，朝夕相處，自然有許多話題，但從沒有人再提起馮的名字。北京來的會員，他們談到金岳霖、賀麟仍不斷有新作，談到湯用彤的遺著正由他的兒子整理中，也沒有人提到馮。

馮友蘭從民國十二年（一九二三）由美國哥倫比亞大學學成回國，工作勤奮，不斷出版新書，二十餘年間，不但在國內哲學界享譽甚隆，由於他的《中國哲學史》早經他的弟子波德（Derk Bodde）譯成英文，因此在西方學界，他也是辜鴻銘、胡適之外最聞名的中國哲學家。嗣後在共黨政權下三十多年來的所作所爲，我們可以因人生有許多難以突破的限制，而對他的遭遇表示同情，但對他因熱衷而顛倒，而竟向毛共認罪，爲中國士人傳統留下一頁極不光榮的記錄，想到這些，使我在會期中每天都能見到的這位表面穩重的老人，對他怎麼樣也興不起敬意，也引不起和他攀談的興趣。每天會後，我們七朋八友，相約到中餐館聚餐，馮除大會正式宴會之外，每天一日三餐都由女兒陪伴著在傑佛遜堂大餐廳裏默默地用自助餐。

七月八日下午，會議程序安排由 de Bavy 主持和一些年輕學人討論「朱熹與宋代教育」，我們可以不參加。中午經由口頭通知，來自臺灣、北京、香港、美國、加拿大、澳洲的中國學人下午三時在夏大哲學系開會，事先雖定了一個「中國哲學的前途與研究方法」的題目，實際上只對研究方法交換了一點意見。會議在一間小會議室進行，到會者包括系主任安樂哲和兩位觀察員共二十五人，首先由馮友蘭講話，他說在這幾十年的人事變幻中，他的哲學觀點也不斷在變，目前的哲學思想，與其說跟從前的不同，毋寧說是更接近從前的。談到研究方法，他提到四點：①精其選；②愼其言；③得其意；④明其理。他對這幾句認爲可以供大家參考的話解釋了半小時，坐在身旁的女兒一再要他不要講了，可是老人的話匣子一打開，好像就很難收煞。晚飯時，余英時說：馮的談話像是敎小學生讀書。

以後的會期中，每天上午馮都到會場坐坐，偶爾也拿起正在宣讀的論文緊貼著眼睛看，自始至終未發一言，每天第一篇論文討論完，馮就離開會場回宿舍休息。每次當這位老人在我座位旁蹣跚地走過時，我總想著一個問題：將來的歷史會怎樣評價他？

未來的歷史難以預知，倒使我想起當代兩位重要的知識份子對馮的批評，一位是徐訏，一位是張君勱。徐認爲馮從理學闡發新理學，完全是狹小書房裏的產物，以他的《貞元三書》(新理學、新事論、新世訓），想作治國平天下的夢，可謂眞不知天下之大。他的書滿足一些戴頭巾氣的人、想以儒家與中國的一群五十歲以上的書生的慾望。徐訏又很銳利地指出，在抗戰期間，馮友蘭搞的新理學，實際上是把舊理學用於新功利的一種思想，還是正心修身齊家治國平天下的老調，在社會上是並無新義的。照徐訏看，馮「一點沒有思想家的『愛眞』、『愛智』的氣度，所以也怪不得他以任青年團的什麼長以爲是在領導思想界了」。馮友蘭的眞正問題，是五十多年來一直靠得權力中心很近，在人類歷史上，從靠近權力中心的知識份子中，很難找到傑出思想家的。

張君勱針對馮《學習與錯誤》一文，寫了〈一封不寄的信——責馮友蘭〉，語氣比徐訏更嚴厲，始而以馮之所學與所行渺不相涉，因而導致朝秦暮楚翻雲覆雨的心理；終則以五朝元老馮道相提並論，認爲馮乃「步趨君家前輩之後塵」。君勱說：「足下讀書數十年，著書數十萬言，即令被迫而死，亦不失爲英魂，奈何將自己前說一朝推翻，而向人認罪，徒見足下之著書立說之一無自信，一無眞知灼見，自信不眞而欲以之信人，則足下昔日之所爲，不免於欺世，今日幡然服馬氏列氏之說，其所以自信信人者又安在耶」！張君勱所以痛斥馮友蘭，緣於抗戰期間，馮著《新理學》，曾因君勱之評審，獲國民政府教育部學術第一獎。當年被提攜之人，而今竟無行若是，不免感到內疚。

不論將來歷史如何評價他，他對當代中國哲學史的開山之功，終是要被肯定的。君勱信的最後一句，「頗望一朝之失足不至爲千古之恨事，願足下有自贖於異日」。這次馮向大會所提論文，無一字涉及馬列，如能從此回到純學術工作，將《中國哲學史新編》寫完，也算是一種自贖了。馮的健康看樣子還不壞，畢竟還沒有到蓋棺論定的時候。

大會閉幕的那天，主席展示了馮友蘭親筆送給他的紀念詩：

白鹿薪傳一代宗，流行直到海之東；何期千載檀山月，也照匡廬洞裏風。

字與詩都不俗，當時我看了這首詩，第一個念頭就是：假如三十多年來，馮能韜光養晦，嚴守學術崗位，今天「白鹿薪傳一代宗」，可能成爲他自己的寫照。

中國「學而優則仕」的傳統，爲讀書人開啓了功利之門，不知蹧蹋了多少有用的人才。這個傳統必須打破。

一九八二年八月二十五日《中國論壇》

# 青年的人生觀

## ——怎樣爲自己找路、意義、理想？

### 一、青年與人生觀

在一般人的心目中，「青年」所指的對象，有相當大的彈性，一個高中生可以稱青年，三四十歲的知識份子，有的被稱爲「青年才俊」，其間可相差二十年。爲甚麼會有如此大的彈性？因爲人生雖有不同的階段，但階段與階段之間，很難截然劃分，劃分主要是爲了瞭解的方便，並把不同階段的人生予以典型化。同樣是青年的範疇，但「高中青年」、「大學青年」以及「青年才俊」所指的「青年」，都有不同的涵義。但不論是甚麼涵義的青年，都有所謂人生觀的問題，所以我在這裡沒有必要再對青年做特別的解釋。

「人生觀」一詞，據我所知，最早是由張君勱從德國哲學家倭鏗（一八四六——一九二六）

那裡借用來的，而於民國十二、三年間，因「科學與人生觀」的論戰，流行於國內知識界。倭鏗有本書叫《大思想家的人生觀》，是講西方思想史上各家對人生與宇宙問題的看法，所以他使用人生觀包含著宇宙觀，是最廣義的應用。張君勱借用這個名詞，是指與科學對立的一種偏向於道德意義的意識形態。

我所講的人生觀，如果要做一個簡單的界說，可以說是人對於生活所抱的基本觀點與態度；它所要完成的工作是試探人生的道路、賦予生活以意義、建立人生的理想。如以問題的方式提出來，人生觀是要問：我們打算怎樣支配我這一生？以及如何塑造適合我自己的生活方式等。

根據這個了解，人生觀問題對人的重要性，應該並不限於青年，爲什麼談人生觀往往總是針對青年？首先我想是因青年的可塑性很大，對人生的基本觀點及性格尚未定型。其次是因一般都把青年人看作國家社會希望之所寄，樂意多給他們一些引導和啓發。還有一點是因青年正面臨許多可能要做選擇，因此在這階段特別顯得徬徨而煩惱，人生觀問題的思考與反省，當有助於青年的選擇，並幫助他克服心理的困境。

## 二、我講的人生觀與近人所講的有何不同？

爲了凸顯我談這個問題與近人有所不同，不妨舉幾個例子做簡單的檢討。

前面提到過那場著名的論戰，是由張君勱在清華大學以〈人生觀〉爲題的演講所引起，張氏的主要論旨是：「人生觀之特點所在，曰主觀的，曰直覺的，曰綜合的，曰自由意志的，曰單一性的。惟其有此五點，故科學無論如何發達，而人生觀問題之解決，決非科學所能爲力，惟賴諸人類之自身而已。」可以看出，他是藉人生觀之名，宣揚一種與科學對立的人生理想或道德的信仰，歷史的背景是因當時科學主義在中國知識界流行，科學主義代表一種科學萬能的信仰。張氏是站在傳統道德主義的立場予以反擊，所以那場論戰基本上是代表傳統的道德主義與現代的科學主義這兩種意識形態的對決。

我所談的人生觀，與六十年前張君勱所談的，不但內容不同，所持的態度也有差異，因我並不宣揚任何一種特定的意識形態或理想，也不傳佈某種信仰。在我看來，如果人生觀這個問題有意義，主要是在告訴青年如何去追尋適合他自己，並且由他自己認爲有意義、有價值的生活。

第二個例子是羅家倫的《新人生觀》，這本書於民國三十一年對日抗戰最艱苦的時期在重慶出版，爲了鼓舞青年支持或參加抗戰，它確具有時代意義，也提出許多令人激賞的觀念，所以至今仍在流傳。

羅先生的新人生觀，據他的解釋，它代表一種新的人生哲學。新的人生哲學與舊的人生哲學，他認爲有三點不同：(1)新的人生哲學不專講「應該」，理由是「應該」屬於先天的範疇，這種問題較空。(2)新的人生哲學不專恃權威或傳統，這不是抹煞舊的，而是要重新審定舊的、解釋舊的。(3)新的人生哲學不講「明心見性」，更不涉及性善性惡之論，他認爲這些論題是建立在冥思幻想上。其中第二點我覺得很好，但第一、第三兩點，不僅反映出「五四」時代反傳統的偏見，也顯然中了科學與人生論戰中主張「打玄學鬼」的毒。講人生哲學不談傳統「明心見性」的一套或猶可說，不講「應該」則絕不可能。

我現在講人生觀，不會再強調「新」與「舊」之間的對立，在人生問題上，由於人性基本上很少變化，傳統的人生智慧，依舊是現代人解決人生問題最大的資源，所以在這個問題上不必採取對立的思考方式，今後努力的重點應是如何從舊的傳統中發現新的意義。我自己經過多年「新」與「舊」、「傳統」與「現代」的思考之後，開始欣賞湯姆士所說「用新眼光看舊事物，以舊心情看新東西」，此話確有道理。

我要舉的第三個例子是徐道鄰的《青年和人生觀》，它是用行爲科學的觀點來處理這個問題，尤其受行爲科學家莫利士的影響。該書第一章：〈人生是自己創造的〉，最後一章：〈建立一個開敞的社會〉，認爲一個開放的社會，才能導致健全的人生。這些觀念基本上應該沒有問題。就思想而言，徐先生的與我甚爲接近，要說不同，我想是在他的書有一家之言的根據，我所講的是出於自己的獨立思考，而且對人生觀的問題是屬於哲學性的反省。

在檢討了我與近人的不同之後，覺得我所講的人生觀，與以往儒家傳統中所特重的「立志」問題，在基本意義上倒反而是相近的。例如徐道鄰說：「一個人在他的生活中好像一隻船，他的人生觀就好像這隻船上的羅盤。」他是用現代的語言來表達，看起來比較新鮮。王陽明差不多在五百年前就說過：「志不立，如無舵之舟，無啣之馬，漂蕩奔逸，終亦何所底乎？」意思幾乎一樣。又如朱熹說：「唯有志不立，眞是無著力處。」今天我們講人生觀的重點之一，不仍是希望青年早日找到自己生活能著力之處嗎？不過古人講立志，不免標準過高，如敎人立志做聖賢；另一方面，取徑也不免較狹隘，因過分偏重在道德一面。現在呢，「立志說」這類的題目，早被青年視爲陳腔濫調，不予重視。我願趁這個機會提醒青年，人應立志，這一點對每個人都是一個全新的問題，必須要由每個人自己提出答案。立志或人生觀問題，它基本的特性是要求自我考問，對每一個人都是不可逃避的嚴肅課題。

## 三、我對人生觀問題的分析

下面我提出「路」、「意義」、「理想」這三個觀念，作爲我思考及分析人生觀問題的三個基本範疇，這些範疇在討論這類問題時幾乎不可避免，如能透過它們做自覺性的反省，或許能爲這類問題的思考開發一點新的理境。這三個觀念在主觀的意識裡，往往相聯而生，它們之間的排列，並非一成不變。

## (一)人生觀問題基本範疇之一：路

我在這裡不是要說什麼路是最好的、最正確的，因人生之路很多，每個人的可能性也不只一個，所以縱然有人認為某種人生之路是最好的、最正確的，也未必適合於你。

我要談的是路的特性與具備那些人格特質的人比較能發覺自己應走的路，以及如何尋找等。這些問題的探討，有助於我們了解，人要尋找適合他自己的路時，應具備些什麼條件，並進一步去培養這些條件。

所有的人生之路都是獨特的，沒有一個人能完全重複另一個人所走過的路。而且愈有意義的路愈是獨特的，所以一個偉大人物之所以偉大，往往是因為他開出人生的新路。人生之路所以獨特，因為每個個體的生命都是獨特的。哲學家萊布尼玆說：「天下沒有兩滴水是相同的」。何況是人？每個人的生命或多或少都具有創造性，這就是所謂潛能，如何發揮潛能，是人生一大問題。當然，從歷史上看，人生奮鬥的大方向顯然可以相同。人生的大方向雖可相同，但個別的表現仍必然是獨特的，所謂「條條道路通羅馬」，通向羅馬的道路不可能只有一條。如傳統的儒家以內聖的「為己之學」為成德的大方向，但在大方向中出現的許多傑出儒者，不論是思想內容和人格風采都個個不同。

青年人要尋找一條有意義的人生道路，必然需要具備一些條件，這些條件會因所尋道路的不同而有差異。現代社會特別重視專業化的條件，具備專業化的條件，就能走專家之路。但這不是我要談的重點。我想談的是，假如你要尋找一條眞正適合你自己的路，所需要具備的條件。這方面的條件主要有兩個：一是要能獨立，二是要有個性。這裡所說的獨立包括經濟獨立、獨立態度、獨立思考。經濟獨立的條件在青年階段不一定能具備，但可以培養獨立思考和獨立態度。愛因斯坦在〈論教育〉一文中說：「假如一個人精研了基本課程，具備了獨立思考和工作的能力，他一定能夠發覺自己應走的路」。這幾個條件都是青年知識份子可以而且應該培養的。至於獨立態度，我可以擧一個傳統的例子。現代人重視獨立，傳統的大思想家也一樣注重，尤其是禪宗的傳統裡特別强調獨立，如大禪師石頭希遷說：「寧可永刼受沈淪，不從諸聖求解脫。」求解脫是佛敎的人生目標，「從諸聖求解脫」並不就是自己解脫，要自己解脫必須自己下工夫。

再說個性。比較起來傳統式的敎育是强調順從而忽視人的個性。在我看來，一個青年要尋找適合他自己的路，個性這個條件絕不可缺。被譽爲當代三大傳記作家之一的盧德威克說：「在我的研究中，我發覺不管是現在還是過去，我常常發現有許多很有才華的人因缺乏個性而失敗，却很少發現有强烈個性的人，因缺乏才華而無法前進。」其實一個人的個性，往往就是他才華的表徵。强烈的個性，正代表生命的强大動力。

人生之路要如何尋找？通常是由興趣做引導，如果一個人在兒童時期就顯露特殊的興趣，那是一種幸運，父母只要不去阻礙他興趣的發展，能積極地因勢利導，他就可能很自然地走上自己的路。不過在目前情況下，兒童的興趣極可能遭到升學主義的教育以及社會風氣的扭曲，在這個過程中，父母的眼光與協助就很重要。如果人到了青少年階段還沒有發現特別的興趣，就應從多方面的學習中去摸索、去培養。興趣是可以培養的，每個人都有潛在的天賦，培養興趣是要使潛在的天賦發芽。最困擾人的恐怕是當興趣不止一種，可走的路不止一條，要如何選擇，是一大難題。這時候父母師長朋友的意見都可以參考，但最後仍要自己去做決定。一旦做了決定，就要全力以赴。一個人除非有特殊天賦，否則你應該相信，人適應的潛力很大，祇要能持續不懈的努力，不同的道路都一樣可以有成就。在人生之路上，毅力比興趣更重要。

## (二) 人生觀問題基本範疇之二：意義

對這個問題，我不是要描述什麼樣的生活是有意義的，我是要對意義本身做反省，以及你要使生活有意義，應該怎樣去努力。

由於人生之路的獨特性，所以生活的意義基本上是主觀所賦予的，只要你自己認爲它有意義，覺得這種生活對你很有吸引力，願爲它全力以赴，並不必要獲得別人的贊同才有意義。雖然在客觀上你可以承認各種不同的生活，只要對別人多少有益，都有意義，但這些意義不一定能引發你的嚮往，也不一定能與你所持的標準相合。在這種情形下，你儘管可以與人不同，但要學習能欣賞別人的生活。因爲一個社會，正因有各種不同的生活，追求不同的意義，才顯得多彩多姿，滿足各種不同的需要，所謂「各盡所能，各取所需」。有時侯你自己認爲有意義的，可能因爲它太特殊，別人根本無法了解它的意義，或者從別的價值觀點來看你，這時侯你可能被冷落、被孤立，如仍要堅持自己的想法，就要付出比一般生活更大的代價，你能不能一直堅持下去，信心、恒心極關重要，只有當你的努力已經成功，或是已取得相當成果，別人才會認爲你的生活有意義。愈富有創造性的生活，在開始的時侯，往往愈不能獲得別人的同情和了解，因一般人多半很現實而又短視。只有那些敢於嘗試、敢於冒險的人，才有機會創造出新的生活意義，才能使人類的生活不斷提昇，更加豐富。

要使生活有意義，該怎樣去努力呢？我認爲下面幾點很重要：

**①要增益其所不能**。「增益其所不能」是孟子的話，《大學》引湯之〈盤銘〉云：「苟日新，日日新，又日新。」這是側重在道德方面說的，是《周易》：「日新其德」的意思。人類學家林頓把追求新奇經驗視爲人類三種共同需要之一（其他兩種是取得他人感情反應和長遠安全），所謂「新奇經驗」當然不限於道德，每個人的直接經驗都很有限，所以要滿足新奇經驗，不能不透過閱讀和知識的學習。如果我們每天吸取新知，經常增加新的經驗，則生活的內涵日新月異，自然會對生活感到有意義；不然，生活如一潭死水，你會無聊、厭倦。

②要盡量做到自作主宰。爲什麼要說「盡量」，而不強調「完全」？一方面是因人要做到完全主宰自己，這不可能；另一方面，人所能達到主宰的程度，因人而異，所以只能要求每個人盡

量做到他自己所能達到的。古人講自作主宰，屬於聖賢工夫，我的意思只要求人不要完全被環境所決定，不做命運的奴隸，不認命。如果有向命運挑戰的勇氣，人是可以改造命運，甚至創造命運的。從歷史上許多傑出人物奮鬥的歷程來看，把不利的環境化爲有利，把不幸的人生轉爲幸運，是絕對可能的。中國人一向相信禍福相依、禍福由己，也是這個道理。越有意義的生活，所遭遇到的險阻和限制也必定越多。因此人生意義的大小，往往就可以從你克服限制的多少來決定。克服的限制越多，就表示自作主宰的程度越高，因而人生的意義也越大。

③要付出代價。「天下沒有白吃的午餐」，這是最平常的道理。人有時侯僅僅爲了求取溫飽，都要付出相當代價，何況追求意義？人生的意義有許多層次，愈令人敬仰，愈使人覺得有偉大意義的，所要付出的代價也必定愈大。所有的代價中再沒有比犧牲生命更高的，世間就有人爲了證明某種眞理的存在，寧願放棄生命，如蘇格拉底；也有人爲了證實神愛世人的普遍的愛之存在，而自我獻身，如耶穌基督。這都是以身殉道的例子，「道」代表最高的人生意義，所以付出的代價也最大。代價雖大，但「道」却因他們的犧牲而永遠活在人間，成爲帶領人類向前奮鬥的火炬。人的一生，必須常常證明你付得出代價，這樣才表示你生命的資源雄厚，才有本錢過有意義的生活。人間確有勞而無獲的悲劇，不勞而獲，絕不可能。

④生活要有前瞻性。生活有前瞻性、有遠景，才能使當前的努力通向未來的理想。愈具有前瞻性的工作，對人愈有長期的吸引力，愈能激發潛力，人生的意義也必因此而愈豐富。就前瞻性

而言，人生的問題永遠是：向何處去？我們應時常使用這個問題來考問自己，以免生活盲目失去目標。人的目標有短程、中程、長程之別。短程目標多半是著重實際利益的考慮，理想的成分較少。以習醫者爲例，如只是立志做個高所得的醫生，這個目標比較容易達到。如果想將來創辦一所醫院，且以服務社會貧民爲標的，這樣使工作的理想性提高，工作的阻力也必增大，目標非短期所能達成。如想做像史懷哲那樣一個醫生，就不只是發揮醫療上的功能，還負有拯救人類靈魂的使命，這樣的人已走上人類理想永恒之路；他爲走向永恒之路開闢了新的途徑，豐富了人類的精神。追求長程理想的人，決定他人生意義的，已不在他工作的成敗，而在他樹立的典範，以及激發人追求崇高價值的意願。

⑤發揮人獨有的天賦。如以人與其他動物比較，我們適應環境的能力遠遜於動物，有些動物在體能上也遠比我們强。但我們人類有獨特的天賦，是其他動物萬萬不及的。人類獨特天賦中最主要的是自覺力和反省力。因人有「反求諸己」的能力，才有道德生活；因人能自覺能反省，才能運用複雜的語言文字符號，才能創造出抽象的知識和表達人生意境的文學、藝術。在這個意義上，自覺力和反省力實乃人類文化創造之源，人如不開發這方面的能力，根本無意義可言。要如何開發？我認爲青年時就應學習獨處的生活，在獨處時，可以廣開心路，可以獨語，可以滿足自我與趣。充實精神生活，有利於自覺力和反省力的培養。一個不耐寂寞的人，不容易過有意義的生活。

## (三) 人生觀問題基本範疇之三：理想

我之所以談理想，不是要宣揚任何一種理想，我覺得一種健全的教育，不必向青年宣揚任何特定的理想，而應培養他如何選擇如何判斷的能力。下面對理想所做的反省，我想對增進這方面的能力是有用的。

①一個有志追求眞理的青年，我們說他是個有理想的人。走向眞理之路，永無止境，所以沒有人能擁有眞理、獨佔眞理，同樣的，也沒有人能完全實現理想。只要你對理想有嚮往，祇要你對現在的生活感到有意義，你就已經在實現理想的途中。對青年而言，有所嚮往是重要的，這樣可以使你散發熱力、勇於嘗試，至於將來究竟能實現多少理想，則不必操心。一個利害得失心很重的人，恐怕只適合追求短程的目標，因利害得失的計較，會過早地造成自限，對潛力雄厚的青年是很不利的。歷史上許多偉大的人物受人崇敬，並不是因爲他們完全實現了他們的理想，而是因爲他們的理想與人類全體的福祉息息相關，並且能自始至終堅持理想。

②理想給我們的一種感覺常是虛無縹緲的。但當你爲一種理想而不厭不倦地工作，而這種工作又能使你感到滿足時，這時侯你對理想會有一種眞實的感受。所以理想在個體的生活裡，往往只是一種奮發向上的精神狀態。歷史上有的畫家爲完成一件傑作，可以不眠不休地連續好幾天的工作，其他從事創造性工作的人，也會有類似的經驗，這是生命高度的燃燒，一個常在燃燒中的

生命，是最接近理想的。

③在一般的談論中，一提到理想，很自然的會聯想起空想、幻想和烏托邦，要把它們一一加以區分很不容易。沒有成爲事實的東西，往往被稱之爲空想或幻想，許多科技方面的發明，就是從空想或幻想開始的。沒有實現的願望，我們叫做理想。理想總要有某種程度實現的可能，否則不能引發人的願望。個人的願望中大概再沒有比成爲聖人更難的，但仍然會是少數人的願望，這是因現實世界裡雖沒有眞正的聖人，然而歷史上確曾有過接近這個理想的人物。人類的嚮往中，再沒有比世界和平的理想更遙遠的，但世世代代總有一些理想家在努力促其實現。烏托邦儘管經常遭到一些人的嘲弄，它却是近代史上一個重要的思潮，至今仍是思想上爭論的一個焦點。人類的創造力，常常使不可能的變爲可能，所以我們沒有理由排拒空想、幻想和烏托邦的思想。對青年而言，理想與夢想相差不多，重要的是，你應該去努力實現夢想，不要以夢想爲滿足。

④要實現夢想該怎樣去做？最簡易的方法是學習把握現在。惋惜過去是無用的，也不必一味空想未來，我們能切實把握的是今天，只有一連串充實的今天，才能有充滿希望的明天。所謂「千里之遙，始於足下」、「登高必自卑」，也是同樣的道理。要學習把握現在，首先要培養自己對工作的專注能力，也就是要能全神貫注於當前的工作。在任何一方面有點特殊成就的人，都有努力工作的意願，他們的工作情緒，不但熱烈，而且能持久。把握今天要自我克制、自我訓練，它所能達到的最高境界，我想就是雲門禪師所說的「日日是好日」。

⑤最後一點，所有的理想都是建立在超出個人需要的目標之上，這並不意謂個人需求不重要，相反地，個人基本需求的滿足，是實現理想的必要條件。心理學家馬斯洛把動機分爲「欠缺」與「生長」兩類，滿足個人基本需求，屬於欠缺動機，追求眞善美之類超個人目標，就屬於生長動機，因爲它代表自我實現。如果一個人的努力只是爲了滿足欠缺動機，是沒有什麼人生意義和人生遠景可言的。努力實現超個體需要的目標，是人類高級文化和文明創造的起點。當你朝這個目標努力時，你會感覺你不單單是在追求理想，同時也在創造理想。

## 四、結語

我講人生觀問題，有一個基本的假設：「人爲萬物之靈」。這不是要你驕傲，而是要你珍惜。人生的價值不必決定於時間的長短，而在你是否能發揮潛力、實現自己、貢獻人群，這是人生最大的使命，最大的善。我希望每一個知識青年，都能早日走上自己的路，使生活有意義，爲你自己認爲有價值的理想奮鬥不懈。（一九八三年十月二十日聯合報與《中國論壇》合辦「青年生活講座」演講稿）

一九八四年三月二十五日《中國論壇》

# 青年文化與青年類型

「青年文化」一詞，在我們的社會，雖已不斷有人提到，對大衆社會而言，仍相當陌生。一種文化現象的存在，往往先於我們的了解，筆者認爲臺灣的社會，業已形成一種頗爲特殊的青年文化類型，而且正在迅速成長。我們的青年是我們社會希望所寄，由青年的思想和行爲，不難診斷出未來社會一部分的趨向。因此，青年文化如確實存在，就很值得我們去關心去了解。

## 一、青年文化的形成和它的特性

在傳統「長老統治」的社會裡，成年人的社會規範是獨一的，在人生成長過程中的兒童期，就以這獨一的規範去教導他們，所以「少年老成」成爲一種被社會讚許的對象，有的中了舉的「舉人老爺」，以現代的標準看，仍是一個在學的青年。在那樣的社會裡，一個人愈早愈快適應成年人的社會規範，也就愈能被社會所接納，甚至受到激賞。在那樣的社會裡，在某些特殊的時代和特殊的環境裡，雖然也會產生類似現代社會裡的青年文化，如魏晉清談，但很難被加以同情的了解，在當時清談之士就被視之爲「禮教的叛徒」或「名教的罪人」，史家也有目之爲五胡亂華之導因者。

在比較穩定而少變化的傳統社會，青年文化縱然有過，也只能被認爲是一種異數，因爲它衝擊並搖撼了社會公認的價值標準，很難肯定它存在的價值。現在我們了解青年文化的態度不同，我們不但對這一文化現象有積極了解的興趣，對其中某一類型的表現，經過分析，也肯定它存在的價值，因爲它可能代表我們社會的一種新風尚，也可能由他們的奮發有爲完成了上一代未酬之志，未竟之業。

不論在美國或歐洲或臺灣，所謂「青年文化」，雖有一些相似的風貌和傾向，由於各自的文化背景和社會環境的不同，其內涵實有相當大的差異。本文以下兩節將以探討臺灣的青年文化爲主，爲了參考和比較，這一節先簡述美國的青年文化，資料的根據主要是美國社會學者福萊克斯的《青年與社會變遷》，以及彼得・柏格等合著的《飄泊的心靈——現代化過程中的意識變遷》。（中譯本名稱）

青年文化在任何社會都有產生的可能，但在現代化的社會，尤其是現代化而又民主開放的社會，這種次文化不但產生的機率較大，也比較具有促其成長的條件，因這樣的社會，比較容許新觀念的表達和新生活方式的試驗。儘管青年文化表現着叛離的姿態，基本上它是在針對現代化過程中出現的某些弊病提出批判，希望對現代文明、現代社會能產生一些警告和糾正的效果。六十年代出現於美國的青年文化，它的成因相當複雜，一方面是由於價值觀念的衝突，因在這年代，美國中上階層已進入所謂高度消費化的社會，使傳統基督教一向重視的勤勉、節儉的美德，以及以儘量賺錢爲「最高善」的資本主義倫理都受到挑戰，而創造高度消費化社會的一輩，並不能一下子就改變他們的價值標準，從教會到學校到家庭所教導的仍是舊的價值觀念，資本主義倫理中享樂的成份很少，「時間卽金錢」，工作、不斷地工作是他們律己教人的基本信條。進入高度消費化的社會，大衆傳播媒介却鼓動人們去消費去享樂，教導着如何去消費去享樂，甚至以消費的多寡來確定人身份的高低。在新舊價值觀念衝突中，使青年迷失了，迷失產生心理的不安。在這個時期，美國有因越戰需要發生的徵兵問題，有因刺激消費而愈形嚴重的都市貧民問題，另外可能是更主要的原因，是科技的飛速發展和大型科層組織的形成，需要大量受過較高訓練的專業人才，於是使大學生的數量急遽膨脹，這些青年多半來自中上階層的家庭，他們精力充沛，又有充裕的時間和金錢，由於青年人的理想性，使他們容易感受到社會上種種的不平，容易感染上不滿情緒，於是大量聚集在大學校園裏的青年，就逐漸孕育出與社會對抗的群體意識，不久就以群衆

福萊克斯認爲，六十年代美國青年反叛最明顯的後果，就是在美國社會中對青年意義的重新界定，使社會認識到青年不僅是個人生命歷程中一個具有社會意義的階段，更是一種與其他人物顯然有別的社會範疇，在這個社會範疇裡，奉行着異於成人社會的道德與價值，希望創造一種新的生活，以取代美國文化中既存的生活體系。這種希望能否實現？福氏有很恰當的評論，他說：要這種革命雄心得以實現，必須超越於青年意識、青年文化，及整代反叛。除非一個反文化能提供一種適合個人一生的生活方式，它是不能成爲既有文化的代用品的。只有在一個運動能替衆人的利害關係及願望說話時，這運動才可以改變社會。

## 二、臺灣青年的類型與特色

臺灣的青年文化與美國的有很大的不同。最主要的一個原因，是社會發展的階段仍有相當大的差距，就經濟方面來看，我們近十年來雖已獲得相當高的成就，但仍屬開發中國家，六十年代美國中上階層青年已過得十分厭膩的豐裕生活，在我們的社會仍是青年們夢寐以求的生活，因此他們不太可能有退隱的意圖，多數青年所想的，是如何與成年人一爭長短，去賺更多的錢，以提高生活的享受。當然我們的大學青年，在髮型及服裝上似乎也流行一些新款式，有的也服迷幻藥，最近也有了所謂校園歌曲，這些在我們的青年文化中，不過祇是一種表象，前兩項是感染到外來的風氣，校園歌曲與美國青年文化中的新音樂所表現的反叛意識及其風靡盛況，根本不能相提並論，我們的青年唱不出他們自己的心聲，校園歌曲大概只是藉校園之名，實際上僅是商業噱頭的產品。我們的青年當然也有價值衝突，但這是由農業社會轉型到工商社會必有的現象，我們正在調整的過程中，雖因教育上的保守和教條主義，延緩了調整的速度，問題並不頂嚴重。在青年身上一個嚴重的問題是，由於社會一片浮面的繁榮景象，以及過份奢侈靡爛的生活，嚴重地腐蝕了青年的心靈，使他們過早地喪失了青年人應有的銳氣和理想性，滿腦子都是如何追求金錢和現實利益，他們不願意付出長期代價，不耐等待，這一部分青年有可怕的早熟。

在以往七十年的歷史中，辛亥革命創建民國、北伐統一、領導抗日獲得勝利，是國民黨締造的輝煌歷史，這幾頁輝煌歷史都曾以青年爲主體，但在北伐以後的國民政府，也一直遭受到青年人的挑戰與困擾，在撤退來臺的前兩年，這種挑戰與困擾達到最高潮。由於這個背景和經驗，使國府在臺灣對學生採取嚴格管制的策略，在釣魚臺運動的前二十年間，大學校園裡一直相當平靜，這段期間很難說有什麼成型的青年文化。民國五十年代初期的幾年中，在轟動一時的《文星》雜誌上撰文的雖有不少是青年，但爭論的問題和宣揚的觀念，並沒有多少新穎的內容，可是它的影響却不宜輕估，因這是近三十多年的臺灣歷史中，青年人首次覺醒到他們自己的力量。再過幾年，釣魚臺運動起來了，接着尼克森訪問中國大陸，退出聯合國，使我們在國際社會的外交情勢逆轉，最後是日本、美國的相繼與我斷交，十年來每一事件都爲臺灣社會帶來巨大震撼，因此大學校園再難保持往日的平靜，已畢業離校的靑年更是惶惶不安，好在這十年中臺灣在經濟上持續成長，平衡了可能因靑年普遍不安而惡化的情勢。在社會的危機感中，倒反而使部分靑年重新認識到對社會的責任，以及對國家命運和前途的關懷，於是有民族主義的强調和鄉土文學的出現，「新生代」一詞也開始流行。到最近幾年，「文化的新生代」和「政治的新生代」，已有鮮明的面貌可尋，無論是了解臺灣當前的社會或是了解當前靑年的趨勢，新生代的出現值得我們的重視，而促成新生代產生的主要條件，就正是上述的國際情勢逆轉和經濟的持續成長。

爲了對目前臺灣的靑年做較廣面的了解，也爲了進一步探討新生代靑年有個比襯，我們嚐試劃分出五個類型，這些類型當然只是選擇性的，未必全符合實際，而且類型與類型之間並非絕緣，可以互相流動。

## （一）疏離型

這一類的靑年比較不關心現實政治和此時此地的社會，他們多半學理工，許多是來自中上家庭，生活安定，父母對他們的期許很高，用功讀書的主要目的是去美國留學，學成之後最好能在國外生根，即使不能也希望能回到自己的社會有個高級職位。十多年前黃祝貴敎授傳誦一時的大文〈來來來，來臺大；去去去，去美國〉，對這一型的靑年，有極生動的描述。究其成因，一是由於在大陸時代的長期動亂，有的家長們因爲自己一生爲黨爲國獻身，到頭來竟是一敗塗地。因此在臺灣定居之後，省籍問題也使他們感到此非久留之所，因此警戒子女切勿再涉足政治，必須用功讀書準備出國。另外，本省籍的中上家庭，也相互以政治爲大戒。以上這兩種家庭的背景大不相同，但敎導子女的方式頗爲一致，這就形成臺灣社會多年來的留學熱潮。這情形在釣魚臺運動以後，再加上美國因石油危機使經濟不景氣，青年本身的覺醒和事實上的困難，才使留學熱潮稍稍減退，目前這一型的青年，數量上仍不在少數。

## (二) 功利型

「功利」並不一定是壞名詞，如能爲國家社會求取長期的功利，或如邊沁所說能爲社會求取最大多數的最大幸福，也是了不起的理想。我這裏所指這型的青年不是這個意思。我的意思是指他們非常重視現實利益，而且是急功近利，他們喜歡參加各種活動，很看重人際關係，很快學會成人社會的一套作風，他們不論參加什麼團體和什麼活動，第一優先考慮的多半是個人的利益。這一類這一型的青年不限於來自那個階層，大抵多有小聰明，讀書或處理事務則不够脚踏實地。這一類型的青年彈性較大，有機會也會出國，沒有機會留下來，他們也有較大的生存力，因此他們往往能看準，那個方面阻力小就向那面走。

## (三) 無目標型

這一型的青年，在我們的大學中數量可能不少，主要是「升學主義」的產品，自小就比較「乖」，讀書的動機很單純，缺乏常識，除了課本很少關心其他的事，能全心投入升學主義的讀書方式，一心只想進入大學，對大學有不切實際的幻想，以爲一登龍門，人生就可以一帆風順。這種青年在家中被看作好孩子，在學校又可能被認爲是模範生。一旦考上大學，原先的幻想很快破滅，加上所讀科系未必適合自己的志趣。更嚴重的是，他們讀書的方式早已僵化，要他們自動去讀參考書，把原先記誦的讀書方法提升到求知的層面，反而感到不能適應，只好仍沿用老習慣，啃課本、背筆記，應付考試了事。原先讀書是爲了升學，有鮮明的目標，進入大學，多半不會再升學，反而失去了目標。這一型青年升學的目的，多半只想習得一技之長，得點專業訓練，將來可以找份安定的工作，但大學教育的主要功能並非爲了滿足這種需要，這情形很使他們感到徬徨。他們的生活一向被動慣了，大學校園的自由生活和自動學習的方式，使他們不知所措，就只好無目標無方向迷迷糊糊混日子。

## （四）狂想型

這一型的青年有潛能又敏感，多半具有理想主義的傾向和浪漫的動機，如能在自由氣氛的家庭中成長，又沒有嚴重的升學主義的壓力，依據他們自己的性向發展，可能成爲藝術家、文學家、哲學家。他們自小就喜歡自由閱讀，討厭呆板的讀書方式，敵視升學主義，既不大願意聽從父母的安排，又不習慣於學校那種僵硬的權威領導，因此常常發生衝突。升學主義的教育和唯利是圖的社會，不適宜他們的成長和發展，因此與社會常存在着一種緊張的關係。這一型的青年往往過不了升大學這一關，就被淹沒在人海中。有的耐心擠進大學，在自由學習的環境裡，在自我教育的方式下，讀到了企盼已久的好書或怪書，整日馳騁在知識和想像的世界裡。他們在校園裡我行我素，特立獨行，生活方式新穎而特異，在心態上他們是接近美式青年文化的，但在我們的校園裏，却很難發展出像美國青年文化中那種羣體意識，因這一型青年，在各型中數量最少。他們的服飾嗜好可能引起其他同學的模仿，却不容易找到志同道合的學侶。

### （五）知識份子型

這一型青年求知慾較强，在中學階段就能留意社會上流行的思想，他們能讀書，但不讀死書，升學時較能根據自己的性向選擇科系，多半進入文法學院，大學生活對他們可謂如魚得水，一般都能獲得較好的知識訓練，如遇良師，在大學時代就能具備獨立思考的能力。他們關懷社會，熱心服務，富自由主義色彩，有較强的國家民族意識。其中有一部分來自中下階層的家庭，父母知識有限，但能全心付出，並不帶給子女多少壓力，這樣使他們長時間生活於都市，對本鄉本土仍保有一份濃厚的感情。在以往這一型青年中的佼佼者也想留學，最近幾年觀念已有改變，相信在自己的社會也可以打條出路。由於經濟不斷成長，文化事業蓬勃發展，文化界吸收了不少這一型的青年。又由於內外事件的震撼，使我們的社會對政治問題掀起前所未有的關切，最近兩屆選舉成爲大家注目的焦點，這一型的青年中有不少熱心參與，在選戰中扮演了相當重要的角色，前面所說的「文化的新生代」和「政治的新生代」，多半來自這一型的青年。

## 三、檢討與期望

第一、以上各類型的描述，有的可能過分典型化了，有的或不免夾雜作者的好惡，但自信沒有存心輕蔑或揄揚之意。如「無目標型」，他們的處境，他們的徬徨，最值得我們同情，這些青年自小就知道用功，長期承受着升學主義的壓力，造成今日的處境，乃升學主義的惡果，他們本身並沒有錯。假如能順利完成學業，這一型的青年，在自己的工作崗位上，多半能安份守己，成爲稱職的幹員。青年之可貴，在其可塑性大，一時迷失，本算不了什麼，若在迷糊之際，能遇良師益友，得以調整學習方式，或改變適合志趣的科系，就不難重新肯定自己，獲得新的努力的目標。又如「功利型」，重視現實利益，甚至急功近利，這些本是成人社會極普遍的現象，成人如此，何能苛責青年？但我們仍不能不說這一型青年比較令人擔擾，因他們往往把得失利害看得太重，一遇挫折，就可能傷人害己。可是他們也有在別的青年身上不多見的優點，他們反應靈活，肆應有方，如能在觀念上稍加調整，前程則大有可爲，須知能在社會上成大功立大業的人，絕非急功近利之輩。

第二、說到「疏離型」，這一型青年之產生，除了家庭背景之外，主要還是由於臺灣的特殊處境，不必諱言，許多成年人對我們的大環境的前途缺乏信心，青年人深受其影響。出國留學本是件好事，可是長期以來在我們的社會却被極不健全的心理推動着，有意無意之間加深了青年人的疏離感。目前在臺灣的中上家庭，如果沒有個把子女在國外讀書，簡直成爲很不體面的事。

此外，唸理工的青年，功課很重，沒有餘閒關心其他事務，這在事實上也容易造成他們的疏離。根據楊國樞敎授在一份研究報告中指出，我們的大學生（不限於理工）在對社會的影響與改造兩方面，都有一種「無力感」，「而在現代社會學及社會心理學中，無力感常被認爲是疏離感的一個主要成份」（楊敎授語）。這個研究是四、五年前做的，從最近幾年青年熱心社會參與和政治參與的情形看，青年人的無力感可能已多少有所改變。我覺得對社會影響的有力無力，不能單從客觀環境允不允許一方面去看，青年本身條件也有關係。在學生時代對社會不能產生影響力，可能社會的責任大於個人，一旦自己也成爲成人社會的一份子時，如仍不能發揮影響力，那就是個人的責任大於社會。而個人能不能發揮影響力，要靠主觀的條件，這種條件是應該在大學時代培養的。青年人的疏離感，成人社會要負大部分責任。我們如能使臺灣在社會、文化、政治各方面都能做出與經濟一樣的成果，大家對國家民族前途的信心必然大增，到那時候，除了極少數較爲特殊的青年之外，人人都會因自己是中華民國的一份子而感到驕傲，認同會代替了疏離。

第三、狂想型的青年，在我們的制式教育下，以及過分重視現實利益的社會風氣裏，數量上已越來越少。由於他們自發性較强，適應性較差，並不容易得到他人的了解或諒解，因此在心理上以及與外在環境的關係上，困擾也比較多。對這樣的青年，成人們不必爲他們太擔心，他們既有志於對人生對心靈做深度的探索，困擾或困惑是必有而且也是必要的過程，沒有困難，怎能考驗出人的潛能？沒有痛苦和掙扎的磨練，如何激發出創造的智慧？這一型的青年，往往有强烈的個性，個性乃創造之源，著名傳記作家魯德威克說：很少發現有强烈個性的人，因缺乏才華而無法前進的。成人社會對他們所能提供的幫助並不多，最重要的是學習去了解他們，如果不能，也要學習容忍，因爲他們將來很可能是深度文化的創建者，也很可能帶來新的風氣。適應大衆的生活，是維繫社會羣體秩序與羣體和諧的必要條件，但對少數具有特立獨行性格的青年，須另眼相待，因他們在某些方面不能適應，很可能是因生命中潛存一股創新的動力。令人擔心的是，這種青年如遇重大挫折，可能走火入魔，趨於偏激，或消極悲觀，他們的人生道路崎嶇多艱，父母和師長對他們應更多一份耐心。

第四、本文對臺灣青年文化的描述，當然不能窮盡所有的類型，但就已提到的幾個類型來看，在目前，知識份子型是青年文化的一個主流，在文化上或政治上的突出表現，已令大衆矚目，刮目相看。他們的表現與美國青年文化的表現大異其趣，他們不叛離不退隱，而是積極參與社會參與政治，有理想有目標，有熱情也有勇氣，代表釣魚臺運動以後一羣覺醒的青年，近年的政治事件，則加速了他們的成長。如果我們不存偏見和私見，對我們的社會能產生這樣的新生代應感到欣慰，因他們爲我們的社會帶進新的活力和希望。但也不可過分高估他們的價值，這與我們過去過分忽略他們的存在同樣不當。須知我們的社會長期以來，一向是安定重於一切。苟安心理與既得利益的堅持，對政局的不安和政治上的變動都懷有恐懼，新生代人物，尤其是政治的新生代，如何與之溝通，如何發展出合理的關係，問題實不簡單。新生代的政治運動，如沒有相當財富的支持就不容易壯大，如獲得財富的支持，仍要保持原有的理想，可就不容易了。另一方面，關心政治的羣衆對他們的期許會越來越高，當他們不能繼續滿足這種期許時，原先的讚賞，會轉變爲越來越多的責難。根據三十多年來的經驗，在我們的社會，沒有比發展政治運動更困難的事，其中的阻力，不會消於一旦，如何縮減這種阻力，對新生代的智慧是最大的考驗。新生代可以要求公平的競爭，不宜昇高對抗的意識，執政黨有悠久政治鬪爭的經驗，有不可磨滅的功績，有不容抹煞的貢獻，他們的節制和退讓，絕非單單爲了新生代已有什麼了不起的壓力，而是因爲新生代的某些表現已得到部分民衆的支持。近年執政黨也展開許多取得民意支持的作爲，較前更注意社會福利，這是好現象，證明在野力量已發揮它的功能。新生代政治活動，不能單靠執政黨的缺點作爲存在的條件，當以政治家自勉，表現出眞正民主的素養，以群體的利益爲最高目標，這樣必能促使執政黨加速其改革的步伐，民主政治最後總是要取決於民的，我們對關心政治的大衆，應有信心。新生代的政治人物，要應付複雜的政治，該學的還很多，自身的缺點也不少，譬如在與人的合作上，就表現得很不够，青年人可以不怕權威，但也不要以權威自居。新生代如能塑造出令人耳目一新的形象，必能加快政治人物的新陳代謝，民主的充分實現才有希望。

第五、新生代能不能順利發展，能不能使他們成爲促使社會進步的新生力量，執政黨對他們的了解，以及今後對他們所持的態度有很大的關係。由於歷史經驗的累積，使執政黨對青年採取過分謹愼的態度，防範性的措施，遠多於積極性的鼓勵，因而導致隔閡，甚至互不信任。現在是重新檢討青年政策的時候，尤其是大學校園裏的管敎方式更須作大幅的調整，調整的標準，要逐漸接近民主的方式，一時做不到，總要向這目標去努力，民主如不能開始於學校，我們的民主是沒有根的。像新生代這樣的青年文化能在臺灣的社會產生，撇開其他的因素不談，至少證明我們的社會已享有一定程度的民主和開放，同時也顯示我們的大學敎育能發揮良好的功能，所以這應該是執政黨預期的收穫，如果我們培養出這樣的青年，又不給予他們發展的機會，豈非天大的矛盾？新生代的青年，是屬於我們整個社會的，他們可以屬於黨外，也可以參加黨內，如果他們只傾向於黨外，而不願意加入黨內，這對執政黨來說，是一個嚴重的問題，應加以檢討。執政黨如不能把握當前青年的新趨勢，提出相應的新政策，復又錯誤地對新生代青年存有敵意，這將爲我們的社會伏下不安的新因素，未來的政治衝突仍可能不斷發生。我們不願看到這現象，我們對執政黨有很高的期望，用老辦法一定不管用，只要把「我們永遠與民衆在一起」，透過各級政府，成爲切實執行的行動綱領，一個重視民衆愛護民衆，又能以民衆的利益爲優先的政黨和政府，必

# 青年文化的理想與現實

青年代表人生的一個階段，青年爲了滿足生理和心理的需要，他們應該有一套適合自己的生活方式與生活內涵。青年人如果是針對這方面的需要，而發展了（也可能是模仿）屬於他們自己的文化，我們就可以叫它爲「青年文化」。青年文化在社會科學裡屬於「次文化」的一種。爲什麼叫它「次」文化？那是因相對於大傳統以及大社會裡的主流文化而言，它僅屬於社會裡的一個特殊範疇。

一個可能產生青年文化的社會，至少要具備下列三個條件：①社會變遷快速；②中產階層壯大；③高等教育發達。這三個條件的形成關係密切：近代社會變遷的主要動力之一，是工業革命，如果是自由經濟，則工業化的程度愈高，社會變遷的速度也越快，青年能從成年人的生活圈劃分出來成爲一個特殊的社會範疇，就是社會快速變遷的成果之一。由於變遷快速，成年人遵行的價值觀念和生活方式，已無法使青年人接受，因此青年人有發展屬於他自己的文化的必要。其次，在自由經濟制的社會，愈走向工業化，社會經濟必大幅成長，於是中產階層日益壯大。工業化需要大量專業人才，中產家庭更上層樓的心理迫切，財富又足以支持子女接受高等教育，因此促使高等教育發達。高等教育發達，使未正式加入勞動市場的所謂青年人口遽增，中上家庭的財力爲這些青年在讀書之餘提供閒暇，而閒暇又是自我意識成長及培養批判心靈的必要條件。所以一個具備上述條件的社會，產生青年文化實是很自然的現象。

我們剛從農業社會轉進爲工業社會，現在又要面臨自動化的衝擊，爲了應付如此劇變的環境，我們處處都需要發揮創新的智能。青年文化富有無窮的潛力，如能使它順利成長、自由發展，不僅有利於開發青年們自己的內在資源，也將爲社會帶來一股蓬勃的朝氣，值得大家特別重視並加以扶植。

## 一、青年文化應有的特性

我在這裡要談的，不是青年文化中容易引起別人注意的那些標新立異的表象，縱然那些表象足以代表青年文化顯性的標幟，我也認爲是次要的。一些特異的標幟，如果沒有一股精神、一種力量作爲支柱，它不過是一個空殼子，只能給人怪異的感覺，產生不出富有創意的青年文化。富有創意的青年文化必然源自獨立精神。人生歷程在青年階段之前，生理心理尚未成熟，不足以言獨立。青年階段之後，生活壓力、利害考慮、人情世故都會加强，有礙於獨立精神的發揮。青年階段生活多半有依賴，更重要的是，書本知識的吸取遠多於對世態的了解。所以一生當中，這個階段最有利於獨立精神的培養。這種精神使青年易懷疑一般人都接受的假設，因而不盲從傳統或權威。習焉不察的習慣、態度及信仰，往往成爲社會更新的障礙，青年文化在其清新風格的表現中，應能促使社會大衆對這方面問題的反省。

雲門舞劇初創時，林懷民求助於葉公超，葉氏慨允支援，事後他說：「好不好不重要，一定要讓年輕人試新路」。「試新路」正是青年文化另一重要特性。每個人的生命都是獨特的，一個青年假如潛力雄厚，經由適當的引發，他在文化上一定能表現出獨特的風格，這就是「新路」的意義。新路不一定是指未曾有人走過的路，如果是那樣的話，世間就沒有幾人能走出新路。人生的奧妙是，縱然是前人走過的路，由於不同的生命、不同的體驗，依然可以賦予不同的意義。不論是人生或文化，新與舊之間均非對立，它世世代代透過不同的生命和新的嚐試，起著新陳代謝的作用。年輕人的生命如春天，他可以使僵化的文明解凍，引出一個新的希望，使人們從中尋求出新的意義。

理想的青年文化必須避免重蹈六十年代西皮的覆轍，青年可以爭取做一個青年的權利，但並不享有任何特權；青年可以要求過適合自己的生活，但並非逍遙法外。西皮次文化的失敗，是因爲他們忽視人類生物史的基礎和人性的弱點，一味嚮往一種和平的原始無罪的生活，希望享有性的自由而毋須承擔任何責任。青年雖是特別的社會範疇，但仍然是大社會裡的一份子，他仍然應該關懷大衆利益，青年文化如缺乏關懷，絕難以見容於成人社會。所以青年文化的第三個特性是獨立而非孤立，更非漂泊於人群之外。

最後一點我想强調的是，青年文化必須發自純眞的心靈。人生的一大悲哀，是隨著閱歷的加深，往往使純眞喪失。純眞一旦喪失，有的流於狡猾、僞善，表現出可怕的世故；有的由於閱歷深，凡事沉著、穩重；有的由於歷經憂患，所以銳氣易消，遇事多愼思熟慮。閱歷深、憂患多的人，雖然顯得比較成熟，總不免夾雜幾分世故，這種人也許可敬，却未必可愛，可愛者惟有純眞。不管一個人世故有多深，仍然會喜愛純眞、欣賞純眞，純眞是無邪的表現，看起來好像很天眞、很稚嫩，却是溝通人際最有效的力量。以此觀西皮，有可愛的，有不可愛的，他（她）們像孩子般喜愛鮮花、冰淇淋、玩串珠、風箏、肥皂泡，坐在地上，是可愛的，但天眞中常懷敵意，是不可愛的。發自純眞心靈的青年文化，應表現情趣、活力和朝氣，這是西皮文化所缺乏的，而這些却是青年最富饒的資源。

純眞對生活在現代社會裡的現代人，還有一種特殊的功用。現代人是有史以來最忙碌的，整天忙得透不過氣，忙得使心靈欠缺空間——造成現代人煩惱的主要根源，也是現代人無藥可救的病症。發自純眞的青年文化，可以爲這一類人打開一扇心靈之窗，提供他們重新學習純眞的機會。因爲純眞的心靈永遠開放，它充滿想像、海闊天空。高度現代化的西方社會，有許多青年（不祇是西皮）不喜歡成人的生活，以及他們所造的文明，理由之一，恐怕就是爲了這種生活和文明，正嚴重地斲喪人的純眞。目前東方的禪對一些西方人（不祇是青年）頗具吸引力，在我想來，禪對他們不過是一種學習純眞的法門而已。

## 二、青年文化的意義

從上面所說青年文化應有的幾個特性，雖已能看出它的若干意義，但青年文化的眞正意義，不是概念的方式能充分說明的，它必須落實到具體的社會中去，才能了解其重要。

目前我們的社會雖不能說已經很富裕，但大部分的家庭都有能力供子女接受高等教育，並使他們享有餘暇。另一方面，高等教育本身，不但保守，而且僵化，結果培養出大量無目標型的青年。一個社會旣有數目可觀的受敎青年（台灣目前的大專青年約三十九萬），如果其生活又無目標，將給社會帶來多麼嚴重的問題！

所謂生活的目標，是說他們的學習要能發揮他們的才份，並使他們生活感到有意義。要做到這一點，必須澈底改造我們的高等教育。在目前這樣的教育環境裡，要想發展青年文化，是件難以想像的事。我們所以仍願認眞探討這個問題，是因爲青年文化在我們的社會，已經是存在的事實，如不及早去充實它，誘導它去朝有意義的方向發展，它仍然會向腐化與毫無意義的無聊方面去擴展，這將給社會帶來多麽沉重的負擔！

青年文化並不能解決成人社會的問題，但它可以解決部分的青年問題。青年文化如是由青年自動自發地表現，它必然具有吸引青年的成分。青年的活動既然以文化的形式表現出來，其中就可能包涵一些青年人獨特的理念，這些理念或者激發其熱情，或者促其深思，熱情與深思都足以使青年燄起希望，成爲一個意義的追尋者。如果校園之內允許自發自動的青年文化發展，校園的氣氛會改觀，會成爲青年們感到可留戀的地方，不必時常在街頭遊蕩。經常留戀市井的青年，很難抗阻成人社會的誘惑。

青年文化如獲正常發展，可爲青年這一特別的社會範疇與成人社會之間建立起一道緩衝地帶，這個緩衝地帶既可使成人社會免於直接而激烈的反抗，對青年自己的成長也有利。具有緩衝作用的青年文化，當然要關懷社會，有關懷就有批判，透過思想、創作、表演等文化形式的批判，不但應被容忍，且可促使成人們的警惕與反省。否則以熱情和理想傾向的青年，與問題叢生的成人社會正面相對，一旦受到內外重大事件的刺激，就可能爆發激烈的學生運動，爲整個社會帶來威脅和不安。青年文化如能蓬勃發展，可以有效地防止這種現象。當然，成人社會的問題，如長期鬱積，連漸進改革的希望都沒有，青年文化也可能變爲直接訴諸行動的青年運動。

青年只是人生的一個階段，他們很快會進入成年。如果他們在青年時期生活有目標，有機會表現才份，有過歷練，他們會充滿信心懷著希望踏入人生的新階段為新目標而努力。假如原來有創新的理想，他們的新觀念經由考驗就可能成爲大傳統大社會裡主流文化的一部分，加速社會文化更新的力量。在這個意義上，青年文化實是文化動力的泉源之一。

## 三、青年文化與社會環境

能產生青年文化的社會，不一定就有利於青年文化的發展。不過青年人也應該知道，新意念新思想的產生，總會遭到不同程度的抗阻，這是正常的現象。蒙田說：「德行與安逸無緣，它尋找一個崎嶇不平，荊棘滿佈的路徑」。其實愈有意義愈具理想性的人生，莫不如此。

青年文化要有發展，有一個條件絕不可缺，那就是不受干擾地工作。據說亞歷山大大帝曾拜訪著名的教師狄歐金斯（Diogenes），問他有何可效勞之處，這位教師竟答道：「只請閣下不要遮住我的陽光」。青年文化不是可由任何特定意識型態製造出來的，如果我們關懷它，最好就是不要遮住他們的陽光。

常聽人說，青年是我們的希望。要兌現這個願望，必須使青年比我們更堅强、更有智慧、更有機會表現他們的創意。我們當前的社會，不管說它是轉型期、是現代化、是工業化，未來的變化一定比現在更大，青年與既存秩序的整合性也會更差，也就是說青年將比我們面臨更多的問題，我們無力代替解決這些問題，但應及時協助青年獲致其天賦應得的成就，使他們更有能力去應付未來的挑戰。發展青年文化，就正是青年孕育適應力，並使他們獲得這種成就的苗床。

青年文化的工作者，最容易感受到的壓力，來自社會上形形色色的保守勢力和封閉的思想，這股力量常常摧毀新生的事物。對這種情況，我可以奉告青年朋友：過去沒有一個時代比這一世紀的保守主義遭到更多的批評，但到今天，即使最開放的社會，保守主義的力量仍然遠勝於進步思想，主要是因保守主義代表根深蒂固的連續，它植根於源遠流長的傳統，我們必須認清這一點。

進取的青年對保守主義不滿，基本上是由於保守主義的基本態度是懼怕變動，而進取的態度則尚變、求新。這兩種態度之間存在著的緊急關係，會永遠持續下去。下面引一段歷史家威爾・杜蘭的話，有助於我們對這種關係做進一步的了解，同時對青年也是有益的忠告。他說：「反對改革的保守分子，與主張改革的激進分子同樣可貴，也許更可貴，一如樹根比樹枝更為重要。新思想應能公開發表，因其中自有若干可取之處。但是新思想也應該經過反對及抗阻的考驗。改革必須通過這種預選，方能入圍參加人類的競賽。老年人抵抗年輕人，年輕人刺激老年人，這是好的現象。從這種緊張壓迫和競爭中，才能產生創造的力量」。

一九八四年四月十日《中國論壇》

# 人文主義與西皮運動

我想一定有很多人，一看到這個題目就會皺眉，甚至感覺到莫名其妙。人文主義曾是西方文藝復興運動的核心之一，人們一想到它，就會連帶地想到許多莊嚴、光輝，和具有創造性的事蹟，而西皮運動在一般人的直覺反應中，卻往往與荒唐、頹廢、甚至汚穢的劣跡相關連，此二者如何能相提並論？

爲了避免不必要的誤解，我得先說明：我所以要討論這個問題，主要是想以較爲同情的態度，對西皮運動的內涵做點分析，看看西皮運動中是否包含人文主義的成分？因就我個人的了解，激起西皮的某些動機，以及西皮的若干要求，要轉變爲積極的目標，就必須使這個運動成爲一個具有人文主義精神的運動，然後才足以批判現代文明，甚至爲人類的生活探尋出一條新的路向。

## 一、人文主義的新趨向

在當代幾個以人的問題爲研究中心的主要思潮中，我們可以很明顯地看到一種跡象，即這些思潮在開頭的階段，並沒有以人文主義爲標榜，而後來的演變：有的則自認爲是一種人文主義，如存在主義哲學家沙特；有的則把他自己的思想和他所承繼的思想支流，解釋爲一種人文主義，如心理分析家弗洛姆。最令人驚異的，是一些從事宗敎革新的宗敎哲學家，他們一方面堅持基督敎的信仰，另一方面在他們的思想中，竟也具有很强烈的人文主義思想的傾向，而被稱爲「以神爲中心的人文主義」，如士林哲學家馬利丹（Jacques Maritain）。這種跡象，我稱之爲人文主義的新趨向。這一個在中西文化史上都曾擔負過批評與創造重任的人文主義運動，在這新趨向中，將再度發揮它的力量，並且由於幾個新思想支流的匯歸，將使人文主義的內容更豐富，更能滿足人類的需要，去解決當代面臨的有關人的新問題。

這裏讓我們把這個新趨向做一扼要的描述：

### (一) 存在主義與人文主義

當代存在主義具有代表性的人物中，至少有兩位或自認或被稱爲人文主義，其一是沙特，另一位是雅斯培。在這裏，我們沒有足够的時間討論雅斯培，爲了取材的方便，只以沙特做一個例子。沙特有一篇很著名也確實很重要的文章，題目是：〈存在主義卽人文主義〉。這篇文章主要的目的，本來是爲了答辯對存在主義的責難和誤解，但在這篇文章的最後一部分，他却很細心地把他的存在主義，解釋爲一種「存在意義的人文主義」，以別於其他意義的人文主義。沙特認爲「人文主義」這一名詞，有兩種極端不相同的意義：一種是把人文主義視爲「主張人以本身爲目的，及以人爲最高價值的」，依沙特的看法這種人文主義是荒謬的，因爲我們不能對人的價值做任何的預斷，每個個人要有價值，都必須由他自己去決定。另一種意義，卽沙特自己的解釋，他說人一方面是自我超越的，一方面人並不因此而自我隔絕，而是永遠呈現在人的世界裏，存在意義的人文主義，就建立在二者的關係上。沙特「存在主義卽人文主義」的主張，曾遭到指摘，這是因爲一般人把人文主義的內涵看的太狹窄了。照我的看法，無論是以西方近代的人文主義，或是中國先儒的人文主義，作爲一種標準，都不免是一種狹窄的觀點。人文主義應當比世界上任何一種主義含的更廣更多，世界上任何一種主義的合理部分，無不可以視爲人文主義的內涵。一個人可能不自覺爲一人文主義，但他要合理地或有意義地生活下去，一定不可能擺脫人文主義的某些信念。這就是爲甚麼存在主義、心理分析學派，以及宗教的革新派能同被稱爲人文主義的根本原因。沙特的存在主義，强調人的自決性和創造性，以及人必須對他所做的任何事情負責，這些思想，明是對以往人文主義所重視的人的尊嚴問題，做了新的思考，也有了新的發現。沙特不僅是一人文主義者，而且對人文主義的內容提供了新的貢獻。

## （二）心理分析與人文主義

心理分析自佛洛依德創始以來，使全世界對人性的了解，起了革命性的變化，現代這一極具影響力的思潮，世人對它的責難和誤解，可能比加諸於存在主義的更多。不論是心理分析，或是存在主義，他們所遭受的責難有一點是相同的，卽他們傾向於描述人性中卑劣、醜惡、下賤的事，而不太重視某些人性光明面的美好事物。如果有人對人性的光明崇高的一面表示他的憧憬和嚮往，我們不但同情，而且尊敬。但用這種理由來非難心理分析和存在主義，則是不相干的。因爲誰也不能否認人性中有卑劣、醜惡和下賤的事實，我們對這些事實如果沒有深刻的了解，如何能設法去控制或改變這些事實？存在主義，尤其是心理分析，就是要本於理性的態度，對人性中這些非理性和反理性的部分加以認知，然後再去轉化它們。當代新佛洛依德派代表者之一弗洛姆解釋的很對，他說：心理分析的目的，在使人能夠藉理性的力量，來控制自己的非理性部分。這種工作，正是在充實空疏、膚淺的傳統人性觀，使我們對複雜多變的人性眞象，有更深進一層的認識。

弗洛姆的本行是心理分析，但他對歷史上的人文主義思想，卻有極廣博而深刻的了解，凡是對弗洛姆的著作涉獵過的人，對他把心理分析和人文主義拉在一起相提並論，絕不會感到意外。

依弗洛姆的解釋，心理分析在最深的根基上，實是五百年前始於歐洲的人文主義思潮的一部分。他的這種解釋，是基於他對人文主義的了解。他認爲近代人文主義，是希伯來、希臘，以及羅馬人文主義的復興和更新；是近代人從中古宗敎權威的陰影中解放出來的一個運動；是人的思想和行爲被俗世及宗敎限制的抗議；也是對人成爲經濟利益工具的反抗。因此弗洛姆堅信，人類的未來，就繫於今日人文主義的堅强力量。也因爲這個原因，他站在心理分析學家的立場，希望心理分析完全屬於人文思潮，並貢獻力量，使它更爲强大。弗洛姆的解釋和懷抱的希望，的確表現他的遠見和智慧，因二者關係的溝通，不但强化了人文主義的內容，同時也提昇了心理分析的歷史地位，和正確地指出了心理分析應走的方向。

## （三）宗敎革新與人文主義

我們在討論當代宗敎哲學家中所表現的人文主義的新趨向，選馬利丹做例子，並沒有甚麼特別的理由，如果我們選被稱爲「希伯來的人文主義」的猶太哲學家蒲伯（Martin Buber）做例子，也一樣的適當。蒲伯對當代的影響，或不下於馬利丹。因爲我們沒有足够的時間同時提到他們兩位，就只好提一提其中的一位了。

照一般的了解，人文主義是以人爲中心的，基督敎則是以神爲中心的，而馬利丹却提倡一種「以神爲中心的人文主義」，將二個本不相屬的傳統，做了極巧妙的整合。如果這整合運動能够成功，那末將使基督教傳統，經過近代的俗化過程，重新獲得新生。

馬利丹嚮往一個新基督教國的來臨。如果這時代眞的來臨，那末基督教的人生哲學，仍將領導社會，但却不是裝飾性的基督教社會，而是一個有人權、有個人尊嚴的社會。在這個社會裏，人們屬於不同的種族，不同的精神世界，大家爲屬於現世的、屬於人的共同目標而努力。很顯然，在他的新基督教的國度裏，包涵了近代人經過長期艱辛而獲得的許多合理和偉大的部分。在這樣的國度裏，人一方面可以不必放棄神的信仰，另一方面又可以過現世豐裕而合理的生活。假如眞有這樣的國度，我想不出還有甚麼理由去反對神的信仰。

馬利丹所以要堅持一個以神爲中心的人文主義，主要的理由是他認爲「以人爲中心的人文主義」業已遭到巨大的幻滅，同時我們今天也已經歷到反人文主義的殘酷教訓，因此以人爲中心的人文主義，已不能適應人類的需要，祇有以神爲中心的新人文主義，才足以認清人性中一切非理性的成份，進一步使所有超理性的成份，去激發理性，爲人類開啓一條通向神的新路子。馬利丹的整合思想，很可能會使抱持狹隘觀點的基督教徒和人文主義者的不滿，但無論如何他代表人文主義的一種新趨向。這個新趨向，是值得我們重視並加以了解的。

## 二、人文主義的共同信念

在前面列擧的幾個人文主義的新趨向，我們可視之爲當代「新人文主義運動」的一部分。即僅就上面最簡單的陳述來看，新人文主義之所以爲「新」，已不只是時間的意義，而且在態度上、方法上，以及內容上，都有基本的更新和增進。不過，人文主義不論是過去的或現在的，不論是西方的或東方的，都有若干共同的信念。這些信念，特別在今天，值得我們重新提出來加以肯定和發揚。因爲這些信念，不但是批評傳統或現代文明的標準，且是人類永遠追求的理想。

這些信念是甚麼呢？在這裏不可能予以一一詳細的解釋和發揮，只能把要點標擧出來：

## (一) 肯定現世

這是文藝復興時代的人文主義所特別强調的，因爲他們經過長時間的掙扎，剛從宗教的權威中解脫出來，所以對人世間特別寄以熱望，充滿着春天的喜悅感；肯定現世，它的意義包含着人類的價値必須實現在人類的現實生活之中，以增進人類的樂利。這種價値在近代西方人可謂得來非易，在中國的傳統中，兩千多年以前，就已努力實現這種價値。先秦的儒家，可說是人類這一合理信念的先驅。

## (二) 肯定人的尊嚴，重視人的個性

成爲我們這時代禍亂之源的共產主義，它最大的罪狀之一，就是以唯物史觀和民主集中制抹

煞了人的尊嚴，否定了人的個性。在非共的世界裏，這方面的價值，也由於技術專政的出現，得不到充分的發展。要使人普遍地建立尊嚴，人的個性普遍地被尊重，必須努力培養人的開放心靈，再進而建設開放的社會，因爲祇有在這樣的社會裏，這種信念，才能變爲事實。

### （三）尊重理性，尊重知識

近代西方人所以能創造偉大的文明，主要就是建立在這一信念之上。在特殊的文化形態和特殊的社會結構中，理性的表現，往往產生流弊，例如中國宋、明理學的時代。但無論它有多少流弊，對理性本身總是無可懷疑的，因沒有理性，人類就無法建立價值的標準，對任何不合理的現象，就沒有理由去反對。至於知識之應尊重，在現代化的社會裏，已成爲普通的常識，因知識是創建近代文化社會的基本動力。儘管知識成果也造成人類一些不安，但沒有人能否定它對人類的貢獻。

### （四）人有自主性，人是自己的立法者

這一信念，曾是人文主義者和神權鬥爭的重要武器。人永遠不當成爲其他任何事物的工具。人有自決的能力，所有合理的教育，都應該培養人類這種能力。肯定人自決的能力，不是在增加人類的驕傲和狂妄，而是加强人的責任感。

### （五）人有生存的權利

對每一個人而言，健康生命的獲得和維繫，是一件大事，因沒有健康的生命，一切偉大的價值與理想就不能實現。要有健康的生命，第一，人的基本欲望必須滿足；第二，人的生活必須有安全感。全世界沒有那一個國家能充分滿足這兩個條件，所以生存的權利，仍是我們繼續爭取的目標。

### （六）祇有人能實現人類的價值，祇有人能創造新的價值

這實在是一個不證自明的道理。人文主義者所以不斷對這樣的道理提出來重新肯定，主要是對應着「神創造一切」的信仰而說的。眞正說來，「神創造一切」的思想，仍是人創造出來的，聖經裏記載的神的啓示，完全是人類智慧的產物。人有創造的智慧，人也有許多無法克服的弱點，我想這是人要把希望寄託於神的一個主要原因。

### （七）仁愛、和平，爲人類共同追求的目標

愛是一個古老的問題，但就每一個人而言，却永遠是新鮮問題。每一個人都多少有愛的經驗，但能充其量表現愛的却極少。共產主義是强調階級鬥爭的，非共世界由於高度工業化技術化

造成的人際疏離，也逐漸促使人失去了愛的能力。人類自有史以來，還沒有一個階段比我們的時代，使愛遭遇到更大的困難。至於和平，人類一直到第二次世界大戰末期，才覺悟到需要有一個國際性組織來促其實現，儘管國際聯盟失敗了，聯合國也沒有做得更成功，但這個組織總是代表人類實行和平具體行動的第一步。在這兩方面，都值得現代的新人文主義者，貢獻最高的智慧。

### （八）各民族應當消除「我族中心主義」的文化偏見

這一點在以往的人文主義還很少提到，爲了適應卽將來臨的「天涯若比鄰」的世界新形勢，這一條必須增加進去。因「我族中心主義」而造成的文化偏見，是促進國際間互相了解最主要的障礙之一。要世界和平，要增進國際合作，第一步就是要加强彼此間的了解，要加强彼此間的了解，必須多學習認識他人的觀點，認識他人的價值觀念，這樣才能逐漸消除文化偏見。這是目前全世界的教育家，最應當努力的偉大事業。

## 三、人文主義與西皮運動

在前面我們已經指出當代人文主義的新趨向，也列擧了人文主義的共同信念，我的企圖就是要把上面所說的作爲一個參考架構，藉以了解西皮運動的意義。我要重覆一下開始所說過的話，我並無意武斷地肯定西皮運動就是一種人文主義運動，而只是想從人文主義的觀點，看看西皮運動是否也含有這方面的意義。

要回答這個問題，不免多少要涉及西皮的內容。不過我在這裏不可能詳細分析它的成因，也沒有必要去敍述它活動的歷史，我的目的只是想就這一個年輕人頗感興趣的問題，以及代表年輕一代苦悶象徵的運動，提出我個人的一點看法，供諸位做參考。

西皮的興起，還只是最近幾年的事，不過它擴展的很快，而且是世界性的。據美國《時代雜誌》所編的 The Hippies 這本書的報導，一九六七年時，美國西皮的總數約有三十萬人，目前除美國外，英國、法國、西德、意大利、瑞典、荷蘭、西班牙、印度、日本都有西皮，甚至連共產世界的蘇俄、捷克也不例外。散髮、留鬚、赤足、戴花、掛珠鏈子，是他們外貌上的特徵，有的西皮解釋，這些特徵代表脫離社會的符號。由於西皮的發展，還沒有固定的形態，也沒有形成顯著的目標，因此世人對他們的觀感，頗多歧見，有的認爲只是一批社會上自甘墮落的廢物，有位社會學家竟把西皮稱謂「佛洛依德的賤民」！可是美國加州一位宗教人士却說他們是早期基督徒的復活者。世人對他們是褒是貶，這是不重要的，値得我們深思的是：爲甚麼在現代文明高度發展，許多人正能享有高水準生活的時候，年輕一代却想脫離這樣的社會，企圖擺脫現代文明的影響？爲甚麼西皮會出現在世界上幾個堪稱爲現代文明橱窗的大都市裏？也許對這些問題每一個人都有他自己的答案。我也可以提出答案，不過一定是不完整的，因爲這一種頗爲普遍的離規現象，是由衆多的因素幅湊而成。在衆多因素之中，最主要的一個，我認爲西皮運動的確反應着現代文明的嚴重問題。現代文明的主要內容是工業化、技術化，可是在愈高度工業化、技術化的社會裏，個人的因素已愈顯得不重要。

現代人整日忙碌不休，爲了金錢爲了地位，迫使每一人要和自己的同學、同伴、同事展開激烈的競爭，否則便要被淘汰。競技場中的勝利者，金錢、地位是有了，物欲是滿足了，可是精神痲痺，心靈空虛，醫治痲痺和空虛的辦法，還是藉更多的忙碌和更激烈的競爭，這是現代文明爲人設下的陷阱：你不跳進去，就得不到金錢與地位；你跳了進去，就要犧牲自我。由於過度的忙碌和競爭，人與人之間疏遠了，人與人之間的愛稀薄了，現代人生活的意義究竟在那裏？好了，我們就憑藉着這一簡單背景的描述，已可以了解西皮們爲甚麼要叫出「認識自己」、「爭取個人價值」的呼聲？爲甚麼要强調「愛」？爲甚麼「嚮往平靜自然的生活」和「心靈上的和平境界」？爲甚麼要「反對金錢地位的價值取向」？除了這些呼聲和嚮往以外，他們反對暴力，厭惡戰爭，崇尙和平；他們渴望友愛；他們希望過有溫暖的生活；他們强調服務他人的價值。這一切都是現代文明和現代社會難以提供給年輕一代的，而這一切的人類文明的精華，尤其爲歷代人文主義所竭誠追求熱烈倡導的。就在這一意義上，西皮運動雖不曾以人文主義爲標榜，但它的呼聲和嚮往，我們仍然可以說是屬於人文主義的，至少這個運動裏面包含着人文主義的部分精髓。這個運動要有前途，也只有在這一基礎去擴展，歸屬於新人文主義的潮流，才能表現它對時代的意義。

## 四、了解西皮運動的一個方法

前面已經提到過，世人對西皮運動有褒有貶，大抵是情緒的反應多，客觀的認知少。我想提出一個簡單的方法——一個分析的架構，通過這一個方法或架構，對西皮運動可能有比較客觀的了解。

西皮是一種文化現象，所有的文化現象，必然涵有下列三種成分：

①有些是合理的（Rational）。

②有些是非理的（Non-rational）。

③有些是反理的（Irrational）。

我們用中國文化做例子，先把這三個觀念做一解釋。例如儒家所講的仁道、義道，墨家所倡導的兼愛、非攻，道家所嚮往的精神自由、超越自由，這些都是合理的部分，因爲這些觀念是人類要過合理的生活，要建設合理的社會制度，必不可少的基礎。又如胡適生前最喜歡舉出來作爲中國文化罪狀的太監、小脚，以及以寡婦改嫁爲可恥，和不經由當事人同意的買賣式婚姻，都是反理的部份，因爲它違背人道，抹煞了個人自決的價值。所謂非理，就是無所謂合理不合理，有它不一定合理，沒有它不一定不合理，如拜拜的習俗、元宵花燈，以及飲食習慣等。

應用這三分法來分析西皮運動，西皮們所崇尙的愛與和平，所爭取的個人尊嚴和個人價値，所强調的服務他人及友愛，這些都是合理的部分，自古以來不知有多少人，爲了爭取這些美好的目標而以身殉之。我們不能因爲是西皮提出來的，就予以輕視。只要是眞正合理的，無論誰提出來，都應該獲得同樣的尊重，否則便是反理的態度，反理的態度，最足以增長罪惡。

參加西皮運動的份子很複雜，有的青年因學校功課跟不上，或因與父母不和，或因失戀而厭世，都離家出走逃到西皮陣營裏去，以求發洩不正當的情緒。有的是社會的貧民，甚至本來就是社會的罪惡組織，也打起西皮的旗幟，藉以進行他們危害社會的行動，因此姦殺、販毒的事件，就不斷在西皮團體裏發生。這些現象，是西皮的反理部分，是西皮的渣滓，也是西皮運動引起世人反感和責罵的原因。西皮的反理部分，是法律應當干涉的。

依據我們的三分法，西皮的散髮、留鬚和不修邊幅，是屬於非理的部分。除非他們有妨害別人危害社會的行動，法律是不該干預的。美國有一個長髮、留鬚的大學生，教授問他爲甚麼要這樣打扮，這位青年答道：「蘇格拉底和耶穌能這樣，我爲甚麼不能這樣？」我們不能說這話不對。人的打扮，是一種風尙，所有的風尙都有改變，這裏面並無對與不對的問題。

方法是爲了瞭解一種特定對象的方便或有效而提出來的，並不是固定不變的。這裏所提的三分法也是如此。凡是熟悉文化現象的人，都可以提出許多證據來說明，有許多文化上的合理和非理的部分，在演化的過程中，有時會變成反理的現象。「自由、自由，多少罪惡假汝以行！」這就是合理轉爲反理的例子。拜拜本是一種非理現象，可是因拜拜的酗酒而造成毆鬪和兇殺，就是一種反理現象了。其中的問題非常複雜，今天我們沒有時間再多說了。（一九六九年十月十九日台北醫學院演講稿）

一九七〇年三月中原理工學院《中原青年》

# 批判的心靈•社會的關懷

## —型塑知識份子的新典範

一個具備批判心靈的人，他在性格上會有那些特徵？如果一個青年想把自己鍛鍊成這樣的人物，須培養什麼條件？最後，具備批判心靈的人，他能做些什麼？

### 一、睿智高峯的原創能力

這三個問題都很難說，但我仍想嘗試說明，且以大家熟知的《時代周刊》（Time）對知識份子所下的定義做爲討論的起點：㈠一個知識份子的心靈必須有獨立的精神和原創能力，且是以思想爲生活的人；㈡知識份子必須是他所在的社會的批評者，也是現有價值的反對者。這大概是對知識份子的界說中最嚴格的一個，人類歷史上能全部滿足這些條件的並不多見，最困難的一點是在「原創力」，在思想上眞正具有這個條件的實在很少。像中國歷史上的王充、李卓吾，西方的伏爾泰、盧騷，他們都具備獨立的精神、反對現有價值，且以思想爲生活，卻未必有原創力。撇開原創力這一點，其他三點都是一個批判者人格上必有的特徵。

同樣是批判者，實際上往往表現出種種不同的生命型態，最典型的例子是中國古代的老、莊和希臘的蘇格拉底。表面上看，他們都能滿足上述諸條件（包括原創力），然而他們的差別實在很大，大到一般不可能拿來相提並論。造成差異的原因很多，主要可能因雅典是城邦政治，且做著民主的試驗，而老、莊身處的卻是多國互相攻伐的大亂世。結果老、莊發展出一套處亂世的智慧，蘇格拉底則爲以生命爭取思想自由權留下不朽的典範。

《時代周刊》說：「批評他所在的社會而且反對現有的價值，乃是蘇格拉底式的任務。」任何時代任何社會都有這種任務需要完成，因有權勢者、既得利益者和社會大衆，在一般情形下總是現有價值的擁護者，與改革者形成另一極端的拉力，這兩股力量不成比例，改革者如不能啓發大衆，激起他們自求改革的意願，就很難實現改革的希望。

## 二、凸顯眞理需要冷靜持平

有人說，眞正的知識份子既沒有團體，也沒有什麼朋友。這有兩種情況需要辨別，一是由處境所造成，一是由於個人在氣質上根本不願意參加團體，也不想交什麼朋友。前者旣由處境所逼，與個人的性格無關。當然，如果這種處境持久不變，就可能影響到性格。後者則代表一種孤癖。孤癖的人可能有原創力，但不是我們所希望的典範。我們希望的是能與千萬人爲伍，而又不喪失獨立精神的批判者。也有人說知識份子是追求眞理的人，話是不錯，不過對批判者而言，也許這不是一個必要的條件，一方面是因爲眞理這個觀念已被濫用，明明是一偏之見，却自以爲是眞理，這種例子比比皆是。另一方面，自以爲追求眞理的人，常覺得自己永遠站在眞理的一邊，陷於偏見而不自知。

羅波（Elmo Roper）從思想傳播的觀點把人區分爲六類：㈠偉大的思想家；㈡偉大的門徒；㈢偉大的傳佈者；㈣次要的傳佈者；㈤政治上的積極派；㈥政治上的無能派。一個傑出的批判者，必兼具第二類、第三類人物之長，他雖不如第一類人物有原創力，但他能認識偉大思想的價值，並全力去倡導，使新的觀念產生廣泛的影響。批判者對現有價值的批判，必同時傳播新的信息或新的觀念，其中可能有眞理的成份，也可能沒有，是不是眞理要等待事實來檢證，批判者無法保證。因此批判者必須接受批判，並能不斷地自行檢討，這對一個獨立的思想工作者，可能是最難的，因他對自己的工作，必須有堅定的信心才能前進，爲接受批判並自行檢討，又需要能自我超越，甚至自我否定。不知道有此困難的批判者，可能墮爲固執己見者。只有深知其難而又能克服困難的人，才能保持冷靜和不偏不倚的判斷。

## 三、卓然獨立的道德勇氣

就以上這些特徵來看，要如何才能培養出這樣的人物呢？這比第一個問題似乎還要難，因對具備這些特徵的典範，我們多少還能知道一些例子，至於這些人物究竟是如何產生的，所關聯的許多主客的因素，我們根本無法充份了解。教育不論是一般的或特殊的，都只能提供必要和基礎的訓練，却不能教人偉大。就批判者而言，批判的知識和批判的技巧是可以訓練的，批判的勇氣就不一定能訓練了。所謂獨立的精神，至少包括獨立的思考和道德的勇氣，前者可訓練，後者需要什麼方式才能培養呢？其次，一個以思想爲生活，同時又扮演反對現有價值的角色，他爲什麼要這樣做，就更難有完整的解釋。

一個傑出的批判者的產生，我們可以想像的是，他對當時的時代和所在社會的種種問題，有過人的感悟力，然後在複雜的問題中，掌握一兩個中心問題，藉這些問題的刺激形成理想，然後再努力朝既定目標做持續不懈的奮鬥。形成理想並不難，難在一生都能忠於自己的理想。這至少需要充沛的體能、堅定的意志和無限的耐力，在困頓和失敗中能站起來的人，都是具備這些條件的人。世上聰明的知識人很多，成敗的關鍵多半要靠比韌力或耐力。

## 四、開放的心靈落實於赤子襟懷

一個社會如果有先行的典範，後起者就比較容易，所謂先覺覺後覺，有了偉大的思想家，才容易產生偉大的門徒和偉大的傳播者，孫中山、梁啓超在他們的時代，都曾扮演過這樣的角色。

近代中國之敗，敗在熱衷權力的人太多，忠於理想的人太少。一個有志於批判角色的人，需長保赤子之心，一旦縱然因成就而被別人視爲思想權威，也絕不以權威自居，以權威自居的心理與赤子之心是不相容的，會因此喪失敏銳的感悟力，僵化在往日的自我中，因追求虛榮而墮落爲權勢者的幫閒，成爲被批判的對象。具有批判心靈的人，最難能可貴的品質，是在批判之餘能不斷自我批判，不斷自我批判是長保赤子之心的不二法門。那些自以爲是權威又自認爲不會犯錯的人，是缺乏自我批判能力的人。批判者如不能自我批判，可能只是把批判當作追求權力的另一種方式。這種人一有機會就會與權勢結合。理想的批判者，如羅素所說是「一個永遠開放的頭腦」，原則之外無所執，永不自以爲是，乃「學習中社會」的眞正典範。一個批判的心靈，永遠是活的心靈。

## 五、形成共識是批判者的重要工作

第三個問題是批判者能做什麼？批判者就是那種把大部份的精力都能貫注在批判工作中的人。批判什麼呢？這須受兩個條件的限制，一是專業知識，一是社會背景。一個好的文學批評家，不一定同時又是傑出的政論家。批判者雖需要有專業知識，但與純粹學者又不同，他的工作既是思想性的又是社會性的。他需要有專長，但專長以外的博學多聞同樣重要。其次，不同的社會有不同的問題。就目前中國而言，我們的社會正值轉型期，因此傳統與現代之間形成的種種緊張的關係，仍是一個大問題，二者之間那些部份有衝突，那些部份可以整合？變已是不可避免的趨勢，要怎樣變才符合全民的利益？都是批判者應加以探索並須予以澄清的工作。前文說批判者傳達新的信息和新的觀念，如何使它們成爲社會的共識，也是批判者的重要工作。批判者的意見傳達給社會大衆時，可能有種種不同的反應，一個習慣於二分法思考的社會，很難有理性的反應。但理性的反應也需要批判者有理性的技巧。一種意見如果使一部份人擊掌稱快，使另一部份人恨之入骨，除了有發洩情緒的作用之外，往往經不起事實的考驗。

## 六、用批判的眼光啟迪社會

批判者傳達新觀念，不一定就是眞理，它允許公衆的討論與再批判，不但不自以爲是眞理，且要使大衆都能享有「免於偏見的自由」。批判者也不提供任何烏托邦式的藍圖。儘管烏托邦思想也能激發想像力，但他寧可相信這種思想大部份都是天眞幻想。批判者不信奇蹟，也不信人間會有完美的社會，他關注的重點，是使社會性的大小政策如何在實施時減少它的錯誤，以及在決策過程中如何容納專家的批判。減少錯誤就能減少人民痛苦，專家的批判則可使政策接受經驗的修正。

批判者只要有才能有知識有勇氣，人間的事沒有不可批判的。不過這種角色，還有一項更重要的任務，即啓發社會大衆，使他們都能用批判的眼光去看社會的事事物物。這方面的工作，對正在走向自由民主的社會，有基本的重要性，也是批判者可能對社會提供的最大貢獻。

## 七、一體二面的社會關懷

批判者的工作如只限於理論性或學術性，那末他未必是一個社會關懷者。就上文所說批判者的工作看，則社會關懷根本就是批判者性格不可分割的部份。我們今日渴望的新典範，正是包涵著這兩個特徵，如能對社會關懷有進一步的了解，不僅可使這種角色的形象更加鮮明，也可賦予這種人格更豐富的意義。

一個社會關懷者，他生命最顯著的特質是：對事有熱情，對人有愛心。熱情是生命的動力，愛心可以破除人與人之間的隔閡。年輕的人比較有熱情、有愛心，但也最容易喪失，最容易變色。要使它們能持久而堅定，必須有理想引導熱情，有理想激發愛心。在這裏，理想指的是：熱愛生命、尊重人權、追求正義。三者形成社會關懷者特別的驅策力。藉這股力量可以培養出爲公衆服務的美德，用平等的眼光平視所有的人，以及堅守原則的剛毅精神。

社會關懷當然不只是關切之情，它應該是一種參與，參與有觀念的參與和行動的參與，觀念的參與可以爲解決社會問題提供方案，行動的參與則須透過合法的制衡力，去修正方案，並控制解決問題的過程。社會關懷或社會參與，實際上就是如何面對及如何處理層出不窮的社會問題，社會過程就是一個滋生問題和解決問題的過程。傳統社會解決問題的權力和責任屬於少數人，現代民主社會，由於知識普及，普遍參與，因此人人有解決問題之權，人人有解決問題之責，公衆究如何使用他們的權，又如何盡他們責，是知識份子的責任，尤其是具有批判心靈、社會關懷者的責任，他們是社會大衆的輔導人，看問題比較清楚，頭腦也比較冷靜，因此在多半的情況下，他們代表社會的良知。

## 八、追求正義理想是社會關懷的要件

這種角色對社會有正面的功能，是否也有負面的作用？有，負面是指他可能依恃他的影響力，製造意見氣候，引導社會大衆走入錯誤的方向。在此，批判者能自我批判就極爲重要。他人的批評，可能使他更加固執己見。其次，這類知識人如在樹立了社會威望之後，就可能利用他的威望作爲與權勢者討價還價的籌碼，墮爲權力鬥爭的工具，或爲利益集團的辯護人，終不免背棄當初支持他的群衆。針對這些負面的可能，一個知識人是否具備爲公衆服務的美德，以及堅守原則的剛毅精神等品質，就顯得特別重要。不具備這些品質的人和缺乏理想引導的熱情，很可能爲社會大衆帶來災害與痛苦。我們渴望的新典範，是那些生活上能勇猛精進，而權力慾和名利心又很淡薄的人，只靠熱愛生命、尊重人權、追求正義的理想就能使生活充滿快樂的人。

## 九、青年人是社會參與的尖兵

社會關懷或社會參與最簡捷而有效的途徑是社會服務，社會服務的項目很多，但任何一個項目要做好，單憑熱忱是無濟於事的，它關係到觀念、態度與技巧，這些都必須經過訓練。中國傳統文化這方面非常貧乏，近代社會服務的觀念是由西方教會傳入，至今這方面工作做得較好的還是教會。政府如能不存私心和偏見，對在學青年做有計劃的訓練，使他們在有意義的工作中獻出他們的精力和熱忱，對他們人格的健全化會有幫助。當然，青年會因參與社會，增加了他們接觸社會眞相的機會，因而也增加了他們不滿現狀的情緒，甚至對傳統、對政治權威、對成年人都有了懷疑。理性的批判者針對這種現象，可對成年和青年同時提出告誡：青年人不滿現狀，如果是因傾向於理想，那正是社會希望之所寄；反過來想想，假如青年就滿足於現狀，社會還可能有什麼進步？另一方面，青年人很快就進入成年，擔負起社會責任，後之視今猶今之視昔，與其不滿而責人，不如趁早磨鍊自己。

## 十、理想典範的工作綱領

近幾十年來，關懷社會的知識份子，一直呼籲知識份子下鄉或回到民間去。幾千年來的社會，知識人的流向都是由鄉村到都市，在都市有了成就，才會告老還鄉。現代社會由於都市化，更使大量人口湧進都市。除非解決下面兩個問題，否則這一流向很難改變：第一，城鄉之間生活程度的差距接近；第二，鄉間確有發展抱負的機會。知識份子也有特例，如我們的社會，有少數律師，不惜自我犧牲，爲民伸張正義；也有少數醫師，走向偏遠地區，爲貧民從事醫療服務；他們由關懷而發展出實際行動，足爲現代社會的範式。

最後，爲了便於記憶，我們爲理想中的新典範設計了一個簡易的工作綱領，作爲一生的指導原則，它們是：

揭示長遠的目標，
建立社會的共識；
激發全民的潛能，
促進彼此的關懷。

一九八一年十二月《益世雜誌》

# 為真理做見證：知識份子的歷史使命

知識份子的力量來自他所擁有的思想、觀念與知識，這種力量所以能影響社會，是經由一類似波紋式的擴展過程：偉大思想家居於波紋的中心，建立思想的新模式，站在巨人的肩膀上發展新觀念，開拓知識的新天地。然後是大思想家的門徒及思想傳播者，他們雖不是第一流的思想家，但能充分理解偉大思想的價值，他們機智又富活力，遠比具原創力的思想家了解時代的需要和知識大衆的心理，他們經由敎室、演講、報章雜誌及通俗化的書籍，把許多艱深但很重要的思想與觀念轉化爲生動的形式，灌輸給靑年學生及社會的知識大衆。包括電影、電視、廣播的大衆傳播，是最後一波也是最能深入社會各階層的知識傳播工具，新思想和新觀念透過這一類方式的傳播，逐漸落實生根於社會，不但能重塑一代人的心靈，甚至能改變羣體的生活方式。

一個自由民主的社會，它更新的速度所以較快，就是因爲它在一波一波知識傳播的過程中，有無數順暢的管道使知識份子能充分發揮作用。一個極權獨裁的社會，仍然可能產生偉大的思想家，但他沒有生活在自由社會裏的那樣幸運，他的思想可能被權勢者加以扭曲，也可能中途被封殺，如利用不了或封殺不盡，那末偉大思想家的門徒與思想傳播者，不可避免地要與獨裁統治展開一場實力懸殊的戰鬥，結果可能使許多心智健全的人被送入精神病院和勞改營，另有一部分則埋骨墳場。這一類充滿血腥與恐怖的場景，在近六十多年的蘇俄歷史上，幾乎沒有中斷過。極權統治有害於文明的進展，因爲它運用嚴格的檢查制度阻礙偉大思想匯入人類的新傳統。祇有在自由民主的社會裡，知識份子才能充分發揮力量。在極權獨裁的社會，一個知識份子如果熱愛眞理堅持理想，很可能爲自己帶來災難。因此眞正的知識份子必然酷愛自由與民主，並衷心願爲實現一個自由民主的社會而奉獻犧牲。

思想、觀念與知識是知識份子力量的來源，創發思想觀念與建構知識的動力，則源於自由的熱情。在政治的高氣壓之下，這種熱情會遭到一時的壓抑或摧殘，一旦高壓消退，自由的熱情會再恢復。偉大的知識份子多半具有頑强的性格，他們爲了爭取自由獨立和尊嚴，必要時可以不惜犧牲生命，有的史家遂稱這類知識份子爲文明史上長明的火炬，因爲他們點燃了人類的希望，使人類渡過許多黑暗的時期。

一八〇六年拿破崙的軍隊侵入柏林，德國哲學家菲希特就在全國軍民灰心喪志之際，冒生命的危險擧行「對德意志國民演講」，菲氏自述其演講的目的，在「能免除我民族爲外人所吞噬之厄運」；「所以對於慘敗者，鼓其勇氣與希望，對於愁苦者予以歡欣，對於悲不自勝者有所以慰藉之」；使「各人不至因慘痛而抑鬱無聊，且有應付當前難題之勇氣」。菲氏盡了一個知識份子的天職，知識份子沒有失望的權利。

當大家沉悶的時候，知識份子需要沉思；當人心浮動的時候，知識份子需要冷靜；羣衆的行徑往往訴諸本能和衝動。知識份子深知人間有許多問題都不能憑藉理性的思考去解決，但仍然堅持理性，因爲對理性的信任本來就是民主心靈的特徵之一。知識份子必須在一切情緒性的煽惑之前，仍能保持理智性的冷靜和不偏不倚的判斷，否則，一個社會何貴乎有知識份子？

知識份子追求眞理，但非擁有眞理，更非獨佔眞理。人文世界的眞理除非經過世世代代的考驗，否則便不成其爲眞理。追求眞理的理由可以很多，在這裏，我們特別强調：追求眞理的人，他的心靈是開放的，封閉的心靈與眞理無緣。我們所以說追求眞理，而非擁有眞理，更非獨佔眞理，是因爲我們了解到走向眞理之路，永無止境。卽連我們忠誠堅持的自由與民主，也並不能絕對保證必然使人類趨向福祉。人類未來的道路，仍須繼續探索，這是知識份子永恒的使命。拉斯基說：「那些自信已經尋着獲救途徑的人們，永遠內在地包含着一種好鬥的氣質」。這就是某些偏執的基督敎福音和所謂「馬克斯福音」必須被批判的理由。它們除了包含着好鬥的氣質之外，還阻礙了人類智慧的更高發展。追求眞理只表現了一個人在默默地耕耘，祇有當一個人面對邪惡，勇於犧牲，爲眞理做見證時，才能表現出知識份子的力量。

所有的人都會犯錯，知識份子由於主要職責在思想觀念的探索，探索是在試誤中進行，是在不斷剔除錯誤，才可能獲得比較正確的答案，因此更容易犯錯。而且知識份子犯錯，可能影響很大，針對這種可能，思想的能力與自省的能力實同等重要。知識份子在道德上應堅持一定的原則，在知識上除非眞有充分的證據，不宜妄執己見，認錯不是怯弱，它表現自信。一七八七年佛蘭克林在美國獨立大會發表演講：「我活得愈久，就更易懷疑自己對別人的判斷是否正確。說眞的，大多數的人和大多數的宗敎敎派一樣，都認爲自己才擁有全部眞理，別人都跟他們大相逈異，這簡直是大錯特錯」。具有如此自省和自信的人，對相異性和多樣性才有眞正的寬容。

對這一代的中國知識份子而言，民主這一歷史性的課題，正考驗着我們的智慧與勇氣，如果不能成功，幾千年暴政的惡性循環，將不得中止，十億人的安全與福祉將永遠遙遙無期。除非我們能在自由民主這方面遠勝共黨，否則很難獲得眞正的勝利。假如我們在一個小型的試驗場上都不能實行自由民主，偌大一個國家又何日可期？

推展自由民主的工作有許多層次，也需要有許多方面的工作來配合。個人工作須積極，歷史性的進程不是少數人能操縱的，急不得，我們叫了一百多年迎頭趕上，結果如何？自由民主是要求我們整個民族來一次脫胎換骨的變化，這談何容易？啓蒙思想大師伏爾泰說過，書本和教育是爭取自由的兩大力量，知識份子應該做的就是如何有效地去運用這兩種工具去發揮力量，經由書本把自由民主的理論層次提高；經由教育塑造年輕一代的民主心靈。

民主心靈有兩個基本的特色，一是寬容的習慣，一是對理性的信任態度。這兩個特色在傳統中相當缺乏。知識份子有責任透過書本和教育培養這種態度和習慣，使它們在感情、信念、認知中加以凝鍊，這樣才有希望鑄成下一代的民主性格。缺乏民主性格的人從事民主運動，有時候其效果可能適得其反。一個國家如不能全心全力培養國民的民主性格，民主制度將只是一個空架子。

前文提到思想觀念的傳播與分工，近幾十年高級知識份子數量上增加的速度可觀，但質量不均衡，學術思想研究的品質並未普遍提高。一個社會如果思想貧困，不但很難產生大思想家，政治素質也不易改善。這種現象不能完全歸咎於環境，知識份子也應自省。當社會羣趨於經濟利益時，總要有一些爲理想而活的人，因爲追求眞理堅持理想乃知識份子的本分。一個社會如果少數菁英都喪失奮鬥的意志，飽食終日無所用心，這個社會是沒有希望的。

知識份子主要的憑藉既然是在思想、觀念與知識，那末他必須先立足於學術，然後才能立足於社會，學術工作是艱辛的，必須長期在孤獨中默默地努力。知識份子不滿現狀是常態，但除了努力而認眞的工作之外，還有什麼更好的法子貢獻社會改善現狀？低俗的文化爲何能風行？因爲知識份子創造不出精緻的文化。爲什麼知識份子發揮不出引導社會的力量？因爲我們知識的水庫裏太過貧乏。創造精緻的文化，充實知識的水庫，知識份子是責無旁貸的。（在《中國論壇》的題目是〈知識份子的力量〉，現在的題目爲聯合報編者所改）

一九八二年十月十日聯合報與《中國論壇》

# 學習典範：讓理想主義的精神昂揚

## ——《中國論壇》九週年

台灣在過去的三十多年中，曾經歷過相當艱困的歲月，也曾遭遇到大大小小數不清的難題，我們雖已度過多次的驚濤駭浪，但未來仍是充滿困難與挑戰的歲月。目前，我們的社會、文化、經濟、政治、外交幾乎都面臨到前所未有的問題，解決這些問題以及如何脫困，已不單單是政府的事，而是全體國民的事，全體國民中的知識份子尤不宜置身事外。

基於以上的理解，本刊這一期就「面對未來的轉變」做專題探討，當然，僅靠幾篇文章，對如此複雜的問題，不可能面面俱到，我們只希望藉這個機會把問題提出來，使大家都能來關心。

近年來不論政府或民間，都爲國民所得不斷增加，生活大幅改善而自得自滿，忽略了由於文化建設社會福利遠遠落在經濟成長之後，爲今日的社會帶來嚴重的腐化，使社會大衆只看重金錢，只追求享受，在消閒生活中，除了食、色的刺激之外，幾無其他的想頭。這種風氣業已形成一股社會價值的壓力，不但影響到青年，卽連學術文化界的高級知識份子，也大多把學問知識當作獵取名利的工具，喪失了獻身眞理的熱情，談到個人的德操，不是被譏爲迂闊，就是被認爲虛僞。更有甚者，有的知識份子身在國內心在國外，他們竟然在自己的國土上做異鄉人，不僅腐蝕青年的心靈，也起著瓦解心防的作用。

經濟成長的確使大家在物質生活方面獲得許多滿足，但我們也失去很多，大家的生活只顧今天，不顧明天；只重現實，不重理想。就迫切要求社會進步、文化更新這兩個現階段的重大課題而言，我們不能不說，這是當前所面臨的種種危機中，最嚴重最根本的一個危機，理由非常簡單而明顯，不論是了解問題或是解決問題，都需要具有智慧和創新能力的人才，這種人才必定富有高度的理想主義的精神。自古至今，有無數的例子可以證明，要求社會進步和文化更新，理想主義的精神，以及由它激發出來的奉獻熱忱，永遠是最大的資源。

甚麼是理想主義？落在個體上有何具體的表徵？根據史家們的傳述，古今的理想主義者，大抵具有一些共同的特性。這些特性包括：濃厚的時代使命感、對生活以及對人類的熱愛、專注於工作孜孜不倦的精神、單純的心靈和不矯揉造作的生活、追求自由和追求眞理的熱情、偉大的同情心與强烈的人文精神、在危難中能做到臨危不亂臨難不苟等。羅曼羅蘭年輕時寫信給俄國大文豪托爾斯泰，托翁在三十八頁的回信中告訴羅曼羅蘭：只有爲了堅定的信仰而犧牲一切的，才是眞有價值的藝術家。在這裡，托爾斯泰非常精確地說明了理想主義者最基本的特性。後來羅曼羅

**蘭終於成為托翁精神在歐洲的傳人，為二十世紀的理想主義塑造了一個不朽的典範。**

理想主義在不同的時代，精神上也表現著不同的傾向，當希臘哲學家輩出的時代，他們追求以正義、和諧為主的人文理想；中世紀的理想主義以「上帝之城」為終極的關懷；近代又一心想建造塵世間的天堂。在中國，春秋戰國是理想主義精神最為發皇的時代，代表這股精神的知識份子（古代稱「士」），多能以道自守，以文化傳承為己任。後來由於受歷代專制王朝利祿的引誘，士的傳統因而產生許多變型，而發生極大的流弊，但部分儒者仍能保持「人能弘道」的信念和「以天下為己任」的氣概，使理想主義的精神代代相傳不絕。到了十九世紀的末葉，雖經歷「三千餘年的大變局」（李鴻章、王韜語），但自孫中山先生以降，梁啓超、蔡元培、胡適之、梁漱溟諸先生，在時代急流和思想分歧之中，依舊能堅持自己的信念，保存理想主義的風格。

理想主義者並非聖者，他們也有人性的弱點，行徑也會犯錯，他們之所以值得我們景仰，不是因為他們完美，也不是因為他們成功，而是因為他們的一生能表現出生命的巨大動力，因此在挫折中依然能不息的奮鬥，並且能從容無懼地面對失敗。他們永遠向專制、不人道奮戰，他們相信人可以被毀滅，但不會被征服。他們的生命在歷史上放射出來的，也許祇是一點光亮，但這點光亮已足以激勵我們奉獻的熱忱，沒有他們，我們將沒有勇氣前進。

愛因斯坦說：「一個青年不應該重視世俗的所謂成功，往往一個成功的人得自他人的遠多於**自己的貢獻，人的價值，不應在他能得到多少，而在於他付出了多少」。這可以視為想做一個理**

想主義的青年很好的座右銘。愛氏所謂世俗的成功，根據我們對他一生的了解，可以推斷大抵是指金錢與權勢，在他漫長的一生中，他從未把這兩項當作追求的目標。從一個人是否以此爲人生追求的主要目標，就不難看出理想主義與非理想的分界線。一個理想主義者，他不會無知到完全否定金錢與權勢的價值，但他一定會認清金錢與權勢絕不值得用整個的生命去追求。事實上，絕大多數的理想主義者，把錢財看得很淡，也不怎樣看重權勢。一個青年如想把自己培養成理想主義者，必須先克制來自這兩方面的誘惑。

儘管從歷史上看，任何時代任何環境都會產生理想主義者，但自由流動的社會產生的機率較大，也是不爭的事實。不過自由流動並不是唯一重要的因素，理想主義的興起，往往有大衆注目的問題，還要有值得犧牲奉獻的理想。世上能憑個人的力量創造時勢的絕無僅有，傑出的理想主義者多半是爲了時代的需要，乘勢而起。

敎育環境對理想主義者的成長關係很大，不論是家庭或學校，如採取自由民主的方式，比較能及早培養出獨立思考和獨立行動的個體，具有這方面傾向的青年，也不會被埋沒。高壓式的敎育很容易摧毀理想主義的根苗，如果一旦衝出來，卽使在獨裁政權下，也一樣能大顯身手。就理想主義者本身而言，最重要的一點，是能不受干擾的工作，他並不需要特別獎勵，因爲他有自行激發的能力，所以把世俗的榮譽視若敝屣。一個把世間的榮辱看得很重的人，與理想主義是無緣的。

理想主義在人類歷史上的表現是多彩多姿的，他可以是文學家、藝術家、音樂家、哲學家、宗教家、科學家、歷史學家、社會學家、心理學家、人類學家，甚至在握有權勢的政治人物與軍人之中，也不乏其例。就以往的歷史來看，理想主義者在人文方面遠多於社會科學，在基礎科學方面遠多於應用科學，愈趨向於實務性的工作，理想主義的精神從其中滋長的機會愈小，但也並非絕不可能。現代工業社會，由於大量生產必須講求分工與標準化，絕大多數的人都從事技術性、實務性的工作，因此人文教育式微，也日漸失去了孕育理想主義的苗床，這正是一些高度現代化以及正在走向現代化的國家共同面臨的巨大難題。

在目前的社會風氣下，最令人憂心的還不僅僅是理想主義精神的失落，而是對這個問題漠不關心。心理學家葛登納（John W. Gardner）說：「漠不關心，士氣低落，是走下坡的文明的特徵；冷漠的人一無所成，什麼都不相信就什麼都不能改善」。冷漠、缺乏信念，正是今日知識份子相當普遍存在的病症，治療這種病症，一條有效的途徑，是讓我們重新認識典範、重視典範，藉以重振理想主義的精神。今天我們的確已面臨困境，究竟如何才能脫困？以及在脫困的過程中，知識份子是否能起引導作用，縱然不是唯一的，也必定是很重要的因素。在任何時代，大凡能發揮良性作用的知識份子，基本上他不僅需要熱情和信念，尤其需要勇氣、希望與愛，而這些人類珍貴的特質，祇有從代代不絕的理想主義的典範中才能體驗到、學習到。

一九八四年十月十日《中國論壇》

# 心智的開拓



發明家愛廸生有一句常被人引用的話：「天才乃是百分之一的靈感，加上百分之九十九的努力。」廿世紀最富原創力的科學家愛因斯坦，曾有人問他：「甚麼是人生成功的最好方式？」愛氏回答：「A=X+Y+Z」。X指工作，Y是遊戲，Z是常常閉攏你的嘴巴。

這兩位對人類有鉅大貢獻人物的話，對每一個有上進心的人，頗富有啓示。不過對年輕人來說，這樣的話可能還不够淸楚，不够具體，因此會問：愛廸生要我們「努力」，愛因斯坦要我們「工作」，可是我們要從那裡做起呢？這樣的問題是有意義的。對這樣一個問題，它的答案，將因人而異，因爲人生可努力的目標很多，可工作的內容也非常複雜。在這裡，我所要提供的答案，比之根據任何特定的目標、任何具體內容所提的答案，都要更基本、更重要。我的答案，簡約地說，就是心智的開拓，你必須開拓你的心智，你必須先從事開拓心智的工作，否則你就不能跨出有意義的人生的第一步。愛廸生和愛因斯坦所以能成爲廿世紀的代表性人物，主要的就是因爲他們發展了高度的心智能力。

心智的能力，是人之所以爲人最重要的一個特徵。心智最重要的功能，是創造文明和傳遞文明。文明的內容有高低，也極複雜，這說明人類心智能力也有不同的層次和不同的方面。我現在只能從接近常識的層次，和大家比較熟悉的兩個方面，來談談心智的開拓。

第一是人的想像力，想像力是心智能力的一種。一個人只要不是白癡，多少都具備一些想像的能力，這是人類天賦的優越條件。不過這種條件最優越的功能，多半是停在潛伏的狀態，如果不經由適當的敎育過程，或其他方式的長期訓練，往往只能表現一些旋起旋滅，沒有組織的零星幻想，這就是心智能力的原始狀態，停在這種狀態的人，不可能有任何文化方面的成就。要在文化任何方面有點成就，必須突破這種狀態，也就是說，要努力於心智的開拓。開拓之道多端，也因人生不同的目標而不同。如果你想成爲一個科學家，那末數學就是你開拓心智能力的主要工具。如果你想成爲一個哲學家，那末邏輯與玄思就是你努力開拓心智的一個起點。如果你立志要做一個宗敎家，那末最重要就在如何利用已有的知識，去培養並發展你的愛心或犧牲自我的精神。就培養想像力而言，也許舉文學家做例子比較容易些。一般都知道，文學家都有比常人更豐富的想像力，這自然也有天賦的成分，因爲有些人天生就不能成爲一個作家。但天賦的成分，往往也只是一種潛能，你不去不斷地開拓它，依然不能表現出來。對文學家而言，想像力的開拓，主要的方式，一是生活，一是閱讀。在從事各種文化工作的人當中，再沒有比一個作家更需要實際生活的經驗。生活的廣度與深度，往往決定一個作家作品的廣度與深度。一般人的生活，對周遭的事物，不是漠不關心，便只是留下浮表的印象。一個有志於文學的人，必須磨鍊出一種特殊的觀察力，面對着森羅萬象，要能看出異中之同，同中之異。火的燃燒，是大家所熟知的現象，可是這一堆火和那一堆火之間，有何差別呢？這就是佛羅貝爾訓練莫伯桑的方法。觀異中之同，是訓練人的聯想力和綜合力；觀同中之異，是訓練人的分析力和顯微的透視力。具有這些能力，才足以深入生活，組織人間複雜的事態，見人所不能見，知人所不能知，行人所不能行，這樣你才能嚐到豐富的生活，豐富的生活，才是豐富想像力的眞正資源。像「老人與海」那樣單調的故事，可是在海明威的筆下，竟能寫得那樣細膩、那樣豐富、那樣動人，這是因爲他有豐富的捕魚的經驗做背景。

一個人的生活經驗，無論多麼豐富，但和文學所要創造的世界比起來，畢竟很有限，因此吸收他人的經驗，就成爲開拓想像力另一重要的方式。他人的經驗，是一個無限的世界，只要你有足夠的時間，只要你具備多種語言工具，那眞是取之不盡，用之不竭。對一個文學家來說，神學、哲學、科學、心理學、社會學、人類學、歷史學、政治學、教育學，都是很有用的知識，不但激發靈感，且能爲你開闢許多寫作的新天地。一個偉大的文學家，往往也是一個大思想家，他的奧秘，就在博讀群書，又能把廣博的知識化爲生命的符號和美的形象。

第二，理解力，它是心智的另一種表現。一個人雖沒有經過專門的訓練，可以多少有點想像的能力，可是一個人想具備一定程度的理解力，如果不經由嚴格學習的過程，就很難達到。想像力的運用，是一種創造性的活動；理解力的運用，是一種認知性的活動。想像力運用的對象，偏向具備的世界；理解力運用的對象，主要是一個意義的世界。聽他人講一番話，我們能如實地了解其中的涵義，這就是一種理解力。我們讀一篇文章或一本書，能不增不減，不歪曲不顚倒，恰如原意地報告出來，這是更深進一層的理解力。敎育的主要功能之一，便是培養這種理解力。學生在敎室裡，聽老師講一段書，老師要學生回講；在高等敎育裡，老師常要學生寫讀書報告，都是訓練理解力必要的方式。在敎室裡回講，或者是寫讀書報告，都只是理解力的初步運用，並不覺得有多大困難。可是在比較複雜的情況下，或是理解力自由表達的天地裡，往往就要使人的理解產生扭曲。因人的理解力不能在眞空狀態中進行，它常常不可避免地要受到傳統、習俗，甚至潛在欲望的干擾。比如一個中國人，中國文化就很自然地成爲他的母文化，這個文化傳統也就很自然地對他的理解產生決定性的影響。當中國人一旦和另一種價值系統的文化遭遇時，就會根據傳統的偏見去衡量它，甚至曲解他。如中國人早期曾視西方人爲野蠻，後來又把西方文明看成物質文明，都是顯著的例子。又如有的現代化西方國家相當重視性敎育，這種情形對一個性禁忌的社會，就會被視爲傷風敗俗的勾當。在中國一些道學夫子的心目中，外國婆娘好像個個都是浪漫的。這都是理解力受習俗干擾的例子。人潛在的慾望扭曲了我們的理解，常不易自覺，因爲欲望很難抑制。姓張的和姓李的原是仇家，張先生後來事業一帆風順，李先生就造謠中傷，李先生爲何不能客觀地了解張先生？因爲李先生的潛在欲望不願意張先生比自己更得意。從這些淺近例子，已不難看出，人要在比較複雜的情況下，保持客觀的理解力，眞是一件相當不容易的事。正因爲客觀理解，表達不容易，所以開拓這一種的心智能力，特定方式的訓練就成爲必不可少的過程。訓練理解力的方式很多，但最基本的是科學和哲學。在人類文明中代表高度理解力的作品，多半在這兩個領域之中。

一九七三年五月中國文化學院《華岡家政》

三

# 哲學在人文教育中的地位

二十世紀的後期，不論是高度現代化或是正在走向現代化的國家，都普遍面臨人文教育衰落的危機。這個危機主要是由西歐十八世紀以來工業文明的發展與擴張所引發，工業文明使所有的國家幾乎毫無選擇地參與一場歷史性的大競賽，每一個落後的國家，都必須努力使自己成爲一個工業文明之國，否則在這場大競賽中，將不可避免地遭到淘汰的命運。到目前爲止，這個文明已呈顯出的普遍特徵是：數量化、標準化、專門化。現在不僅是科學、經濟講求量化，即使人類社會和行爲的研究也已量化，不量化等於不科學。

## 一、人的品質被忽略了

爲了滿足大量生產和高效率，產品的規格必須標準化，標準化使所有工業設計，只能照顧大衆化的需求，不能考慮個別的特性和需要。此外，在科學與工藝教育的影響下，所有的學術愈來愈趨向專門化，知識的高度分化，造成角色的嚴重分隔，所謂「隔行如隔山」已不足以形容這種分隔現象。以上這些特徵，已成爲今日工業社會中主宰人生活的基本規範，個人除了去適應它，根本無法動搖這些原則。大多數的人，不僅抱著機械化的世界觀，也生活在機械化的社會裡。工業文明演變到今天，不但使原先「文明」一詞所包含的精神與道德品質結合的意義漸次喪失，也使十六、七世紀歐洲人所追求的整個人完美的理想完全落空。

工業文明的基本特徵，也不同程度的一一反映在現代的教育中，使學校越來越像一座大型的工廠，只求大量生產，忽略了人的品質。影響教育最大的，當然是教育內容的過度分化，分工有利於貨品的生產，却不利於人的成長與發展。在工業文明的驅策下，今日教育幾乎與人文教育的理想背道而馳。過去兩千多年中，不論是中國或西方，在教育的觀點和方法上儘管有所不同，但在基本目標上，却都認爲教育是發展或完成人的過程。

針對上述的危機，戰後三、四十年來，西方工業先進國家的思想家，對工業文明在現代社會所產生的種種弊端，已有廣泛的反省與深刻的批判，經由反省與批判，一方面使風行百餘年的實證主義哲學退潮，另一方面使如何促進世界各大宗教以及各大傳統哲學的對話，業已成爲思想上的重要課題。在高等教育裡，正設法加强並普及人文課程，使每一個大學生，在知識的專精之外，都能多少受點人文教育的薰陶。

## 二、培養成熟而完整的人

目前台灣雖僅是一雛形的工業社會，在高等教育裡由工業文明帶來的種種弊病却日益顯著，大學教育不僅專門化，而且職業化，學生多半只想在大學裡學到一技之長，將來可以到社會去謀生，愈能拿高薪的科系，青年愈趨之若鶩，至於個人對社會國家究竟要盡甚麼責任，個人的生活究竟要有甚麼意義、甚麼理想，已很少顧及。爲了挽救這種不正常的教育，近年教育部正努力在大專院校以施行通才教育的方式，希望達到加强人文教育的目的，這雖不失爲補偏救弊的一種辦法，但要收到預期的效果，我們總應該先弄清楚什麼是人文教育？如果廣設人文課程，僅僅是爲了使學生增加一些人文知識，恐怕達不到糾正當前教育偏失的目的。

人文教育是以能培養一個成熟而完整的人爲中心旨趣的教育，一切的人文知識都以能促進並達成這個目標才有意義，所以在這個中心旨趣要求下，經由知識訓練出來的心智能力，只不過是供我們使用的工具，如何使這種能力有助於個性的發揮和人格的成長才是目的。

發揮個性、發展人格，必須依據一套價值觀，這套價值觀不只是用認知的方式去了解它，還要學習在生活上去應用它，使我們面對社會的複雜事象，便能很清晰地辨明何者爲善，何者爲惡？何者爲公正，何者爲不公正？何者是方法，何者是目的？在這個意義上的人文教育，可以說是一種智慧的教育，科學教育無法培養這種能力，智慧的培養，主要要靠哲學。

## 三、人文是教育的基礎

科學教育與人文教育的區別是：前者是一種「爲學日益」的教育，因此它强調我們能獲得多少；後者則是一種「爲道日損」（均老子語）的教育，它教我們如何消除無知的執著和不正當的慾念，並從人的價值的觀點出發，强調我們能對社會付出多少。科學教育與人文教育對人類社會文化的發展而言，都極其重要，但從歷史的經驗來看，人文畢竟是教育的基礎。西方近代科學的發展，與十四、五世紀以來人文主義的教育思潮有很深密的關係，今天爲許多落後國家所嚮往的工業文明，在西方傳統裡有其堅實而豐厚的精神基礎，這一點在學界已是普遍的常識。臺灣三十多年來，生活水準普遍提高好幾倍，基礎科學卻始終發展不起來，這與我們缺乏人文的環境，以及人文方面的研究成果不够豐實，不能說沒有一定的關係。世上沒有一個大科學家是由技術訓練出來的，培養科學家也需要人文的背景。

發展科學需要人文的背景，實現民主尤其需要良好的人文敎育。因爲有良好的人文敎育才能培養出自由運用心靈並能獨立思考的自由人，才能敎養出對社會關懷盡責並能使用政治自由的公民。實現民主是爲了自由，相對著這個目標，人文敎育是培育自由人的敎育，自由人對促進文化的進步有無比的重要，因爲他是文化更新的資源。自由與人文是相互影響的，如果沒有自由的環境，人文思想和人文敎育也發達不起來，中國的先秦，西方的希臘，都是最好的歷史例證。

由於人文敎育是以人爲主位的敎育，所以要收良好的效果，除了對人文敎育的意義、價值有正確的認識之外，最重要的還要靠人的示範作用。學習文學、藝術、歷史、哲學，潛移默化的親炙作用固不可忽視，在倫理或生活敎育上，示範尤其重要。心理學者葛登納(John W. Gardner)說：「年輕人並不學習道德原則，而是仿效有德行（或無德行）的人。他們並不把自身願意發展的屬性特質列表分析，而是認同於那些在他們看來似乎具有這些屬性特質的人。這就是何以年輕人需要模範」。東西方的宗敎家、倫理學家，無不同意身敎是發展道德性格的不二法門，道德如缺乏身敎，宗敎如缺乏見證，是弘揚不起來的。這方面的敎育正如西方先哲所說：「是人們遺忘了所有學校灌輸的知識後仍然留存的東西」。（據愛因斯坦〈論敎育〉一文所引）。在敎育裡以它爲最珍貴，也是現代工業社會的敎育中最缺乏的。

## 四、哲學具有統合的功能

前文說過，不論中國或西方，在基本目標上，都認爲教育是發展或完成人的過程，而哲學在此過程中則居於中心的地位，尤其是先秦和希臘，如果撇開哲學，人文教育的內容是很難想像的。希臘的教育强調三種功能：品德、知性、體育，與我國原始儒家前六藝（禮、樂、射、御、書、數）的教育方針很近似。但希臘的品德教育是以知性訓練爲優位，與儒家的行重於知或知行合一的主張不同。Author Melvin Rader 在《哲學的主要課題》一書中，引用了一則哲學定義：「哲學是對人生的意義、價值及信念,作一個批判性的衡量，其結果使一切人文的藝術與學問相融合。」任何一個哲學定義都不可能適合每一個時代的哲學，這個定義大抵能表達出希臘哲學的部分特質，蘇格拉底的名言「生命如不訴諸批評的省察，這種生命是不值得活下去的」（據林毓生先生的譯文），就是一個顯著的例子。哲學活動的基本特性就是批判，不但批判生命，也批判知識，因此杜加士（Ducasse）說：「哲學是批判性的普遍學理。」從事各種學術工作，不具備一點批判的能力，就無法向前推展。當其他學術研究問題終止的地方，往往正是哲學思考的起點，哲學的探索，永無止境，它是批判中的批判。在人類心智活動中，哲學實代表最開放最自由的心靈，由於世世代代哲學家們的艱苦奮鬥，才使我們的文化能不斷開拓新奇的領域，享有豐盛的知識成果。一個哲學教育缺乏活力、哲學不被重視的社會，幾乎可以斷言，那必定是個思想貧困的社會。

近百年來由於實證主義的風行，曾使哲學活動的心靈窄化。此外，又因各種學科紛紛脫離哲學，不免令人感到哲學業已沒落。關於這個問題，波謙斯基 (J. M. Bochenski) 教授說得好：「每當一門特殊科學宣告獨立時，隨著便有一門與其相應的哲學誕生出來。……事實顯示，哲學並不因爲各科學的發展而有絲毫凋謝之態，反之，它却因而越加豐富，越發生動。」所以哲學永遠與各種學科有關，有社會學就有社會哲學，有歷史學就有歷史哲學，有藝術就有藝術哲學，有科學就有科學哲學，……因此哲學被稱爲「普遍的科學」，「意思就是說，它不排拒任何領域，並且利用任何有益的方法」（亦波氏語）。在這個意義上，哲學代表一種統合的能力，這種能力不但對決策者極端重要，對工業文明中過分專門化的弊病正是對症之藥。

## 五、探討人類的根本問題

如果還要爲哲學在人文教育中居於中心地位這一點增加其他的理由，我們可以說哲學所探討的，都是人類很基本的問題，例如神是否存在？人是否有自由意志？人死後有靈魂嗎？人生在世生活有甚麼意義？甚至還要追問，你所說的「意義」又是什麼意義？一般的人都知道追求幸福，哲學家要問什麼是幸福？由於哲學對問題的層層深入，步步釐清，才使人類從許多蒙昧的狀態中解放。哲學家的基本任務，不在對問題尋求精確的答案，而在保持探索問題的熱忱和興趣，這才是促進文化思想進展的源頭活水。

希臘哲學雖富有濃厚的人文色調，但因知性居於優位，所以對有關人的種種問題，主要只表現理智性的沉思，它的哲學精神是在探索，人生的愛與實踐一面，則爲希伯萊宗教傳統的主題。在中國方面，若以儒家哲學爲例，探索的精神不及希臘，但在愛與實踐這個課題上（其目標與方法當然與希伯萊宗教傳統不同），從孔孟的仁義學說到宋明的心性之學，曾有很大進展。儒家哲學與人文教育之間，更是有著千絲萬縷的關係，因傳統人文教育的內容，絕大部分來自儒家哲學。

「人文」一詞就出現在儒家經典的《周易》賁卦彖辭：「觀乎人文，以化成天下」。「人文」指儒家的詩、書、禮、樂，內涵極爲廣泛，主要包括文學、藝術、倫理、政治、社會、宗教等思想，這是儒家教育的依據，培養儒者就是要使他先具備充分的人文修養，然後負起教化世人的責任。其中最大的關鍵在樹立師道。因人文修養不能僅靠知識的傳授，僅傳授知識，在傳統中只能稱爲「經師」，不能稱爲「人師」。《韓詩外傳》對「人師」的定義是：「智如泉源，行可以爲儀表者」。孔子在中國歷史上所以能受到特殊的推崇，是因他爲「人師」樹立了偉大典範。這方面的典範，其光輝往往歷久而彌新，後人祇能體現其偉大，保留其風範於不墜。所以教育要喚醒的，不是創新的野心，而是對典範企慕崇敬之情。近代主張自由教育的人，多半反對權威，如果權威能代表一個典範，我們實在沒有任何理由加以反對。假如我們認爲人文教育是發展或完成人的過程，那末典範絕不可少，他應該受到社會最大的尊敬。

## 六、五點施教方法值得注意

《禮記》〈學記篇〉大抵能代表儒家人文教育的具體構想，其中所說教育歷程與現代學制不符，但各階段所强調的重點，如端正志向、治學態度、廣事涉獵、親師擇友等，依然頗具參考價值。最值得注意的是施教方法，可約之爲五點：⑴當學生的犯過動機剛剛萌動，尚未表現於行爲之前，就加以制止；⑵注重學習程序，循序漸進，鼓勵同學之間互相觀摩，以便吸收別人長處；⑶喚起學生主動學習的動機，老師雖負責指導，並不牽著學生的鼻子跟自己走；⑷有時雖不免稍加壓力，但絕不使學習者心理上受到壓抑；⑸指示學生一條道路，並不責其必成。這些方法到今天並未失效，仍舊值得我們取法。

先秦儒家和希臘哲學所開創的人文理想，在以往兩千多年中曾貫透了每一時代而流傳下來，今日在工業文明的擴張下，已使我們面臨人文理想嚴重衰敝的危機，如何使我們的教育制度和教育環境重顯人文教育的生機，如何重建我們的人文理想，這都是與文明延續攸關的大問題，不允

# 改革青年的思想教育

## 一、為民主植根，應改革思想教育

在此刻我提出這樣一個問題來談，是基於下面幾點的了解：

(1)最近半年來，無論是政府首長、知識份子以及輿論界，都一致地認爲，中國未來的統一，必須統一在民主的基礎上。

(2)從去年底中央增額民意代表的選舉，執政黨表現出有決心在臺灣繼續推行民主政治。

(3)在去年底的選舉中，一般民衆、知識份子，尤其是青年學生，都有相當多的數量參與了選舉活動，這事實說明我們的社會比以往對民主政治有更高的渴望。

民主既然是政府與民衆共同的願望，爲了深植其基礎，爲了使中華民國的國民從小就養成民主的生活習慣，我們的各級學校，尤其是青年階段的思想敎育，有從事大幅改革的必要，改革的準則：凡有利於民主發展的，興之；凡有礙於民主發展的，革之。根據過去三十多年來有關青年思想敎育的內容與方式，我們深知要在短期內作大幅改革，困難太多，蓋民主敎育的養成，不只是徒具形式，它牽涉到價值觀念和精神的變革，配合這種變革的措施更是複雜，所以絕不可能期其速成。我們只希望，政府既有推行民主的決心，在改革青年思想敎育方面，也應早日表示有同樣的決心，以求配合，否則當成人社會的民主氣氛一天天高漲的情勢下，我們的校園很難再維持往日的平靜。昔日在思想敎育方面那種狹隘的內容和僵化的方式，曾造成青年普遍的疏離，在目前的情勢下，如不改弦易轍，以後可能不再是消極地疏離，不論校內或校外，將有更多的青年從事積極地對抗。近年來由於新生代的崛起，尤其是「政治的新生代」，在校內校外已爲政府和大學當局帶來一些困擾，要使這類困擾不再擴大增長，較理智的做法，是主動去改變思想敎育的內容和方式，對青年思想有更合理的輔導。

## 二、青年思想教育的檢討

在我們的學校裏（以高中大學爲主），所謂思想敎育，大抵可分下列幾個方面：

(1)是正規而必要的知識教育。在高中階段是爲將來分科分系的學習奠定一般性的基礎，大學二年級之後，由於所在科系的不同，於是在定向中可以學習到一些較專門的知識。正規的知識敎育，其目的在開發心智、學習正確使用思想的方法，在受完高等敎育以後，使他們能具備獨立思考和自行探究問題的能力。

(2)是爲了加强對主義的信仰以及配合當前國策而設計的一套思想敎育。

(3)是爲了對抗或消滅敵人的邪惡思想，而設計的一套思想敎育，這一套思想敎育，在多半的情況下，與上述(2)的一套是同時進行的。爲什麼要加强對主義的信仰？因怕青年感染到共黨的邪惡思想；爲什麼思想敎育要配合國策？因怕青年對國策缺乏信任。

我們官方常提到的思想敎育，尤其當官方提到要加强思想敎育時，顯然不是指的(1)項所說的思想敎育，而主要是指(2)、(3)二項的內容，因此下文的檢討亦只限於這二項，第一項當然也有許多應當改進之處，但不屬本文範圍之內。

針對第二項的思想敎育，不妨就三民主義的施敎略加檢討。三民主義爲中華民國立國之基，上述以民主統一中國的理念，當然也包含在其中，它的內容兼容並蓄，對固有傳統，對當時國家的處境，對未來中國的遠景，都表現出眞知灼見，比之同時代各家爲中國找出路的思想，顯然是比較完整而具遠見的一套思想，在細節方面在今天雖有值得商榷之處，其大綱大目仍然相當正確。假如在施敎時，能認眞而客觀地敎青年研讀，無疑是一件很有意義的事。不幸許多年來由於教這個課程的師資水平低落，不能正確引導青年認識這套思想的價值；更有一些另具用心之人，爲了遷就現狀，不惜曲解其內容；再加上考試的方式極端僵化，使教者與學者多半採取敷衍了事的態度，使這部寶典失去其應有的光彩，實在令人惋惜！

茲以六十八年度大學聯考的三民主義試題爲例，這是關係到十萬青年是否能升上大學的一件大事。考試目的在測驗其了解的程度，考試方式如能精心設計，多涉及這部寶典的精華，不僅可加强青年對主義的信念，且可藉這個機會糾正高中教學的某些偏失。就六十八年的試題看，不僅不能產生這些效果，可能適得其反。如單選題第二題：「 國父爲了補救三權憲法的缺點，把考試權和監察權分出來，造成一個五權分立的政府，使五權之間的關係變爲(A)制衡關係。(B)權能區分。(C)分工合作。(D)相互牽制。(E)相互監督。」標準答案是(C)。根據憲法，立法院代表人民行使立法權，各委員會並得邀請政府人員到會備詢；監察院有行使彈劾、糾擧之權。當政府的措施不能符合多數人民的利益，或有重大缺失時，立法委員可提質詢，監察委員對失職官員可提案糾擧或彈劾，這才是五權分立的眞精神所在，因爲這種關係發揮了制衡作用。如果說五權分立的關係僅是「分工合作」，就完全表現不出這種精神。單選題也有相互排斥之意，以(C)分工合作爲正確答案，就表示(A)制衡關係不正確。以似是而非爲正確，謂之「另具用心」。有人說這「是爲了迎合目前『府會一家』的美麗說詞」，至少也是有悖原意的（參看 國父民五講〈五權憲法〉）。再看第四題：「民權與專政不能並存，解決當前民權問題的關鍵，首在：(A)鼓吹個人主義。(B)打開鐵幕。(C)實行民主。(D)崇尚法治。(E)改革政治。」標準答案是(B)。這一題是爲了配合反共國策的，答案不能算錯，但不應以排拒(C)。照理答案如爲(C)也正確，就是把「當前」的因素考慮進去也一樣，爲什麼要打開鐵幕（反共）？爲了要建立一個民主統一的中國，不實行民主，我們又有什麼更好的理由更動人的號召去打開鐵幕？再看十四題：「指馬克思的共產主義爲臭汗衫的，是：(A)黑格爾。(B)亨利・佐治。(C)索忍尼辛。(D)達爾文。(E)考斯基。」這與三民主義的思想何關？要青年知道這些是什麼用意？

像上面這類的試題，在目前考試的方針決定教學的方針的情形下，會產生怎樣的影響呢？根本可以不必讀《三民主義》，只要教學生摸清當前的政治風向，就可以答個八不離十。如第十四題，就只好靠瞎猜和運氣，因爲學生根本不必去記，也不應去記。這樣大規模的思想教育的考試，足以代表其一個精緻的選樣，而其內容竟呆板、僵化如此，離正確引導青年認識三民主義的價值這個目標，眞是相距萬里。

在思想教育範圍內，有許多問題的看法是見仁見智的，這些問題往往引起爭論，而難得固定答案，孫中山先生對自由的解釋就是一個例子，據我所知，他對自由至少有三種看法：(1)中國人的自由太多；(2)只應有國家的自由，不可有個人的自由；（以上見〈民權主義〉第二講）(3)政府在職官吏，爲國民公僕，當停止其自由（見〈自由之眞諦〉一文）。要了解這些看法必須知道他說這些話時的時代背景和講話的特定對象，所謂「不可有個人的自由」的「個人」他特別提到學生與官吏，五四運動以後，學生運動蓬發，已成爲難以駕馭的力量，說學生不可有個人自由，乃針對此一特殊現象而發。主張停止官吏的自由，是民初解除大總統職務後，到湖北對政界人士所講，蓋當時的官吏胡作非爲無法無天，故因感而發此言。至於究竟是個人自由重要，還是國家自由重要？是一個爭論已久的問題，也代表兩種不同的意識形態。中山先生說過：「國者人之積也。」把「人」抽除掉，那裏還有「國」？準此，沒有個人的自由又那來國家的自由？假如有學生提出這樣的問題，老師該怎樣回答呢？一個可行的敎法，是要求持不同見解的學生，各自提出他們自己的理由進行討論，老師可爲之補充，不必立卽要求接收固定的答案。就學習或就思想訓練而言，獲取知識的方法和過程比結論更重要，而我們的思想敎育往往反其道而行，結果弄得一些青年不是不思不想，就是只知道官方的宣傳。像上面這個問題，官方的說法一向是國家自由重於個人自由，我想一個人除非一輩子都沒有爲自由而奮鬥的經驗，一旦只要他有了這種切身的經驗，他一定會知道什麼是正確的答案。「中國人的自由太多」這個說法也常被官方人士提出，中山先生的原意是指「放蕩不羈」、「一片散沙」，不是民主政治中所要求的自由，在民主政治中，自由等於人權，中華民國憲法中也是這個意義。因此，如以爲中國人的自由太多，還要爭取什麼自由，就大錯了。

針對前述第三項的思想敎育，對青年學生而言，除了反共八股，簡直是一片空白，不要說對共產主義的理論一無所知，就是對大陸的情況，所能知道的一點也完全是官方所配給的，官方的報導由於情緒化的說詞太多，未必能獲得普遍的信任，前幾年此間一些青年對大陸一度曾有不切實際的幻想，就是這類宣傳所起的反效果。近幾年來，由於中國大陸已對外開放，大陸的眞相已大白於世，青年人不切實際的幻想應該是沒有了，有關大陸的報導也大有進步，顯然已收到一些正面的反共宣傳的效果，以後應朝這方向多努力。目前的情勢比以往任何時期對我們都不利，今後更要加倍努力。現實努力的重點是在培養反共的實力，除了經濟起飛之外，就是要充分實行民主，這樣對大陸十億同胞才具有眞正的號召力。

## 三、改革思想教育的幾點建議

目前我們正在艱困中朝民主的大道邁進，言論自由的尺度已較前爲寬，這幾年中將年年有選舉，旣不能禁止在學青年去聽競選演說，社會與政治的許多消息很難完全封鎖，因此學校裏像過去那樣八股說教式的思想領導，以及一廂情願的灌入方式，如不再從事更張，不僅會引起青年普遍的不滿，也可能使一些優秀而有理想的青年，不加入黨內，而紛紛走向黨外，爲此我願意提幾點建議，供執政當局參考：

⑴如果我們確信《三民主義》是一部寶典，就應該讓它和其他的正規知識教育一樣，容許懷疑、批判和討論，任何知識或思想的施教，不經由這樣的程序，很難激起青年學習的興趣，最後

是否願接受，也讓青年自行抉擇。我們寧願有一百個眞信徒，不要一萬個假信徒。以說理代替說教，以討論代替一廂情願的灌入，讓青年在正規學習的方式中，去汲取這部寶典的精華。要達到這個目標，大學聯招的試題，必須樹立新規範，不能再啓人疑竇，貽笑大方，使青年把這門課當兒戲。

(2)今後的反共教育，應儘量報導中國大陸的眞相，用具體的成果和數據把臺灣和大陸比較，毋須過分渲染，也要避免情緒化說詞，如把大陸視爲「匪區」，極爲不妥，對中共的統治階層與廣大人民應嚴加區分，我們要打倒的只是統治階層，不是廣大人民。大陸上的人民是我們的同胞，他們生活貧窮，精神痛苦，不但應寄予同情，內心還應懷有愧疚。同時當局應考慮開放中共研究，使其走向學術化，在國際間能樹立中共研究的權威。做到這一步，必能提高反共教育的水平，清除反共八股的惡名。

(3)政府有關機關及學校當局，在從事青年輔導工作時，防範性的措施應儘量縮減，多以鼓勵代替責罰，一個學生在週記和作文裏發點牢騷算不了什麼，那個成年人沒有牢騷，多半只是不敢公開表示罷了，青年人如只知歌頌和阿諛，才是眞正的悲哀。檢查思想的標準，應該運用邏輯，不應該是政治教條。用政治教條去衡量青年是否有思想問題，不是嚮往民主的社會應有的現象。學校是教育的場所，縱然覺得青年有什麼偏差，也只應限於用教育的方式去解決。思想教育是一件複雜而又艱難的工作，輕率而又僵化的領導，效果上往往適得其反。希望有一天，我們學校有關青年輔導的工作，交到眞正的專家手中去做。

(4)臺灣由於經濟的持續成長，已逐漸形成了壯大的中產階層，這是發展民主重要的條件之一。今後我們的社會對民主的渴望必然日增，建設一個民主開放的社會，已不再是夢想。一個民主開放的社會，怎能再維持一個封閉的校園？因此校園裏的思想教育和思想領導，必須澈底檢討，革除舊弊，以因應社會發展的新情勢。民主始基於家庭、學校，如果只聽任成人社會要求民主，而我們的家庭與學校不能走向民主化，我國的民主是沒有根的。

一九八一年三月《益世雜誌》

# 傳統與我

過去三十年中，我有過傳統主義者衞道的熱情，也經歷過西化論者反傳統的激情，又逐漸以理智平衡熱情，以理性替代激情，走向獨立、批判和創新之路。

在傳統主義階段，傳統文化像一股理想的火焰，對我的生命有過很大的鼓舞。那段時光，我的信念和理想都相當堅定，我的文化認同與自我認同也沒有問題。堅定的理想和認同，曾使我安穩地度過一段漫長而困頓的歲月。

當我的心智在探索中漸漸成長，由於新知的誘惑和外來種種的刺激，終於逼迫我要求一次心靈的跳躍。面臨思想轉進的關頭，內心激起了前所未有的騷動、徬徨、痛苦和焦慮；原有的安穩、平靜攪亂了；原有的自我、文化的認同破裂了；原有的信念、理想動搖了；支持生活意義的一切，幾皆失其所依。這時刻我的抉擇是：用自責自欺的方式重新回頭，恢復原來的理想和信念，或者從事觀念的冒險。我不是很容易就選擇了後面一條路，其間我曾喪失過對思想工作的信心，也曾有過逃避現實的念頭，因與原先曾付出過熱情的理想距離化，不可避免地要過一段文化的流浪生活，從傳統主義知識份子的角色轉換爲邊際人知識份子，前途一片茫然。在這冒險的過程中，沒有人同情，沒有人了解，也無法和任何人去溝通，我孤獨地在寂天寞地中工作了許多年，爲的是甚麼？我不知道，就是一股衝創的意志力使我接受人生無情的試煉。毅力與耐心，終於使我走出思想的困境，獲得新生的喜悅。

我的思想經過辯證地發展之後，既能內在於傳統，又能超越傳統。內在於傳統，故能對傳統有同情的理解；超越傳統，故能對傳統的是非得失做客觀的評判。前者的態度是思想史的，後者的態度是哲學的。我希望今後二十年，能逐步加强哲學的比重，突破傳統思想的範限，在自我獨特的經驗與理路中，發展出新的思想系統。

生活在現代，缺乏開放批判的心靈，很難體會傳統的意義。三十年的掙扎和不厭不倦的探求，我獲得最重要的經驗是：傳統不是枷鎖，它使我自由。

一九八三年十月《八〇〇字小語》

之權的取得，是西方近代文明偉大的成果之一，這份成果猶如在血淚灌溉下開出的花朵，芬芳的花朵極爲誘人。在花朵未開之前所付的代價更是驚人，人類歷史上從來沒有廉價的進步。

宋代偉大的書生之一范仲淹，曾留下「寧鳴而死，不默而生」的名言，表現了傳統士大夫的風骨。傳統官僚制度中諫官的設置，原則上是一個維護異見的制度，由於諫官的職責，與集政敎大權於一身的專制帝王之間，有必然不可避免的衝突，於是使諫官的位階卑微，形同虛設，少數耿介之士，爲了盡忠職守，往往須不惜犧牲身家性命「冒死規諫」；伴隨着諫官制度而生的，是史不絕書的被貶被謫的悲慘故事。民主的理想所以値得追求，理由可以很多，在這裏，我只說它不僅可以爲我們實現一個鳴而不死，甚至還要使反對者具有合法地位的社會。爲了爭取自由權和作爲異端者之權，就長期的社會利益看，無論付出多少代價，仍是値得，一個有光明前途的民族，應該付得起這筆代價。

公元前五世紀蘇格拉底就曾在定他命運的裁判官之前爲自己的行爲辯護：「世界上沒有人有權對別人說，他須信仰什麼，或剝奪他自由思想的權利」。他爲人類爭取作爲異端者之權，樹立了一個不朽的典範，他的理想直到近代民主社會創建以後才漸次實現。這份權利的獲得，不是來自統治集團的恩惠，也不寄望於權勢者的容忍雅量，最重要的是因工業革命與民權運動爲近代史創造了新的客觀條件。工業革命使中產階級壯大，社會資源多元化；民權運動使群衆當家作主的意識昂揚，積極參與公衆事務。這些條件互依並進，不但爲異端型的知識份子提供有利的生存環境，也爲他們提供固定的聽衆和市場，因而得以擺脫傳統知識人依附統治階級的歷史命運，逐漸發揮他們獨立自由的精神。新興異端型知識份子不像傳統的異端，仍維護統治階級的利益，並保衞傳統的價值觀念；他們站在群衆這一邊，做社會大衆的代言人，批評他所在的社會，反對現有的價值。這類型知識份子，雖非民主社會所獨有，但祇有在民主社會才能形成一股社會勢力，發揮一定的影響力，成爲一個充滿希望充滿活力的社會的象徵。

根據不寬容的傳統，習慣性地把異端視爲陰謀叛逆。作爲一個現代人，應知異端與陰謀有極大的不同，寫過一本以《異端，可——陰謀，不可》爲書名的美國哲學家胡克（Sidney Hook）曾警告：「不能認識異端與陰謀的分別，對於一個自由文明是最有危害的」。依他的區分：異端是關於社會的重大問題，爲一般人所不接受的一套觀念或意見；而陰謀乃是一種秘密的或地下的運動，不用正常的政治或教育的方法，而用競賽規則以外的作法，求達到它的目的。胡克說：「假如異端被當作陰謀來懲罰，那就是這個文明的自毀；假如陰謀被當作異端來容忍，那就是這個文明被毀於他們的敵人之手」。我愛異端，但憎恨陰謀。

一九八二年七月十日《中國論壇》

# 學習與創新

一個開發中國家，要昇級爲已開發國家，所要做的工作千頭萬緒，但如何培養普遍的學習風氣與鼓勵觀念、知識的創新，應是其重點之一。

學習風氣的培養，目標在開發國民的潛力。要達到這個目標，需以能建立一個如羅勃特・赫欽斯（Robert M. Hutchins）所說「學習中的社會」爲其理想，因爲這個社會「將其社會設計成爲一個能使所有成員得以充分發展其最高能力的環境」。這個社會的特性，是把學習視爲整個人生的過程，也是每個人在要求其人格充分發展時所不可或缺的過程，因人祇有經由持續終身的學習，才能不斷重新注入活力和想像力。

一個學習中的社會，它最重要的條件是思想、言論和出版的自由，是觀念、知識的自由探討與自由交流。有了這個條件才足以激發學習的熱情，刺激研究創新的努力，才是推動社會進步的源頭活水。

我們的社會這個條件顯然不够充分。我們只注意到科技落後、工業落後，而不知更基本的是我們的學習與研究的環境比起先進國家也遙遙落後。不要說一般社會大衆學習風氣不盛，即使正在受教育的青少年，多半也祇死讀點教科書。長期的升學主義導向，使初高中的教學趨於單調而僵化，不但扼殺了學生的好奇心與想像力，頻繁的考試壓力使青少年對讀書感覺倒胃，縱然勉强過關，也已視讀書爲畏途，一旦畢業離校，就像脫離苦海一樣。

成年人所以缺乏吸收新知的興趣，是因社會並沒有這種迫切需要，公私機構很少眞正重視知識、注重研究發展的，工商企業又祇圖眼前的利益，沒有長程的計畫，更缺乏社會責任的關懷。特權與人情仍是謀出路的主要依靠，不但腐蝕了許多公私機構，也使這些機構產生了大量冗員。最應該讀書做研究的大專敎師，據去年的一份調查，有半數以上沒有發表過論文，這無異使一個正在走向艱苦長程的開發社會，竟然具有如此衰弱的心臟。

一個多數人都渴望新知並重視研究發展的社會，才會刺激創新的活動。三十多年來大量人才外流，已使我們國家遭受鉅大損失。不少在國外有成就的藝術家、科學家、社會學家，都曾在國內完成基本教育，却需要依靠國外的環境，才能充分發揮他們的創造力，這說明我們的國家還不能提供一個做高深研究與創新的環境。較高水準的生活，固然是人才外流的一大原因，對高級知識份子而言，可以自由研究自由創新的環境，可能具有更大的吸引力。

要提高知識份子創新的能力，環境的因素之外，必須從兒童少年階段，就注重創造性思考的培養。近年臺灣有尊親科學才能少年獎的設置，據最近一屆擔任口試的教授說，我們國小學生創造力不錯，初中差一點，高中更差，大學環境自由一些，但經過多年學習方式定型，創造力已回生乏術。健全的教育應該是跟着教育的年數使創造性思考力逐年增强，我們的教育反而逐年遞減！當我們的國家正全力走向現代化時，還有什麼事比此更令人感到隱憂的？

學習風氣的培養與創新活動的鼓勵，都是爲了展現國人潛能，使國人的理解力、想像力、追求理想與愛的能力都能有效地發揮。《美麗小世界》作者舒瑪琦甚至認爲潛能的最高實現，是人類最偉大的任務，也是人類最大的幸福。工業文明遠比農業文明更能開發人的潛力，它雖還未使全世界都進入新興工業之國，但已使人類四分之一過着自由富裕的生活。開發國家的經驗告訴我們，**全民學習的風氣與旺盛的創新活力，是開發國民潛力最基本的條件。**

一九八二年四月二十五日《中國論壇》

# 思想的貧困

近年來有少數敏感而具透視力的知識份子，不斷提出「思想貧困」這個嚴重的問題，這些知識份子包括史學、哲學、文學等學科，因此，他們所提的，正是我們當前面臨的人文危機中最核心的問題。

當然，我們可以說，從歷史上看，思想貧困這種現象，並非只限於當代中國；從整個世界看，中國在這方面也並不是絕對獨特的。但無論有多少自慰的理由，都無法掩蓋百餘年來中國在西方文化總體性的挑戰下，最需要發揮文化活力和創造性思想時，而我們的表現却始終陷於疲弱難振的這個事實。如果我們還不能以嚴肅的態度正視這個久已存在的嚴重問題，並能在不久的將來脫出困境，不僅無法擺脫殖民地的文化意識，所謂現代化的追求，恐不免走向偏頗自毀之路，至於中國文化重建的理想，更將是一場春夢！

爲什麼我們的思想會陷於貧困？有的學者歸咎於從事學術思想工作者不能嚴守學術崗位；也有人指出是因三十多年來臺灣在哲學、批判知識及社會科學方面採取一種防堵政策。這些觀察都有相當的事實做根據。如果追問：爲什麼學術思想工作者不能安於其位？爲什麼政治力量會膨脹到足以控制文化思想的活動？在這裡，當然不宜探討其複雜原因。我祇想指出一點，這種現象與中國的傳統有一定程度的深密關係。中國文化——尤其是在文學、藝術、哲學方面，無論如何變遷，總有一部分具有難以磨滅的價值，但在幾千年的文化傳統中，始終沒有把學術思想本身視爲獨立自足的天地，因此培養不出「爲知識而知識」的精神，培養不出這種精神，不僅使提倡百年的科學研究無從生根，爲了重建中國文化最迫切需要建立的新學統的工作，也滯留在起步階段。縱然道統在中國有不可取代的價值，時至今日，如沒有堅實有力的學統廣開研究之路，並經由批判性知識的光耀，它是弘揚不起來的。

此外，政治問題雖一直爲儒家傳統所關懷，但在兩千多年的歷史中，對膨脹的政治力量，却始終提不出有效抗衡的方法。先秦時代「道」尊於「勢」的觀念雖一度流行，因後世道的一邊未能發展出組織化和制度化的力量，終於在宋以後使統治者的勢力漸居於絕對優勢。近代以來，社會條件雖已改進，但權力制衡的制度，至今依然徒具形式，明、清時代「道」屈於「勢」的局面，並未產生基本的變化。今日有識之士，莫不把改變這種局面的希望寄於民主化運動，殊不知民主運動如缺乏深厚有力的思想，以啓蒙大衆，改變風氣，很難蓬勃發展。就知識份子而言，追求民主不是爲了爭權，而是希望有一天能達到由文化思想來引導政治的目標。所以知識份子的當務之急，無論爲民主、爲科學，都應該把大部份的精力移用於文化建設和學術思想的工作上去，朝建立一個學術思想獨立王國的理想邁進。在這個方向上的努力，不但可濟傳統之窮，充盈現代化的精神內涵，我們當前面臨的思想貧困的人文危機也必可漸次克服。

造成思想貧困除了上述原因之外，還有由西方大量輸入的物質文化的影響，這種影響使我們形成一個消費性的社會和文化，使大家只知追求物慾的滿足，而模糊了人生的意義，失去了人生的理想。這種影響不限於社會大衆，一般知識份子也不例外。研究第三世界的人類學者奧利維拉・法濟曾很生動地指出這種影響與文化貧窮之間的關係：「歐洲、北美系國家的最大輸出是一種新的物質文化，它粉碎了它所及之處所有民族底非物質文化，時至今日，已沒有一個民族可以倖免。整個世界，人們憎恨著白色人種，以及代表著『機械世紀』的國家，可是又一邊忙著模仿他們，他們得到的第一個回報就是『文化荒漠』。」也許我們的情況並未如此嚴重，但有此明顯的趨向，値得我們特別警惕。尤其是知識份子更應該加强自身的信念，以抗阻物化的潮流。等到有一天眞的成了「文化荒漠」，再想挽救思想貧困的危機，恐怕爲時已晚。

一九八三年一月二十五日《中國論壇》

# 環境倫理

環境倫理雖是新觀念，它要處理的問題，却包涵在古老的人與自然關係的範疇之中。近代以前，人類多半是依據人的世界去推想自然的情況，如中國傳統的儒家、道家，儒家的基本觀念是仁，道家的基本觀念是自然，仁與自然不僅是人類的特性，也推廣爲萬物的本性。在這個基礎和了解上，遂共同發展出代表中國文化基本特徵的天人合一的宇宙觀。

儒、道兩家的宇宙觀都是透過生命的內在覺識而形成，生命內覺的要求在成德，於是有儒家德化的宇宙觀；生命內覺的要求在自然，於是有道家的自然宇宙觀。人類的生命是生於和而又成於和的，所以天人合一是一種和諧的宇宙觀。和諧的宇宙觀視萬物皆有情，自然易體認「人類僅爲自然環境的夥伴而非主宰」的道理。

把人類主宰意識發展到顚峯，終於產生今日人與自然環境之間嚴重失衡現象，實導源於西方

十六、七世紀新科學精神的誕生，創造這一新精神的科學家和哲學家有哥白尼、伽里略、培根、笛卡爾，他們和他們的繼起者，憑藉新數學知識和實驗方法這兩大利器向大自然進軍，從此大自然不再是人類親密的夥伴，而成爲人類的敵對。爲了發揮人類的創造力，因此必須征服自然。

科學精神與科學發明在過去二三百年間帶給人類無窮福祉，這事實幾乎人人能言。由科學所衍生的工業文明，以及工業文明對自然環境的破壞，其程度業已危害到人類的生存這一事實，仍祇能引起少數人的關懷。

廿世紀初期，詩人泰戈爾就已敏感到西方近代文明是一種在自然和人類之間立下堡壘，處處用征服眼光去看的堡壘文明，這個文明使人竟成了物質的奴隸。他主張調和才是創造。一九五二年史懷哲接受諾貝爾和平獎時發表演說，呼籲全人類重視尊重生命的倫理，在他看來環繞我們周圍的都是有生存意志的生命，因此他反對將所有的生物分爲有價值的與沒有價值的、高等的與低等的。哲人們的呼聲，並未引起廣大的回應。直到一九六二年，瑞契爾·卡遜女士發表她的傑作《寂靜的春天》，站在維護自然環境的立場。利用現代知識，對現代人加於生物的殘暴罪行，提出嚴厲控訴，才引起工業國家熱烈討論，並進行一些補救措施。針對生態系統被破壞這項事實，卡遜的忠告是：「我們必須改變我們的宇宙觀」。這是要求對自然環境基本態度的改變，這一點做不到，環境倫理的觀念很難產生實際的效果。

新宇宙觀和環境倫理的要求，在基本原理上與中國傳統和諧宇宙觀中所强調的人與自然適中調和的態度，的確很相似，中國哲人很早就認識到二者之間的依存關係，分別由藝術的昇華和道德精神的提昇中，將二者渾化爲一，大爲減弱了人與自然的對抗意識。但在這個傾向上所獲得的和諧祇呈現在個體心靈或主觀的境界中，人對自然表現的敬意與深情也是主觀的，他超越了自然，因而也忽視了自然。

現代人從生態學觀點所追求的和諧與傳統從形而上學觀點所追求的，其內涵不同，經由生態學的知識，可以使我們認識到生物世界內部錯綜複雜的運轉，以及生物與生物間奇妙的相互關係。正如一些生態學者所說，任何一種生物的福利，都有賴於整個生態系統的穩定，如果一種生物的進化，有害於生態系統的整體，那麼長時期來看，勢必有害於該生物本身。所以調和或和諧，根本就是宇宙大生命本身的規律，必須遵循它，才能維繫生物世界內部和暢的運轉與生態系統均衡的發展。

現代人所面臨的宇宙觀和環境倫理問題，是工業文明帶來的新問題，要解決這方面的問題，除了需要一套新知識之外，更重要的是培養一種思考生命的新方法，不論是解決自然環境問題或是人類社會問題，都必須改正以往的偏向，把它們納入一個整體系統去考量。自然與人文、科學與倫理，它們之間的鴻溝，是由科技偏向的發展所造成，如何塡補這道鴻溝，消除二者之間的隔閡，使它們在宇宙大生命的規律中眞正統合起來，任何一方都不再遭受壓迫，是解決人與自然環境之間問題必須努力的一個新方向。

一九八三年七月二十五日《中國論壇》

# 工業社會倫理危機的診斷與建議

有人說我們的社會已陷入「道德的眞空狀態」，也有人說我們的社會正傾向於「無規範」，這當然不是經驗性的概念，而只是形容日漸嚴重的道德危機。

## 一、倫理危機的診斷

促使道德危機日漸嚴重的原因很多，主要是由於我們正值社會轉型。臺灣僅是一小島，經濟成長有賴於對外貿易者甚大，國際間的往來十分頻繁，因此工業化雖尚起步不久，工業先進國家的社會問題與危機已加速出現。

工業化和都市化就像工業文明的雙生子，凡是工業發達的國家，都市化的過程必同時出現。

雖有人把都市化定義爲「一個整體性的社會變遷」，但鄉村人口大量向都市集中，顯然是都市化的一大特色。人口集中，帶來一般性的問題是，使生活在大都市裏的人，遭受各種環境的壓力和精神的緊張，如噪音、空氣汚染、缺乏運動、狹窄的空間、過分的擁擠和物慾的刺激等。

由環境壓力和物慾刺激引發的嚴重問題，是形形色色的罪行猖獗，如竊盜犯罪、白領犯罪和暴力犯罪等。竊盜已是臺灣家家戶戶深覺頭痛的問題，據統計，竊賊爲了「生活以外」的開支而做案的達百分之五十二，爲生活的僅佔百分之二點四，說明竊盜型態較之過去已有很大轉變，不再是「飢寒起盜心」，竟成爲社會很熱門的一種「行業」，一種罪惡的寄生者，甚至連犯罪的手段也反映了工業文明的特徵之一的專門化。

白領犯罪是指智力性犯罪，諸如大公司財團漏稅、冒貸款、詐欺投資、集體貪汚、炒地皮、設立假公司、惡性倒閉、老鼠會等，有學者指出，白領犯罪的猖狂，是由於我們社會上過分重視「權威」、縱容權威和權勢的結果。

暴力犯罪在性質上比前兩種罪行更嚴重，因它直接危害到人的生命並破壞社會秩序。這一類的罪行近半年來在數量上急遽上昇，轟傳竟月的土地銀行古亭分行白晝搶案剛破，馬上又有人利用類似的手法搶郵局，這已不祇是公然向法律挑戰，而是做案者根本不想活，這種人生存在社會，就像埋藏着一個個的定時炸彈，每個人都有隨時被炸的危險。以往對付這種情況是用重典，據有關人士分析，現在用重典的效果已逐漸喪失。

工業社會的犯罪集團越來越龐大，似乎也是工業文明中集中化一原則的應用。工業文明是人類歷史上最重視金錢、最貪婪、最商業化、最斤斤計較的文明。工業社會賺錢的機會雖多，要累積相當財富，畢竟只有少數人辦得到，那些缺乏能力又想暴發的都市人，只好鋌而走險，又覺一個人或少數人勢單力孤，於是犯罪集團勃興。犯罪集團和各大財團所信奉的基本信條完全相同：金錢萬能。《第三波》的作者托佛勒指出，金錢萬能的哲學，是由生產和消費分裂所造成，在一個生產和消費分裂的社會中，每個人是依靠市場而非個人的生產技術來獲得生活所需，於是人際關係被縮減到冰冷的金錢往來，行爲被視爲一連串的交易，並且影響到我們的心理和我們對人格的假設。這種人格市場化和使大多數人被吸入金錢制度的社會如不改變，所有的倫理道德、愛與友誼，勢必在多數人的自利行爲中逐漸腐蝕掉，這是工業社會最嚴重的危機。目前我們的社會顯然已面臨這樣的危機。

## 二、解救危機的幾點建議

針對上述危機，我們試提下列幾點建議：

## （一）重視犯罪研究　革新辦案觀念

由上述的幾種罪行看，我們社會的犯罪型態，已隨着社會轉型而迅速升級，而我們對付社會罪行的制度，有的還停在三十年前，辦案的觀念甚至還是三百年前的，其間的差距是我們不能有效遏阻猖狂罪行的主要原因。一位研究犯罪學的學者最近指出，我們對犯罪的研究一向太不重視，沒有研究，根本無法了解目前臺灣的犯罪情勢是如何地在演變。這位學者很感慨地說，在國內，有心做犯罪研究的，根本得不到資料，因官方不願意提供資料，學者專家是巧婦難爲無米之炊。就算官方願意提供資料，其可信度也大有問題。

我們呼籲政府有關當局，對這種情形應立即加以檢討，與學術界合作，應用科際整合的方法，加强犯罪研究，在新觀念新方法的基礎上，發展出新的步驟，建立起新的方案，才能逐漸縮短制度、觀念與社會罪行之間的差距，也祇有在這個過程中，我們才能期待辦案觀念的革新。不然，我們縱然花大筆錢，購置最新的辦案設備，也很難發揮它的功用。現代化的偵察犯罪的技術，需要具備新觀念的人才能正確地運用，新技術和新觀念是一體的，科學辦案的態度，源於對犯罪的科學研究上，要遏阻新型犯罪的趨勢，保障社會大衆的權益，這方面必須加强，願花六百萬元賞金捉拿一個銀行搶犯，每年撥出六千萬元去做學術性的犯罪研究，就不能算是什麼大數目了。

與論界已在呼籲消弭大衆對治安當局的信任差距，這種差距由來已久，由於近年來幾件重大刑案未能偵破，使差距越發擴大，這種趨勢如聽任自然發展，對社會心理的深遠影響很難想像。有人建議速建偵查辯護制度，當局如有決心彌補信任差距，這將是一有效的措施。爲了社會長期的利益，還必須以加强犯罪研究，全面革新辦案的觀念，作爲我們的長程計畫。

## （二）建立公正法律　樹立法律權威

偵查犯罪是爲司法審判提供必要的證據，司法審判如果不能相當程度地符合公平正義的原則，不僅使社會大衆失望，也可能因此打擊了負責偵查犯罪者的士氣。法律是國家權力的象徵，是工業社會最有力的行爲規範。如果國家權力被濫用，行爲規範遭到破壞，導致違法亂紀的行爲層出不窮，必然產生倫理危機。就這個角度來看，目前社會罪行猖獗，幾乎到了難以收拾的地步，我們的政府宜就是否已建立了公正的法律，樹立了法律的權威，痛切加以反省與檢討。

中國傳統社會的行爲規範主要是禮，維繫禮這種規範的力量靠傳統，社會進入工業化以後，許多傳統的經驗已失去效驗，因此傳統的禮教，將一去不復返。維持現代社會秩序的主要力量是以保障基本人權爲其特色的現代法律。這種法律需要建立在三種基礎上：權威、社會的實在與正義。法律的有效性，必然需要一點外在的强制力，這是權威。但法律的實效，不能完全靠强制力，它還要符合社會大衆的心理習慣，或存在於社會心理上的力量，這代表社會的實在。權威和社會實在，不一定能符合正義，因此必須建立正義的標準，作爲權威制定及推行法律的依據，作爲糾正心理習慣的準則。

推行法律要求符合公平正義的標準，是現代法治社會的理想，這種理想任何社會都不能完全達到。在國家的體制上，我們是一個法治的社會，但依據實際情況，我們要接近這種理想，還有一大段距離。一個幾千年缺乏守法習慣的民族，要建立一個現代法治的國家，本來就不容易。因此實行法治的情況不如理想，大可不必諱言。我們的政府首長却往往昧於這種事實，自我吹噓，尤其在每次選舉季來臨之前，幾乎必定保證絕對做到三公，但是當社會大衆把首長們的保證與選務的實際情況對照時，豈不大傷政府威信？豈不等於政府自己在製造信任差距？以後何妨改口說「政府將盡量使選舉做到三公」，這樣態度上反而顯得誠懇些。

政府要樹立法律權威，除力求公正之外，不能單着重宣揚政令和要求老百姓遵守法令，更應在保障人民權利方面多多着力。祇有當我們的老百姓普遍感受到，法律不僅是懲治犯罪，還能保障個人權利時，方能激起人民守法的主動意願，養成尊重法律的習慣。人民敬法守法，不僅法律的權威得以樹立，現代工業社會倫理最重要的一環，也因此得以鞏固。

### (三) 加强精神建設　革新倫理教育

在整個人口比例中，犯罪者畢竟佔少數，對少數的犯罪者，已是「法者禁於已然之後」的事。一個社會的倫理工程，更應該注重「禮者禁於將然之前」的事，這是減少社會罪行的治本之道。傳統時代的禮代表道德教化，現在所說的精神建設，比傳統道德教化的意義要廣，精神建設的目標在培養有文化理想的國民，肯定文學、藝術、科學、哲學以及其他各種學問的學習與貢獻，其價值不僅不在道德之下，且都能產生道德的效果，因任何一項成功的學習、文化的創造，都必須竭盡眞誠全力以赴。金錢萬能成爲今日社會流行的價值，正反映我們社會缺乏文化理想，對那些在文化不同領域中的默默耕耘者，不僅缺乏鼓勵，對他們的成就也不知珍惜。

由於近年來我們在經濟方面已有相當成就，因此政府也注意到文化建設的重要，文化建設基本上就是精神建設，希望促進全體國民精神的革故更新，除掉不利於現代化的種種由傳統遺留的生活習性，培養出現代人的新品質。革新倫理教育則爲培養現代人新品質最直接而有效的途徑。

我們的倫理教育並不是沒有改進，只因教條主義作祟，因此變得不够深刻，不够普遍，推動革新的工作也顯得缺乏主動，於是出現經濟進步，國民精神落後的現象。

革新倫理教育，一方面須淸除兩千年來三綱的權威倫理的遺毒，因這種倫理不能尊重人的個性，打擊人的自尊，與民主自由的精神完全相悖。一方面須發揚傳統人本的倫理精神，人本倫理過去因受制於專制，一直停留在理想的層次，今後在中國自由化民主化的過程中，可望逐漸實現於現實社會。

在自由化民主化過程中的倫理教育，必須建立自由人的倫理作爲革新的主要目標。三綱的倫理與專制政治相應合，也爲專制政治提供精神的基礎；自由人的倫理與民主政治相應合，也爲民主政治提供精神的基礎。現代社會的行爲規範是法律，自由人的倫理代表一種新的態度、新的價值觀和新的處理人際關係的方式，而這些祇有在自由獨立的精神中、以及民主的生活方式中才能培養出來。因此，全面革新倫理教育、寄望於整個教育的民主化。因只有民主的教育才能祛除恐懼與憎恨的心理、高揚自由的氣氛，而在這種氣氛中，自尊尊人的道德精神才能蓄育滋長。自由是一切美德的先決條件。

一九八二年六月十日《中國論壇》

# 老課題上應該努力的新方向

## ——社會道德問題

近年來我們社會的道德問題，的確相當嚴重，從層出不窮的重大刑案，升高到暴力事件，甚至連一向比較清靜的校園，最近也發生多次的凶案。這些案件所涉及的因素當然很複雜，但基本上仍是道德問題。

我們社會的道德問題所以日趨嚴重，從社會學的觀點可以了解爲：是因我們的價值觀念的調整跟不上不斷更新的社會。從歷史的觀點，也可以說是：從已經喪失農業社會基礎的道德律，轉變到工業社會又尚未形成的另一種道德律之間的過渡現象。這些了解不僅是對現象的解釋，也大抵指出我們今後道德重整或重建的一些方向。

但就道德本身而言，我們認爲對道德問題的認知，以及解決問題應努力的目標，都必須超越傳統有關觀念的囿限，才能比較正確地把握問題，重拾解決問題的信心，並找出合理而有效的解決途徑。

由於「託古」，中國人長久以來把孔子以前的三代視爲道德的理想社會，因此，後世士大夫一論及風敎問題，總不免興起「人心不古」、「世風日下」的感嘆，總以爲道德狀況今不如昔。這種想法，正如心理學家葛登納所說，他們把道德看作像一個在很久以前就注滿的蓄水池，而從那時起水就一直滲透出來。這種想法不但對人的道德活動是一種誤解，也表示對人類的道德能力缺乏信心。葛登納問得好：如果人類社會的道德，果眞像我們祖先注滿的蓄水池，那麼爲什麼水池至今尚未流得空空如也？

世上從來沒有純善或純惡之人，人生一世，有善行也有惡行，人類社會道德風氣的盛衰揚抑的變化每天甚至無時不在進行。任何時代任何地區，永遠有一些人表現喪德敗行，同時也有另一群人爲善行而掙扎奮鬥。史學家威爾·杜蘭在描述了歷史上的種種罪行之後，他說：「人類從來不能恪遵十誡」。另一方面他從有記載的歷史中也見到極多善良高貴的事蹟，人類「慈善的力量，差不多可與戰場及牢獄的殘酷相抵消」。如仍沿用蓄水池的比喻，這道德的水庫，每個人都隨時在注入，也同時在消耗，水庫本身永遠不會枯竭，這是我們對人類社會的道德應有的信心。

其次，我們過去一向把移風易俗的希望寄託在少數道德模範身上，所謂「風俗之厚薄奚自乎？自乎一二人之心之所嚮而已」。道德薰陶需要典範，這道理很正確，但並不充分。現代工業社會有許多缺點，可是它比農業社會提供更多的就業機會，也更能開發人的潛力。至少現代社會已有更好的條件使我們能建設一個有利於多數人展現潛能的社會。一個有利於多數人展現潛能的社會，才更能有效地普遍提高它的道德水準，這是我們今後在移風易俗的老課題上應該努力的新方向。

一般人只要給予他技能和相關知識的訓練，然後又有機會發揮他的能力，他會因不斷的成就感而獲得自信的滿足，這種人縱然有惡念也很少化爲惡行。敎人人立志成大業的敎育未必適當，每個人的潛力不同，機遇各異，這是不可能的。重要的是，那怕是件小事，只要對社會多少有益，你能樂在其中，就足以發展一己的創造力。人間最有益於善行的，莫過於快樂的經驗。

一個社會，如果它的成員從學校到社會，多數都只感受到一連串的人生挫敗，這個社會的道德境況很難改善。

一九八三年五月二十五日《中國論壇》

# 也談「憂患意識」

「憂患」意識是一個很古老的觀念，近年却好像很流行。就我閱讀所及，有些應用「憂患意識」的文字，似乎把它的涵義與危機意識和恐懼意識混同了，這三種意識在心理反應上確有關聯，但反應的意義畢竟不同。

能與憂患意識相提並論的危機意識必定由極複雜的因素所引起，主要由於外來的衝擊與壓力和內部的僵化與崩潰，如社會危機、文化危機之類。危機的形成多半非突然而來，因此具有危機意識的人，最初只限於少數知識份子，當危機爲多數人感受到時，不論是社會的或文化的，實際上已陷入嚴重困境。由於引起危機意識的因素很複雜，因此應付危機很難提出具體而立即有效的方案。社會或文化的危機一旦形成，解決危機的過程是緩慢的，任何解決危機的方案都是局部的。

恐懼意識就心理學的了解，它必然由外在對象所引起，既有對象，引起恐懼意識的原因，就不難掌握，能充分掌握原因，也就不難提出解除恐懼的對策。如不能切實了解原因，反而把本屬自然的恐懼，轉化爲人爲的恐懼，使不必恐懼的也轉爲恐懼，於是疑慮重重，化友爲敵，不但腐蝕信心，且爲社會帶來潛在的不安。

「憂慮」有兩個出處，其一是《易經》〈繫辭傳〉「作易者其有憂患乎」，是對作易者心理狀態的推想。廿多年前徐復觀對《易傳》的憂患意識做了頗富想像的詮釋：「憂患與恐怖、絕望的最大不同之點，在於憂患心理的形成，乃是從當事者對吉凶成敗的深思熟慮而來的遠見，在這種遠見中，主要發現了吉凶成敗與當事者行爲的密切關係，及當事者在行爲上所應負的責任。憂患正是由這種責任感來的要以己力突破困難而尚未突破時的心理狀態」。其二是《孟子》的「生於憂患，死於安樂」。不論《易傳》或《孟子》，所謂憂患意識，都是要求人能困心衡慮，反求諸己，憂患是不能責求於人的。

這三種意識的關係：危機意識足以激發憂慮，使人以勇氣與智慧承擔起解救危機的責任，以求突破困境。憂患意識並不保證解救危機能成功，如缺乏這種意識，則勢必促使危機日漸加重加深。恐懼意識是因對突破困境的無力感而起，一旦被這種意識所支配，不但不能面對危機，也無從激發憂患。憂患意識蘊蓄着堅强意志和奮發精神，恐懼意識是堅强意志和奮發精神的最大敵人。

以此時此地的處境，我們需要眞正的憂患意識，並强化危機意識，更必須盡一切之力克服恐懼意識。

一九八二年九月二十五日《中國論壇》

# 上帝的歸於上帝

## ——我們對宗教法草案的看法

自從內政部公佈「宗教保護法草案」後，已引起宗教界普遍而強烈的反應，幾個最具代表性的教派，如佛教、基督教、天主教，態度雖有的平和有的激烈，但幾乎一致不贊成制定宗教法。

宗教法草案共列二十五條，其中最遭受非議的有下列幾點：

第一，就草案內容看，顯然對宗教的複雜性以及各大宗教的特性缺乏了解。各大教派都有其悠久的傳統、教內組織與傳教活動，也都有一定的制度和規範可循，如果宗教法所訂法規與各教內部的制度及規範相衝突，將使各教會及其教徒無所適從。

第二，對傳教活動限制多又不合理。根據草案：「非經所屬教會或教團審核登記者，不得從事傳教。」這項規定既違反基督教聖經遺訓，又與中國不論僧道信徒，人人都以傳教爲天職的傳統相悖。草案又規定寺廟、教堂登記時須檢附信徒名冊，傳教活動亦應以公開方式舉行。前一項事實上很難辦到，後一項可能使家庭禮拜、個人佈道遭到禁止。

第三，草案規定敎會收支，不但要公佈帳册，且須請主管機關核備。實際上信徒獻金有些是不記名的。何況中國還有一種爲善不欲人知的傳統心理。又規定寺廟、敎堂、敎團之收益「限用」於宗敎儀式、宗敎活動及興辦慈善事業，試問傳敎人的生活要靠什麼維持？

第四，草案規定各宗敎爲統合處理該宗敎之事務，有結合數個寺廟、敎堂共同組織設立敎會之必要。如眞照此規定實行，不但達不到「統合」的目的，反而勢必破壞原有的制度，造成各敎內部的分裂。

第五，草案中引起最大反感的，是規定主管機關對寺廟、敎堂、敎團有撤換其主持人甚至解散的權力，條件是違反法令、違背設立宗旨或妨害公益。以目前法令如牛毛的情形看，這一項一旦成爲正式法律，政府機關要撤換主持人或關閉寺廟、敎堂實輕而易舉。這一條規定，嚴重侵害到各敎會內部的權力。

針對以上各點，我們的看法是，內政部草擬宗敎法，的確考慮欠周詳，草案內容與所謂「爲保障信仰宗敎自由、維護寺廟、敎堂、敎團權益」的立法宗旨，其名與實之間難以相符也極爲顯著。我們要提請政府當局特別注意，立宗敎法是一件嚴重的大事，如草率從事，對國家的形象和社會的團結與安定，都可能產生極爲不良的後果。我們也不能只看到少數民間宗敎的弊害，而忽略了各大宗敎安定社會、減少犯罪的功能。宗敎的弊端，相關法律足可應付，何必訂立特別法，授人以妨礙宗教自由的口實。從歷史上看，政治干預宗教，很少有成功的例子，若不幸發生衝突，社會整體極可能因此受害，對宗教內部倒反而能促成其團結。

對宗教界人士我們也提出呼籲，反對宗教法的態度和言論盡量訴諸理性，尤其要避免過分情緒化的言論，如「大膽刁官」、「侮辱聖殿向上帝挑戰」並要求「悔改」之類，如此表達意見的方式，只會導致雙方各走極端，於事無補。制定宗教法政府所要面對的情況，與修正刑訴法、選罷法大不相同，因宗教法牽涉的社會面很廣，更何況立法諸公中信仰各宗教的人士很多，所以祇要能提出相當理由去提醒他們，就可以形成一股強大的阻力。

在人類歷史中，政治與宗教之間的衝突，曾造成許多悲劇。經十七、八世紀啓蒙運動的洗禮之後，政教分離已是近代社會發展的大趨向，如今已沒有一個號稱自由民主的國家制定宗教法的，還是讓上帝的歸於上帝吧！

一九八三年八月二十五日《中國論壇》

# 犯罪與人性

一月七日臺北市合江街發生滅門血案，第二天現場附近整日圍繞着人羣，凶宅旁一個小窗戶裏也擠着好幾個人，幾小時不飲不食，表情奇怪，電視記者說：「中國人之好看熱鬧，世所少見」。電視畫面和記者評語，使我聯想起前年頭前溪火車翻毀死傷百餘人的大慘案，某報有張彩色照片，慘案現場竟是萬頭鑽動，小販雲集，大家悠閒地坐在堤岸做壁上觀。魯迅於廿世紀初年在日本讀書，時值日俄戰爭，從銀幕上看到一個中國人被日人當作俄國間諜正準備行刑，而一羣中國人好奇地圍觀這件「盛擧」，毫不感到羞恥。據說這件事使魯迅放棄醫學改從文學，因爲他覺得這樣愚弱的國民，最要緊的是改變他們的精神。

這些事件本身的性質並不相同，我之所以把他們聯想在一起，事件中的人羣至少有一部份反映出人性上一個共同的問題，卽「道德的冷漠」，道德冷漠卽對生命冷漠，視人如物。熱情是人性的基本特質，因此，當人對愛、對生命、對正義缺乏熱情時，他不可能止於「非道德」的狀況，他勢必表現反面的熱情，即對嫉恨、對死亡、對暴力的熱情。每當大兇案大慘案發生，總會引來看熱鬧的人羣，正常一點的，多半會面帶憂色迅速離去。另有一些內心不免幸災樂禍，留連不去，事後對兇案慘案的種種仍津津樂道，這種人就可能有潛在的破壞性。

從人性的觀點來看，所有的人都潛藏着這兩種熱情，引發熱情主要受兩種因素決定，一是自我實現，一是社會環境。自我實現愈成功，人格發展愈均衡的人，也必有較多樂觀進取，向上奮發的經驗，這種經驗的累積易驅使人對愛、生命、正義等方面表現熱情。相反地，自我實現愈失敗、人格發展愈不均衡，這種人始而自暴自棄，進而就可能採取不當手段攫取不當利益以滿足一己的私慾，這種人的存在，就變成有形或無形的「社會的炸藥」。

人類的社會從未有過完全合理的環境，除非遭遇過重大的天災人禍，只要善惡兩種力量取得大抵的平衡，社會就能維繫它的安定，就足以提供人生存發展的環境。如果一個社會不能維持公是公非的標準，法律的權威經常受到挑戰，公衆的利益長期無法獲得滿足，人們的理想遭到無理的阻遏，這時侯就容易激發反面的熱情，提供潛在破壞性發展的溫床，於是種種的社會罪行頻繁，一旦遇偶發事件，社會的炸藥就會爆炸。

人是有創造力的動物，所以在社會多種的目標中，最重要的一項，就是要努力使其多數的成員能充分發揮他們的潛能，使他們感到生活有意義，有正當的目標可以追求。另一方面人也是唯一不能適應他自己的社會的動物，平常我們都知道人有性無能，有工作的無能，似乎很少人注意到人也有「道德上的無能」。這種人生活在社羣中對社羣是一大威脅，究其原因，除個人生理和心理的因素之外，社會文化都有影響。社會文化是社會羣體的產物，不良社會和反理文化的形成，實人人有責。所以從人道的角度，我們面對罪行和罪犯，人人內心都應該感到內疚。那些痛斥罪犯和主張「亂世用重刑」的人，只是恨的發洩，對問題的瞭解與解決毫無益處。

要瞭解社會犯罪的現象，必須對犯罪從事科學性的研究。要對犯罪從事科學性的研究，必須加强對複雜人性的理解。人性隨着社會的發展而提升，也隨着社會的發展而惡化。現代社會是高度機械化物質化的社會，如果多數人對機械和物質的興趣高過對人的興趣，怎能不產生對生命的冷漠？要控制現代社會的犯罪，沒有新知識、新觀念、新方法，永遠找不到瞭解問題和解決問題的正確方向。

一九八三年一月二十五日《中國論壇》

# 廿一世紀會是中國人的世紀？

今天讀到金耀基先生的〈中國人與世界社會〉的大文，特別是「二十一世紀是誰的世紀？」這個標題引起我思考的興趣。「二十一世紀是中國人的世紀」這則預言，在中國人之間流傳頗早也頗廣，傳播這則預言的，似乎與《推背圖》、《燒餅歌》之類的預言在性質上很不一樣。因大都屬於學有專長的現代學者，金先生文章裏提到葛量洪爵士、未來學者何門康、密西根大學的奧干斯基，還有去年出版《東亞銳鋒》的兩位哈佛大學教授霍夫漢史與凱特。

據我所知，史學家湯因比和社會學家素羅金提出類似的推測，比上述諸人都要早。一九五六年湯因比訪問日本，在答覆記者「今後那個國家將支配世界」的問題時，他就提到中國。一九七二年又曾提到以中國爲軸心，包括東亞各國成立世界政府之說。一九七三年湯因比在他編的《半個世界》（中日歷史與文化）一書的「引言」最後說：「東亞半個世界將一定要再顯身手。實際上，東亞在世界事務中具有壓倒性的重要。如果說，在人類史上，二十一世紀是東亞人的世紀，並非驚人之言」。

了解湯因比思想的人大概不會忘記，他和素羅金一樣，都曾把解救西方文化危機的希望寄於基督敎的復興。正如我們希望中國古典文化精神復活一樣，這些目標但願能早日達成。因爲今天我們面臨的多重危機中，除了核子戰爭及文化內部的危機之外，還有共產極權的意識形態的風暴正威脅着整個世界，要消滅這股世紀性的風暴，除了發揮民主、自由的力量之外，各大傳統中理想主義和人道精神的力量斷不可缺，任何狹隘的和我族文化中心的思想，都將削弱人類共同所賴的精神資源。

爲什麼湯因比和素羅金在寄望於基督敎之外，把目光都轉移到東亞或亞洲，並有高度的期待？這可能與第一次世界大戰以後，西方世界一直有西方文明沒落的斯賓格勒式的悲觀心態有關，這種心態不同程度地存在於多數西方危機診斷者的心中，卽連當代傑出的科學人文主義者布羅諾斯基，在省察科學文明活動的歷程時，雖表現强烈的「西方文化優越論」的觀點，但對整個人類文明的成長，仍不免發出「亞述、埃及、羅馬沒有保證，今日的西方國家亦無保證」的悲觀語調。這種心態激發出西方智者深刻地自省的智慧。如金先生文章開頭所說：「二十世紀是一個偉大的世紀，人類的創造發明改變了地球的面貌，使世界的進展，一日千里，日新又新」。說明斯賓格勒西方文明沒落的預言，至少到目前爲止並未應驗。今日西方雖然與埃及、羅馬一樣沒有保證，但今日西方是一開放社會，它具備不斷更新的系統，與傳統封閉社會以及那種倒豎金字塔型的統治形態並不相同。假如自由民主的開放社會眞的會衰落，甚至瓦解，我們的抗共鬪爭，將無希望可言。過去一百多年西風壓倒東風的悲劇，主要是由於「二十世紀才開始有眞正的人類的歷史」（金先生語），在這過程中，東西之間互相了解太少，而歧見太多。湯因比把二十一世紀寄望於東亞人，素羅金認爲「世界歷史中心」將由歐洲轉向太平洋的美國、中國、日本、印度和蘇聯，這是西方學者掙脫了長期以來「歐洲文化中心」偏見的開放襟懷的表現。如果當西方文明高度發展的今天，一直陪伴着一個貧窮落後的東方，不但難以抗共，長此以往，也勢必拖垮西方。我們不應該錯會西方智者的意思，把東亞人抬頭的希望寄託在西方文明的沒落上。下一個世紀將比這一個世紀更複雜而多變化，我們不希望出現誰領導誰的問題，既然已步入眞正的人類的歷史，就應該如史學家凱爾所說，整個世界的人民不再是殖民統治者或人類學者的研究對象，而是歷史家研究的對象。二十一世紀的世界中心，不應該只限於西方或東亞，應使全世界所有地區，國家觀念、社會、政治和歷史意識都能深入大多數的人民，使他們有機會創造自己的文化，生活在自己認爲合宜的社會中，如此人類才有和平相處的希望。

湯因比所以認爲中國在未來有領導世界的可能，是因爲中國人口衆多、傳統文化中曾孕育了「世界精神」以及與自然相調和的生活情調；此外，中國人還有既不走向過度工業化，也不再停滯於農業社會，而創出第三種發展模式的機會。其中包含許多值得中國人深思的大問題。不過以中國的現況來看，在未來二、三十年中，至少在民主與科學這兩個大課題上，恐仍將是一個學習西方的局面，一個文化的落後者，很難一躍而成爲文化的先知者。但願全體國人知恥奮發，讓未來的歷史證明我的想法是錯的。

一九八三年二月十日《中國論壇》

# 把經濟活力擴展到文化上去

## ——《東亞銳鋒》讀後

西方國家在東方爲所欲爲一百多年後，近年國際間興起一陣「東亞挑戰」的呼聲，這種呼聲於一九八二年經由美國《新聞週刊》的年終報導，已傳播到世界各地。該報導說，目前亞洲正處於有史以來最快速而持續的經濟成長中，過去十年，東亞非共黨國家及地區（主要指中華民國、日本、南韓、香港、新加坡）每年的經濟成長率，幾達百分之八，比西方工業先進國家的成長率超出一倍以上。因此，該刊認爲未來十至十五年內，亞洲的經濟力量必定會超過歐洲。一九七三年湯因比預測：「東亞半個世界一定會再顯身手」，他大概沒有想到，從預言到事實的過程，竟然如此之快。

自十九世紀中葉以來，中國在西方挑戰下曾屢經巨變，使五千年歷史的文化古國，幾陷於萬刼不復的境地。站在中國人的立場，面對這種「東亞挑戰」的呼聲，以及這種聲浪背後所呈現的種種事實，不僅特別敏感，也格外關切。東亞經濟力成長的新情勢，將爲東西文化在平等立場上會合（Prof. F. C. Northrop 於四十年代中期提出）的理想帶來新機運。中國學界在迎接新機運到來的同時，當務之急，應即時調整長久以來在西化思潮及自卑情結雙重壓力下探討中國文化與現代化的方法和觀點，使這方面的工作早日走向獨立研究之路。至於東西方部份學者特別關心的儒家倫理與東方企業精神或工業化亞洲之間的關係這一複雜的問題，也祇有在獨立研究的過程中，才有希望獲得逐步的解決。

到目前爲止，把東亞幾個經濟成長快速的國家地區視爲一個整體，並就政治、經濟、社會和心理諸範疇加以探討的，由哈佛大學兩位教授霍夫漢史（R Hofheinz, Jr.）與凱特（R E. Calder）合撰的《東亞銳鋒》（The Eastasia Edge）實爲創舉。此書主要探討下列幾個問題：(1)列舉事實及統計數據說明東亞經濟力成長快速的現象，對西方國家（尤其是美國）已形成挑戰；(2)東亞經濟優勢的成因；(3)西方應如何回應？

## 一、東亞的興起被視為對西方的威脅

針對第一個問題，本書指出：自一九七五年以來（書中引用資料止於一九八〇年），美國與太平洋彼岸的貿易總額，已超過美國與大西洋彼岸，美國從東亞輸入與輸出，約爲三比二，日本汽車，佔美國市場四分之一（每天五千二百輛），中華民國與韓國的紡織品佔美國市場絕大部份。一九七九年日本的國際貿易總額已高達二千一百四十億美元，光是臺灣一地的出口就超過西班牙、丹麥、巴西、南非、印尼、奈及利亞、利比亞及委內瑞拉等國。在一九七八年臺灣出口總額居世界第十六位，而一九七七年還只是第二十五位。韓國在一九七八年是第十五位。香港和新加坡依賴外貿較之臺灣與韓國尤甚，一九八〇年臺灣外貿總額佔國民總生產毛額的百分率爲百分之八三，韓國爲百分之五四，而香港則高達百分之一六〇，新加坡更高達百分之一八九。對比之下，美國僅佔百分之十六，因此，霍夫漢史說：「在東亞，出口貿易已成爲生活的一種方式。」同一年，世界五十家最大的銀行中，東亞卽佔了十五家。東亞的公司也已加入操縱世界的「多國籍公司」行列，日本已不用說，根據一九七九《財富》雜誌的報導，世界五百家最有聲望的非美國「多國籍公司」中，韓國擁有的數目與義大利一樣，在六年之前，還沒有一家韓國公司被列入名單。

從一九六三到一九八〇年的十八年間，東亞各國在强烈的外銷攻勢下造成的外貿奇蹟是：日本銷到美國的財貨總值，成長了二十三倍，大約是法國輸入成長率的兩倍，英國的三倍。如再加上香港、韓國、臺灣和新加坡，十八年間的成長率則爲四十八倍。一九七七年，美國進口的加工財貨的七百四十九億美元中，有百分之三七是來自東亞，英國和法國分別是百分之九和百分之五。一九七七年以後，其比率有增無減。所以美國並不是唯一面對東亞快速上升的外銷潮的國家，卽使對東亞產品有嚴格限制的義大利，自一九六三年以來，其進口也高漲了六倍以上。

基於以上「東亞挑戰」的事實（本書在這方面所列擧的事實及統計數據頗欠完整），本書作者向西方國家提出警告：「歐洲與美國如日中天的工業王國時代已成過去，短短幾年內，在亞洲，尤其是在東亞地區，已結束了其支配世界的地位」。在警告中似亦不免有誇大其辭之處，如謂「工業的東亞已順利地成爲一個高度繁榮及極具潛力的經濟地區，就其規模與動力而言，已超過北美及歐洲的經濟」。最令人遺憾的是本書作者在警告與誇張中所表露的西方帝國主義心態，他們認爲「照目前的情勢下去，東亞最後將不再是一個容易控制的地區，對我們的安寧會是個主要的威脅」。因此，他們把新興的東亞視爲足以威脅他們國家安全的「潛在敵人」。

## 二、想想促成經濟成就的政治文化特質

對於東亞經濟優勢成因的探討，本書所採取的方法是多角度多因素的。雖然西方人心目中的東亞至今仍勉强被視爲一個共同文化區，作爲他們整體觀察東亞的背景；事實上這個地區的各國之間，不僅有各自不同的傳統，在百年來西方挑戰下所引起的社會變遷的走向也各自不同，這種差異在可見的將來勢必愈趨擴大，所以，尋找東亞經濟優勢形成的原因，不可能有簡單的解答。

從整體觀察出發，本書認爲在下列各點東亞人具有基本的相似：(1)體型上有共同特徵：長得很像；(2)東亞文字系統都是借用傳統的中國文字；(3)分享著一個傳統，卽以農業爲基礎的家庭，

以及中央集權體制的組織。加上政治文化中的國家主義（指愛國情操與强調國家安全等）及機密（重大決策不必經過公開討論），遂形成東亞力量的共同來源。

本書雖强調東亞國家有共同的社會和文化基礎，但認爲其他不同的因素也很重要，這不同的因素卽結構的不同。作者們（指兩人合撰部份）稱日本爲「一個組織的國家」（指組織健全的企業），韓國有「積極的政府干涉主義」，中華民國爲「有效的國營企業資本主義地區」（指控制並管理經濟），新加坡爲「儒家社會主義式的資本主義」（指其混合了儒家、社會主義及資本主義的特質，而又重視社會福利），香港是「中國人的一個奇蹟」（得力於西方人的幫助及中國勞工與才能）。這種多樣性代表東亞國家最主要的資產。

此外，有利於東亞經濟發展的因素，還有：(1)社會結構比較能適應各種政策上的激烈改變，因東亞社會權力集中，權威受到尊重，卽使決策當局做了錯誤的決定，在未有新的決策力量出現之前，民衆照樣服從。(2)由於東亞國家實施一黨獨大的方式，因此得以安定，於是提供了經濟穩定成長的環境。(3)東亞國家能制訂各種有利於資方的稅法、賠償法、勞工法等，這是世界其他地區的國家無法辦到的。

對目前東西方部份學者特別關注的儒家倫理與東亞經濟發展之間的關係這個課題，雖受到本書作者們相當程度的重視，但並未用力探究，把散置書中有關此一課題的簡單陳述歸納起來，約有數端：「儒家的仁愛」可以看作是和諧的勞工關係的關鍵因素；中國人强固的家族和事業聯繫，提供了經濟共榮的方法；東亞人能容忍高度的無理要求，而在壓力下仍然可靠地執行任務，這充分顯示東亞人對政府和制度的忠貞力量。作者還特別强調，「這種忠貞就深植在我們所謂的『東亞銳鋒』的心臟地帶」。這股忠貞力量的歷史與文化的根源，自然和儒家倫理有密切關係。

在所有因素的解釋中，作者們顯然比較看重權威政治與子民對政府的忠誠這兩個相關的因素，視之爲東亞政治文化的核心，而東亞國家的經濟成就則與其政治文化不可分割。當一九一五年韋伯出版《儒教與道教》一書探討儒教與資本主義關係時，曾認爲中國傳統的禮法，是中國所以未能產生資本主義的根因之一。想不到由禮法所特別强調的權威政治，以及由禮法所著意訓練的子民的忠誠，竟然在今天東亞經濟的成長中扮演如此重要的角色！一向關心中國文化與現代化關係的學者們面對這個事實，會有什麼感想呢？在經濟方面既如此，這樣的政治文化，對東亞國家的政治民主化前途，又將產生怎樣的影響呢？這都是讀完此書應仔細思索的問題。

面對東亞經濟的挑戰，西方（主要指美國）應如何回應？作者之一的凱特提出一系列建議：

## 三、總應該用自己的方式參加競賽

第一，美國要想在東亞市場上重新取得優勢，就必須盡快提高科技水準，並延後對敵手的科技轉移。

第二，保護政策是無效的，因這樣做會造成相關工業中更高的失業率，而且也減弱保護工業的項目在外國市場上的競爭力。此外，設限保護會鼓勵東亞國家的研究發展，邁向更高級的製造業，將使美國面臨更激烈的競爭。但爲了配合外交，作者不反對政府隨時可設限、禁運的權力。

第三，不要盲目地學習東亞，因東亞在經濟上的傑出成就，美國卽使學得來，也是不願去學的，例如嚴格的高階層集權與保密等。美國不能爲了追求經濟上成就而犧牲個人主義，那樣做會對民主造成精神上與實質上的損害。凱特肯定地表示，「眞正使東亞經濟成功的條件，是無法轉移至西方的」。但也不主張完全排斥東亞模式，它「必須只是小菜，不能當正餐」，西方眞正應該學到的，不是東亞的方式，而是在學習過程中的自我成長。

第四，要以自己的方式參加競賽。凱特擧了一些實例，實例之一是美國加州新興的矽谷半導體工業中心，在發展過程中，政府極少參與，這地區創力十足的廠商們，並不寄望政府的幫助，寧可由廣大的消費市場來決定自己的命運，結果這一工業區的成長率比美國的平均成長率高出四倍。

第五，發動所有大學、政府與商業公司，共同研究，分析東亞。也需要一批能適合未來潮流，使用東亞各國的語言，而又不爲任何特殊利益所誘的大學生，參與擴展貿易的工作。

第六，鼓勵儲蓄與投資。

我所以不憚煩地列擧凱特的建議，是因其中有些見解，對我們這個長期在西方文化壓力下生存的國家，思考究應如何回應的問題時，仍有參考的價值。其見解適用的範圍可不限於經濟，文化問題亦然。「要以自己的方式參加競賽」，日本在企業經營方面已有成功的例子，希望今後在文化上也能保住這個信念。

## 四、把開創經濟的活力延伸到文化上

當作者警告西方不要一味模仿東亞，因那樣「不但隱含危險，甚至可能自取滅亡」時，可能出於西方優越的意識，但「不要盲目地向對方學習」，不論對我們或對西方，都具有警惕作用。中國人在過去大半個世紀裡，由於盲目學習，不知付出多大的代價。

本書最後的警句，值得一引：「挑戰不是來自對手，而是在於我們如何反應，如何發揮創造力？如何增加信任度？以便我們能夠堅強地面對將來臨的經濟風暴」！這也是我們向國人一再呼籲過的。中國人不能發揮創造力，對自己缺乏信心，已有一段時日，希望能把成就經濟的活力延伸到文化領域，眞正能獲得「在學習過程中的自我成長」。

一九八四年一月十日《中國論壇》

# 迎接學術的新挑戰



近年來國際間有少數社會科學的學者，在探討一項新的課題，希望找出東亞地區（包括中華民國、南韓、新加坡、香港）近二十年來經濟快速成長的原因。這方面的研究雖起步不久，業已引起國際學界的重視，主要是因爲：第一，他們希望從東亞地區經濟發展的新模型，在以西方中心建立起來的現代化理論之外，發現現代化的第二個例子；第二，他們希望經由學術的研究，能了解其他國家，尤其是經濟落後地區，學習東亞新模型的可能性有多大？

毫無疑問，就世界的整體發展而言，以上這兩個問題的探討，具有重大的意義。針對第一個問題，目前學者們指出，個人主義的精神曾是促進西方現代化的主要動源之一，而在東亞地區，個人主義雖有少數知識份子提倡，但迄未成爲政治文化的核心。促進東亞經濟發展的動源之一，不是個人主義精神，而是由於社會權力集中，權威受到尊重，以及人民對政府的忠誠。基於這種顯著的差異，學者們希望從東亞模型能發現現代化的第二個例子的想法，是可以理解的。但問題並不如此簡單，因根據西方現代化的理論，所謂現代化不僅是經濟與技術的層次，還涵蓋制度、風俗習慣、思想及價值等層次；最低限度，一個現代化的社會，除了經濟與技術的變革之外，還應該包括社會多元化和政治民主化的條件。從這個標準來看，東亞模型未來的發展是否能成爲另一個現代化的例子，猶待事實來證明。假如東亞經濟發展的動源，果如西方學者所指陳的，是由於社會權力集中等因素，那末對社會多元化和政治民主化的發展，可能造成不利的影響。而且凡是能稱之爲現代化的社會，一定具有一些共同的特徵，如工業化、專業化、數量化等，否則這個名詞就不可能既適用於西方，又適用於東亞。所以未來東亞的發展，恐怕不能看做另一個現代化的例子，而祇是現代化的另一種型態，這種型態是由於反應傳統文化的特質以及善用傳統文化的資源而成，因此不同的國家可以呈現不同的面相，這是現代化的特殊一面。所以一個非西方的國家要成爲現代化的社會，必須使現代化的普遍性與本土的特殊性成功的結合，也就是說，借取西方與傳統更新是同時並進的，一味强調它的獨特性，而忽略它的普遍性，將如以往以西化卽現代化的論調同樣地偏頗，難以逼近問題的眞相。

針對上述的第二個問題，學者提出文化論與制度論兩種不同的解釋：所謂文化論是把推動經濟成就的文化因素賦予較重要的角色，其中包含倫理、宗教、社會制度等；所謂制度論則偏向於經濟政策及其措施。假如制度論是對的，那末東亞模型就有輸出的可能；如果文化論是對的，那末它輸出的可能性就值得懷疑。就臺灣經驗來看，這兩種解釋不應該是對立的，制度方面的因素對臺灣過去二十年中的經濟成就所佔的重要性極爲顯著；另一方面，一個中華文化地區，在它的經濟發展中，文化因素若非扮演重要的角色，也是很難令人想像的。問題在複雜的文化因素中，究竟那些項目影響的程度比較大？以及它是通過怎樣的方式發生影響？這些影響在經濟發展的初期或許是有利的，對以後的經濟成長可不可能變爲負面的作用？這些問題都待進一步的研究予以澄清。這方面的研究，不僅對臺灣未來的經濟，對社會文化的發展，同樣有重要的意義。

學者們所以對東亞發展的模型深感興趣，原因是多方面的：重新考驗韋伯的論斷是其一，此特別關係到儒家倫理精神與資本主義發展之間關係的重探，很可能因此爲儒家研究開闢一個新的方向，使我們對儒家價值系統的現代意義，有進一步了解的機會。《日本第一》的刺激是其二，學者們希望藉這方面的研究能仔細估量日本成功的經驗對西方人是否有藉取的可能？除此之外，關懷第三世界的出路，則爲另一强烈的動機。二次大戰後，第三世界在民族主義的立場上，既厭恨美、蘇兩個超級强國，而在國家發展的意理上，又徘徊掙扎於二者之間，如果東亞模型能成功地發展出現代化的另一型態，對第三世界當是一大鼓舞。

中國人在國際學壇上失去重要地位，已有很長一段時日，當前與我們未來發展息息相關的東亞模型的研究，正是我們學界一顯身手的好時機，希望人文學者與社會科學家能通力合作，迎接學術的新挑戰，在這個新課題上，表現出我們的貢獻來。

一九八四年十二月二十五日《中國論壇》

# 從思想層面看《一九八四》

從思想層面來剖析《一九八四》的問題，我準備分兩部份來談：第一部份是有關《一九八四》這本書所描述的在現代科技影響下的新極權政制；第二部份想看看現代科技對於思想及哲學方面的影響。

《一九八四》所描寫的政治形態，由於科技因素的加入，我們可稱它爲新極權政制。這種新極權政制的特色列舉如下：

㈠黨代表眞理，操縱眞理。該書所講的「眞理部」，實際便是搞宣傳的謊言部，這種現象似已不是預言，如蘇聯的《眞理報》、大陸上的《人民日報》，就是這樣的性質。因此，我今天重看這一本書，跟二十多年前看這本書的感覺已不一樣，那個時候的感覺很新奇，而現在我已看過蘇聯以及中國大陸上許多迫害知識份子的殘酷報導，就會覺得這本書所描寫的種種迫害方式已不算新奇。至於黨代表眞理，操縱眞理，如把「黨」換成「統治者」，那麼在馬基維里、韓非等古老的政治思想中，也不難找到類似的想法。而今由於科技的條件，使其效果更擴大，恐怖的程度也加强。

㈡充分發揮愚民之術。他們信仰「愚昧就是力量」。事實上，這種現象在今天一些極權社會裡，也很普遍，他們崇拜敎條，剝奪人民知的權利。不過，在《一九八四》這本書裡，對這方面有格外露骨而澈底的描述，代表一種極端的現象。

㈢消滅獨立思想的知識份子。本書中溫士敦就是這種知識份子的代表，因爲他們揭發謊言，反對敎條，相信「智慧與知識才是力量」，這種人在任何形式的極權統治下，都會受到迫害。

㈣以追求權力爲惟一目的。凡是極權政治不論古今，無不以追求權力爲其最高的目標，這一種權力用羅素的定義來解釋，那就是「赤裸的權力」，它既不需傳統的依據，也不要人民的同意。

㈤透過思想改造改變人性。其中消滅異己的方法，不像傳統的宗敎迫害，殺了你讓你做烈士，他們用洗腦的方法讓你受精神折磨侮辱自己，消滅你的意志力，使你不僅澈底屈服，還要你愛黨、愛「老大哥」。

㈥用電視幕作爲監視的工具。這一點在目前一些極權社會還沒有做到，但是現在用人來監視的方法，有比電視幕更厲害的一面，電視幕畢竟是個死東西，而人可以捏造事實加以陷害，比電視幕更叫人恐怖。

根據上述新極權政制的這些特徵，我可以提出以下幾點看法：

其一，新極權與舊極權在本質上並無多大差異，只是由於科技因素加進來以後，迫害的方式已有所不同。

其二，像本書所描寫的溫士敦這樣一個角色，他的知識、信念及思想，無異是舊傳統、舊文明的代表。舊傳統、舊文明的精神基礎是自由、尊嚴、愛等，所以溫士敦在新極權統治下接受審判，無異是這種精神基礎受到審判，因此新極權統治如果成爲事實，勢必摧毀舊傳統、舊文明。

其三，新極權政治充分發揮了人類的破壞性。我認爲在二十世紀思想上有一個新的突破，就是對於人性的了解，特別是弗洛姆（Erich Fromm）等心理學家對人的破壞性的了解，這是非常值得我們注意的。由於第一次世界大戰後，對納粹與法西斯的研究，促使對人性了解有更深更廣的拓展。如今，我們很需要改變一個相當流行的觀念，就是當我們日常看到種種暴行事件，大家總是說，這個人喪失了人性，其背後的假定是：「人性是善良的」；現在，我們基於對人性的新的瞭解，實在應該說：「這也是人性」，人性中也包含殘暴的一面。從弗洛姆的研究結果來看，他認爲互相殘殺，並不是動物共有的本能，一切動物中只有人是互相殘殺的；嗜殺也不是人類的共有本能，史前的人就比較和平。由此可知文明越進步，人類越嗜殺。《一九八四》把人類的破壞性一面做了極生動而又令人震驚的描寫。

其四，當《一九八四》一書出版之後，有人問：「像這樣的一個社會，在技術上是否可以辦得到？」現在我們可以回答：在技術上絕對可以辦得到。另外又有人問：「國際情勢是否允許這樣的發展？」這個問題就比較不容易回答，要看個別的情況而論。不過，有一點是可以確定的，由於科技强化控制術，極權統制較前更爲鞏固。

前面是針對《一九八四》這本書而言，以下我想談談科技對思想或哲學的影響，這方面可談的問題當然很多，但是我比較關心的則爲下列三點：

(1)自我形象面臨瓦解

現代科技所帶來的新挑戰，其最嚴重的影響之一是人的自我形象整個破碎了，我們在過去幾千年，相信「人爲萬物之靈」，相信「人是理性的動物」，很少有人去反對這些假設。此外，自由、尊嚴這些基本理念，也很少有人反對。但是近代以來由於科技發達，這些都受到了挑戰。如史基納（Burrhus F. Skinner）的《超越自由與尊嚴》（Beyond Freedom and Dignity）一書中，他認爲自由與自由意志是人的一種幻覺，而自我主宰（自我控制）這回事根本就不存在，他認爲人的行爲可經由訓練而加以控制，人的行爲完全爲環境所決定。他的這些想法，正好爲《一九八四》所構想的新社會提供了一套理論基礎。從史基納的觀點來看，只有把人看做機器，人的幸福才有可能實現。但從過去幾千年的傳統來看，這無異是整個人性尊嚴的瓦解。

我們也可以追溯一下，一個比史基納更早的心理學先驅鍾士（Ernest Jones），他出生于一八八〇年，到二十世紀前期發生相當大的影響，他說科技對人類一步一步進逼所帶來的打擊是：幾千年來我們人類都相信宇宙是以地球爲中心，哥白尼把這個宇宙觀推翻了；然後達爾文又把「人爲萬物之靈」的觀念推翻了，從進化論來看，人根本就是自然的一部分，是由動物演化來的；最後弗洛依德把「人爲理性的動物」及人可爲意識所控制等說也推翻了。因此，人對自己的形象失去了共識，人的特點究竟在那裡？這是科技所帶來的很嚴重的問題。

(2)哲學心靈的沒落

也許很少有人注意到，對所有學科來說，科技所帶來最嚴重的危機就是哲學心靈的沒落。原來所有的學說都是以哲學爲母體發展出來的，哲學就像一個很富有的大家族，眼看一個一個學科獨立出去之後，可說是技葉繁茂，子孫發達，可是哲學本身曾有衰退的趨勢，母體在廿世紀前半顯得有些貧乏。同時我們也看到過去哲學上討論的一些基本問題，其他的學科也在探討。例如哲學長期以來討論：「生命的本質是甚麼?」現在生物化學也探索其中奧秘。又如：「善惡的問題」，心理分析學家也感興趣。又如宇宙的本質或起源，這也是過去哲學上的大問題，這些問題今天已不能不讓給探索宇宙奧秘的科學家去處理。有些哲學的基本問題現代人則不感興趣，如上帝存在不存在的問題、靈魂不朽的問題，都是傳統形上學的基本問題，而現代的哲學家們已不大關心。主宰現代社會的一個基本原理是「變」，人的永恒感也跟著喪失。跟永恒感喪失相伴而來的另一個問題，是人對於「不朽的願望」也消失了。什麼是不朽？現代人對於這種願望很淡泊。

這都是哲學心靈沒落的現象。今天，搞哲學的人，面對上述的現象，能不感到困惑嗎？

羅素在他晚年接受訪問的時候，他說：數學給我帶來很大的滿足，這方面我一生沒有遺憾，但在哲學方面，我很失望。另外一位哲學家是在存在主義方面有很大影響的沙特，他除了哲學之外，在文學方面也很有成就。沙特跟他的伴侶西蒙·波娃有一段對話，波娃問他，哲學與文學二者，你希望在那一方面能够不朽？沙特的回答也很出人意外，他希望在文學方面獲得不朽。但是，事實上他是廿世紀很具代表性的哲學家之一。

哲學在今天，縱然不是破落戶，也已失去過去歷史上的那樣崇高的地位。廿世紀畢竟是一個科學當令的時代。

(3)科技人文分離

一九五九年英國劍橋基督學院院士史諾發表了以〈兩種文化與科學革命〉爲題的演講，史諾所以提出「兩種文化」的觀點，是源于三十年代他在劍橋讀書時候看到的一些現象，爾後再慢慢觀察思考衍生出來的。是些什麼現象呢？他看到劍橋的一些科學家跟人文方面的敎授們各守門戶，互不交往，彼此不能溝通，你瞧不起我，我瞧不起你。他看到老師輩彼此之間隔絕，代表了人類心靈的分離，此種分離將帶來極嚴重的問題。我想這個問題可能是今後哲學上最大的考驗，哲學家要克服這樣的問題，必須能超越二者之上，要超越兩者之上又談何容易？一方面對科學要有相當的了解，另一方面對人文又要有精深的理解，然後才能够談兩者的超越。像做這樣的工作，到目前爲止較受到注意的有布羅諾斯基（J. Bronowski），他被稱爲科學的人文主義者，曾經寫過幾本書，爲科技與人文之間架設橋樑，他有一個最基本的論點是：科技跟人文的心靈是一體的，獨立與自由不僅是人文實踐的條件，也是科學實踐的條件；科學上的不確定原理，就是民主社會裡容忍的原理。我覺得他的思考非常有意義，平常我們總是把自由、獨立、寬容等觀念，局限於人文學家講的範疇，但由布羅諾斯基的觀點來看，科學家的活動也不能例外。他主要的目的就是要重建整體的文化觀，從而解決因受科學方法的影響所造成的各門學科愈分愈細的分離現象。像現在的環境運動，所强調的就是一種整體觀，人與自然不是對立，否則便會產生很嚴重的後果。

在我們的社會裡，對於兩種文化的理念雖然還是不太清楚，但早已影響到我們的教育制度，使青年受到相當嚴重的損害，我指的是高中階段的文、理分組，使唸文科的青年忽視理科的重要，唸理科的青年不願學習地理、歷史的知識，如此的教育制度長期影響的結果，這兩種人將來到社會上去，形成互相不交的兩種心靈，必然會產生許多新的問題。這個制度今天看來，有立即改正的必要。

一九八三年十二月二十五日《中國論壇》

# 我們的反省與展望

## ——《中國論壇》八週年

《中國論壇》創刊到今天已是八週年，我們想趁這個社慶之日冷靜地把過去的工作做點反省與檢討：做得對的，今後應繼續努力；做錯的，應加倍警惕並力求改正；應該做還沒有做的，宜排除困難設法予以補充。每一個人都必須不斷地自我反省與檢討才能進步，一個雜誌的成長也不例外。

《中國論壇》如大家所知道的，是結合一群知識份子，共同支持的雜誌，他們的本份工作是本行的學術研究，不過，除了教學與研究之外，對國家對社會還有責任感，因此願意將他們的專業知識經由通俗化的方式，針對社會各種問題，把他們的見解傳達給社會大衆。這是在現代社會裡才比較容易產生的新型角色，這種角色具有兩個基本的特色：一是批判的心靈；一是社會的關懷。所以不但要學有專長，且必須有相當的熱情與勇氣，這種角色對正在走向自由開放的社會，有特殊的功能。

當然，《中國論壇》絕不是一份同人雜誌，一群知識份子祇是發揮核細胞的作用，運用他們各自的關係，就各種問題邀請海內外各方相關的學者獻其所長，所以在過去八年中，應邀撰稿及出席座談的人士，至少在一千人以上。

由於這是一份以知識份子爲主體的刊物，所以創刊伊始就走計劃編輯的路子，每期至少有一個專題，專題涉及的範圍甚廣，除少數例外，大約可分政治法律、學術文化、社會、教育、經濟、大陸中共問題、國際外交、科技等八類，根據這八類概略的統計，大抵能看出我們過去工作的方向、重點及其局限。

㈠政治法律類　屬於這一類的專題共有四十四次，約佔百分之二四。內容包括選擧、國是、新政府獻言、內政、對執政黨的期望、民主與法治、加速推展民主、民主的挑戰與回應、民主理想與政治現實、利益團體與民主、國會、文官制度、貪汚、人權與憲政、憲法與人權、獄政與人權、法院改隸、違警罰法、選罷法、地方自治、暴徒殺害警察、社會安寧秩序維護法、公務員懲戒制度、考政缺失、法治社會與法學敎育等。

㈡學術文化類　屬於這一類的專題共三十八次，約佔百分之十九點五。內容包括人文精神、宗敎、傳統習俗與現代生活、民俗中的傳統精神、徘徊在傳統與現代之間、臺灣的現代化問題、民族音樂、文化建設、生活品質、春節與年俗、青年人談社會文化、文化問題、生態匱乏與新世界觀、性與文化、「五四」談文藝、「七七」抗戰回顧、歷史教育、臺灣史、中國經濟史、日本修改歷史教科書、老人倫理、孝道、心理學在美國、如何提高學術研究水準、學術審查制度、中山思想的現代意義、新儒家與中國的現代化、新儒家與自由主義精神、啓蒙運動在中國、從中國的歷史文化看臺灣的現在與未來、科技發展與社會文化等。

㈢社會類　這一類的專題共三十七次，約佔百分之十九。內容包括青年問題、勞工、新女性、婚姻、休閒、醫療、食品衞生、就業、婦女問題、城鄉人口移動、社會工作專業化、山胞、公車、交通、住宅、保護消費、性、公娼、職訓、勞力市場、鄉民性格轉變、攤販、媽祖與媒婆、代溝、地域觀念、少年犯、社會犯罪、都市環境、都市更新、多元社會與多元價值等。

㈣教育類　專題共二十五次，約佔百分之十三。內容包括語文、聯考、國民教育、中小學科學課程、體育、大專生心態、技術教育、大學教授、社會讀書風氣、大學系所調整、補習班、兒童教育、兒童讀物、兒童與電腦、大學入學制度、國中教育、大學新鮮人、電視、電影等。

㈤經濟類　專題二十二次，約佔百分之十一點五。內容包括人口、方向與策略、農業、糧食、平均地權、加值稅、十大建設、匯率制度、高級工業、經濟犯罪、能源、企業管理、中國式管理、賦稅改革、景氣預測、工業升級、拆船王國、經濟危機、經濟辯論、外銷、資訊、經濟與技術等。

㈥大陸中共問題類　專題有十次，約佔百分之五點二。內容包括天安門事件、毛死後大陸情勢、中共研究、「十一全會」、大陸情勢、三十年檢討、青年動向、中共今後動向與統一問題、中國之春、大陸青年。

(七)國際外交類　共七次，約佔百分之三點六。內容以中美關係及美國的人權外交爲主。

(八)科技類　僅三次，約佔百分之一點六。科學精神與現代人生一次，科技發展兩次。

本刊兩週年時，在〈我們的目標與努力方向〉一文中曾說：「我們已走出了一條路——一條發揮知識力量、開拓國家社會現代化前途的路」。依據上列各類中專題內容所顯示的，過去八年我們不但堅持原定的方向，而且在這條路上也越走越廣，越走越深。至於工作重點，就雜然紛陳的專題看，大抵可簡約爲三項：

(1)維護自由人權　自由、人權，還有個人的尊嚴，是國家走向現代化必須維護的基本原則，這些基本原則如不能充分實現，國家社會的全面現代化絕不可能。政治法律類的專題，直接間接都在伸張這些原則，且佔最高比例，說明本刊對這方面的問題已給予最大的關注。我們深深了解到，要全民團結，努力實現這些基本原則，才是最有效的途徑。此外，這也是反共鬥爭中，最足以憑恃的資源。

(2)導引社會變遷　最近十多年來，臺灣由於經濟成長快速，因此整個社會也隨之加速變遷。現在大家都知道，我們正面臨社會轉型期，在轉型的過程中舊有的問題如交通、社會犯罪、青少年、娼妓、攤販等愈來愈嚴重，同時也出現了許多新的問題，如代溝、保護消費、休閒、都市更新等。對這些問題做深入的探討，並提出解決問題的具體建議，使臺灣社會能朝合理的並能符合現代化的目標去變，正是知識份子的責任。從社會類的專題內容看，本刊在這方面也做了相當大的努力。

(3)加强知識服務　愈現代化的社會，專業知識及具備專業的知識份子在社會愈顯得重要。因現代化社會是一新型的社會，不但問題複雜，而且每一個問題都可能牽涉甚廣，這些問題都不是僅靠傳統經驗和個人的聰明就能解決的，診斷現代社會的問題並提出有效的方案，絕大部分需依賴各方面專家學者的協助。所以現代國家政府中的成員，其知識水平愈高，而又能善引知識份子的參與，那末這個政府解決問題的能力也必定愈强。近十年來，我們的知識份子參與政治、社會、教育、經濟等各方面事務討論的越來越多，這是社會轉型期中應有的現象。《中國論壇》在這方面雖非開風氣之先，但對這股風氣的推動起了相當的作用。我們透過專題探討的方式，使各方面的學者，甚至工商界有經驗的業者，把他們的智慧與見解，提供給社會大衆及政府決策者參考。一個社會如果受過教育的大衆對自己社會的問題多漠不關心，或關心而缺乏形成自己見解的能力，這個社會是不容易現代化的。建設現代化的社會，要靠社會大衆的覺醒，有了覺醒的大衆，才能使各級政府提高其工作效率，並使其做決策時格外愼重。集合各方學者的智慧，加强知識服務，使他們的見解和建議能傳達到社會各階層，希望因此能形成意見氣候，是本刊一貫努力的目標之一。

從以上的各類的統計可以明顯地看出，國際外交與科技這兩方面的專題做得很少。國際外交方面，對美國以外的地區，尤其是近鄰日本以及足以影響未來世界前途的第三世界問題，今後將努力突破以往的局限，給予較多的關切。

科學、技術方面的問題當然重要，很高興目前這方面已有幾種專業性的刊物出現。今後本刊將以社會文化爲其主要的重點，並望能提高探討的層次，因爲國家社會的現代化，如不能促使思考模式、感情表達、生活方式等精神方面有所改變，就很難達到眞正的現代化。

《中國論壇》走的路、追求的目標，以及所負的使命，容我們大膽的說，也就是中國全體有良知、有熱血的知識份子走的路、追求的目標與所負的使命。因而，站在這創刊八年的里程碑旁，邁向新的年度時，我們熱誠的向知識份子朋友們招手，請支持我們，請加入我們的行列！

一九八三年十月十日《中國論壇》

# 滄海叢刊書目

**國學類**

| | |
|---|---|
| 中國學術思想史論叢(一)～(八) | 錢　穆　著 |
| 現代中國學術論衡 | 錢　穆　著 |
| 兩漢經學今古文平議 | 錢　穆　著 |
| 宋代理學三書隨劄 | 錢　穆　著 |
| 先秦諸子繫年 | 錢　穆　著 |
| 朱子學提綱 | 錢　穆　著 |
| 莊子篡箋 | 錢　穆　著 |
| 論語新解 | 錢　穆　著 |

**哲學類**

| | |
|---|---|
| 文化哲學講錄(一)～(五) | 鄔昆如　著 |
| 哲學十大問題 | 鄔昆如　著 |
| 哲學的智慧與歷史的聰明 | 何秀煌　著 |
| 文化、哲學與方法 | 何秀煌　著 |
| 哲學與思想 | 王曉波　著 |
| 內心悅樂之源泉 | 吳經熊　著 |
| 知識、理性與生命 | 孫寶琛　著 |
| 語言哲學 | 劉福增　著 |
| 哲學演講錄 | 吳　怡　著 |
| 後設倫理學之基本問題 | 黃慧英　著 |
| 日本近代哲學思想史 | 江日新　譯 |
| 比較哲學與文化(一)(二) | 吳　森　著 |
| 從西方哲學到禪佛教——哲學與宗教一集 | 傅偉勳　著 |
| 批判的繼承與創造的發展——哲學與宗教二集 | 傅偉勳　著 |
| 「文化中國」與中國文化——哲學與宗教三集 | 傅偉勳　著 |
| 從創造的詮釋學到大乘佛學——哲學與宗教四集 | 傅偉勳　著 |
| 中國哲學與懷德海 | 東海大學哲學研究所主編 |
| 人生十論 | 錢　穆　著 |
| 湖上閒思錄 | 錢　穆　著 |
| 晚學盲言(上)(下) | 錢　穆　著 |
| 愛的哲學 | 蘇昌美　著 |
| 是與非 | 張身華　譯 |
| 邁向未來的哲學思考 | 項退結　著 |

| | |
|---|---|
| 現代藝術哲學 | 孫　旗　譯 |
| 現代美學及其他 | 趙天儀　著 |
| 中國現代化的哲學省思 | 成中英　著 |
| 不以規矩不能成方圓 | 劉君燦　著 |
| 恕道與大同 | 張起鈞　著 |
| 現代存在思想家 | 項退結　著 |
| 中國思想通俗講話 | 錢　穆　著 |
| 中國哲學史話 | 吳怡、張起鈞　著 |
| 中國百位哲學家 | 黎建球　著 |
| 中國人的路 | 項退結　著 |
| 中國哲學之路 | 項退結　著 |
| 中國人性論 | 臺大哲學系主編 |
| 中國管理哲學 | 曾仕強　著 |
| 孔子學說探微 | 林義正　著 |
| 心學的現代詮釋 | 姜允明　著 |
| 中庸誠的哲學 | 吳　怡　著 |
| 中庸形上思想 | 高柏園　著 |
| 儒學的常與變 | 蔡仁厚　著 |
| 智慧的老子 | 張起鈞　著 |
| 老子的哲學 | 王邦雄　著 |
| 逍遙的莊子 | 吳　怡　著 |
| 莊子新注（內篇） | 陳冠學　著 |
| 莊子的生命哲學 | 葉海煙　著 |
| 墨家的哲學方法 | 鐘友聯　著 |
| 韓非子析論 | 謝雲飛　著 |
| 韓非子的哲學 | 王邦雄　著 |
| 法家哲學 | 姚蒸民　著 |
| 中國法家哲學 | 王讚源　著 |
| 二程學管見 | 張永儁　著 |
| 王陽明——中國十六世紀的唯心主義哲學家 | 張君勱原著、江日新中譯 |
| 王船山人性史哲學之研究 | 林安梧　著 |
| 西洋百位哲學家 | 鄔昆如　著 |
| 西洋哲學十二講 | 鄔昆如　著 |
| 希臘哲學趣談 | 鄔昆如　著 |
| 近代哲學趣談 | 鄔昆如　著 |
| 現代哲學述評㈠ | 傅佩榮編譯 |

| | |
|---|---|
| 當代西方哲學與方法論 | 臺大哲學系主編 |
| 人性尊嚴的存在背景 | 項退結編著 |
| 理解的命運 | 殷鼎著 |
| 馬克斯・謝勒三論 | 阿弗德・休慈原著、江日新譯 |
| 懷海德哲學 | 楊士毅著 |
| 洛克悟性哲學 | 蔡信安著 |
| 伽利略・波柏・科學說明 | 林正弘著 |
| **宗教類** | |
| 天人之際 | 李杏邨著 |
| 佛學研究 | 周中一著 |
| 佛學思想新論 | 楊惠南著 |
| 現代佛學原理 | 鄭金德著 |
| 絕對與圓融——佛教思想論集 | 霍韜晦著 |
| 佛學研究指南 | 關世謙譯 |
| 當代學人談佛教 | 楊惠南編著 |
| 從傳統到現代——佛教倫理與現代社會 | 傅偉勳主編 |
| 簡明佛學概論 | 于凌波著 |
| 圓滿生命的實現（布施波羅密） | 陳柏達著 |
| 薝蔔林・外集 | 陳慧劍著 |
| 維摩詰經今譯 | 陳慧劍譯註 |
| 龍樹與中觀哲學 | 楊惠南著 |
| 公案禪語 | 吳怡著 |
| 禪學講話 | 芝峯法師譯 |
| 禪骨詩心集 | 巴壺天著 |
| 中國禪宗史 | 關世謙著 |
| 魏晉南北朝時期的道教 | 湯一介著 |
| **社會科學類** | |
| 憲法論叢 | 鄭彥棻著 |
| 憲法論衡 | 荆知仁著 |
| 國家論 | 薩孟武譯 |
| 中國歷代政治得失 | 錢穆著 |
| 先秦政治思想史 | 梁啟超原著、賈馥茗標點 |
| 當代中國與民主 | 周陽山著 |
| 釣魚政治學 | 鄭赤琰著 |
| 政治與文化 | 吳俊才著 |
| 中國現代軍事史 | 劉馥著、梅寅生譯 |
| 世界局勢與中國文化 | 錢穆著 |

| | |
|---|---|
| 中華文化十二講 | 錢　穆著 |
| 民族與文化 | 錢　穆著 |
| 楚文化研究 | 文崇一著 |
| 中國古文化 | 文崇一著 |
| 社會、文化和知識分子 | 葉啟政著 |
| 儒學傳統與文化創新 | 黃俊傑著 |
| 歷史轉捩點上的反思 | 韋政通著 |
| 中國人的價值觀 | 文崇一著 |
| 紅樓夢與中國舊家庭 | 薩孟武著 |
| 社會學與中國研究 | 蔡文輝著 |
| 比較社會學 | 蔡文輝著 |
| 我國社會的變遷與發展 | 朱岑樓主編 |
| 三十年來我國人文社會科學之回顧與展望 | 賴澤涵編 |
| 社會學的滋味 | 蕭新煌著 |
| 臺灣的社區權力結構 | 文崇一著 |
| 臺灣居民的休閒生活 | 文崇一著 |
| 臺灣的工業化與社會變遷 | 文崇一著 |
| 臺灣社會的變遷與秩序(政治篇)(社會文化篇) | 文崇一著 |
| 臺灣的社會發展 | 席汝楫著 |
| 透視大陸 | 政治大學新聞研究所主編 |
| 海峽兩岸社會之比較 | 蔡文輝著 |
| 印度文化十八篇 | 糜文開著 |
| 美國的公民教育 | 陳光輝譯 |
| 美國社會與美國華僑 | 蔡文輝著 |
| 文化與教育 | 錢　穆著 |
| 開放社會的教育 | 葉學志著 |
| 經營力的時代 | 青野豐作著、白龍芽譯 |
| 大眾傳播的挑戰 | 石永貴著 |
| 傳播研究補白 | 彭家發著 |
| 「時代」的經驗 | 汪琪、彭家發著 |
| 書法心理學 | 高尚仁著 |

**史地類**

| | |
|---|---|
| 古史地理論叢 | 錢　穆著 |
| 歷史與文化論叢 | 錢　穆著 |
| 中國史學發微 | 錢　穆著 |
| 中國歷史研究法 | 錢　穆著 |
| 中國歷史精神 | 錢　穆著 |

| | |
|---|---|
| 國史新論 | 錢　穆　著 |
| 秦漢史 | 錢　穆　著 |
| 秦漢史論稿 | 邢義田　著 |
| 與西方史家論中國史學 | 杜維運　著 |
| 中西古代史學比較 | 杜維運　著 |
| 中國人的故事 | 夏雨人　著 |
| 明朝酒文化 | 王春瑜　著 |
| 共產國際與中國革命 | 郭恒鈺　著 |
| 抗日戰史論集 | 劉鳳翰　著 |
| 盧溝橋事變 | 李雲漢　著 |
| 老臺灣 | 陳冠學　著 |
| 臺灣史與臺灣人 | 王曉波　著 |
| 變調的馬賽曲 | 蔡百銓　譯 |
| 黃帝 | 錢　穆　著 |
| 孔子傳 | 錢　穆　著 |
| 唐玄奘三藏傳史彙編 | 釋光中　編 |
| 一顆永不殞落的巨星 | 釋光中　著 |
| 當代佛門人物 | 陳慧劍編著 |
| 弘一大師傳 | 陳慧劍　著 |
| 杜魚庵學佛荒史 | 陳慧劍　著 |
| 蘇曼殊大師新傳 | 劉心皇　著 |
| 近代中國人物漫譚・續集 | 王覺源　著 |
| 魯迅這個人 | 劉心皇　著 |
| 三十年代作家論・續集 | 姜　穆　著 |
| 沈從文傳 | 凌　宇　著 |
| 當代臺灣作家論 | 何　欣　著 |
| 師友風義 | 鄭彥棻　著 |
| 見賢集 | 鄭彥棻　著 |
| 懷聖集 | 鄭彥棻　著 |
| 我是依然苦鬥人 | 毛振翔　著 |
| 八十憶雙親、師友雜憶（合刊） | 錢　穆　著 |
| 新亞遺鐸 | 錢　穆　著 |
| 困勉強狷八十年 | 陶百川　著 |
| 我的創造・倡建與服務 | 陳立夫　著 |
| 我生之旅 | 方　治　著 |
| **語文類** | |
| 中國文字學 | 潘重規　著 |

| | |
|---|---|
| 中國聲韻學 | 潘重規、陳紹棠　著 |
| 訓詁通論 | 吳孟復　著 |
| 翻譯新語 | 黃文範　著 |
| 詩經研讀指導 | 裴普賢　著 |
| 陶淵明評論 | 李辰冬　著 |
| 鍾嶸詩歌美學 | 羅立乾　著 |
| 杜甫作品繫年 | 李辰冬　著 |
| 杜詩品評 | 楊慧傑　著 |
| 詩中的李白 | 楊慧傑　著 |
| 司空圖新論 | 王潤華　著 |
| 詩情與幽境——唐代文人的園林生活 | 侯迺慧　著 |
| 唐宋詩詞選——詩選之部 | 巴壺天　編 |
| 唐宋詩詞選——詞選之部 | 巴壺天　編 |
| 四說論叢 | 羅　盤　著 |
| 紅樓夢與中華文化 | 周汝昌　著 |
| 中國文學論叢 | 錢　穆　著 |
| 品詩吟詩 | 邱燮友　著 |
| 談詩錄 | 方祖燊　著 |
| 情趣詩話 | 楊光治　著 |
| 歌鼓湘靈——楚詩詞藝術欣賞 | 李元洛　著 |
| 中國文學鑑賞舉隅 | 黃慶萱、許家鶯　著 |
| 中國文學縱橫論 | 黃維樑　著 |
| 蘇忍尼辛選集 | 劉安雲　譯 |
| 1984 | GEORGE ORWELL原著、劉紹銘　譯 |
| 文學原理 | 趙滋蕃　著 |
| 文學欣賞的靈魂 | 劉述先　著 |
| 小說創作論 | 羅　盤　著 |
| 借鏡與類比 | 何冠驥　著 |
| 鏡花水月 | 陳國球　著 |
| 文學因緣 | 鄭樹森　著 |
| 中西文學關係研究 | 王潤華　著 |
| 從比較神話到文學 | 古添洪、陳慧樺主編 |
| 神話卽文學 | 陳炳良等譯 |
| 現代散文新風貌 | 楊昌年　著 |
| 現代散文欣賞 | 鄭明娳　著 |
| 世界短篇文學名著欣賞 | 蕭傳文　著 |
| 細讀現代小說 | 張素貞　著 |

| | |
|---|---|
| 現代詩學 | 蕭蕭 著 |
| 詩美學 | 李元洛 著 |
| 詩學析論 | 張春榮 著 |
| 橫看成嶺側成峯 | 文曉村 著 |
| 大陸文藝論衡 | 周玉山 著 |
| 大陸當代文學掃瞄 | 葉穉英 著 |
| 走出傷痕——大陸新時期小說探論 | 張子樟 著 |
| 兒童文學 | 葉詠琍 著 |
| 兒童成長與文學 | 葉詠琍 著 |
| 增訂江皋集 | 吳俊升 著 |
| 野草詞總集 | 韋瀚章 著 |
| 李韶歌詞集 | 李韶 著 |
| 石頭的研究 | 戴天 著 |
| 留不住的航渡 | 葉維廉 著 |
| 三十年詩 | 葉維廉 著 |
| 讀書與生活 | 琦君 著 |
| 城市筆記 | 也斯 著 |
| 歐羅巴的蘆笛 | 葉維廉 著 |
| 一個中國的海 | 葉維廉 著 |
| 尋索：藝術與人生 | 葉維廉 著 |
| 山外有山 | 李英豪 著 |
| 葫蘆・再見 | 鄭明娳 著 |
| 一縷新綠 | 柴扉 著 |
| 吳煦斌小說集 | 吳煦斌 著 |
| 日本歷史之旅 | 李希聖 著 |
| 鼓瑟集 | 幼柏 著 |
| 耕心散文集 | 耕心 著 |
| 女兵自傳 | 謝冰瑩 著 |
| 抗戰日記 | 謝冰瑩 著 |
| 給青年朋友的信(上)(下) | 謝冰瑩 著 |
| 冰瑩書柬 | 謝冰瑩 著 |
| 我在日本 | 謝冰瑩 著 |
| 人生小語(一)～(四) | 何秀煌 著 |
| 記憶裏有一個小窗 | 何秀煌 著 |
| 文學之旅 | 蕭傳文 著 |
| 文學邊緣 | 周玉山 著 |
| 種子落地 | 葉海煙 著 |

| | |
|---|---|
| 向未來交卷 | 葉海煙 著 |
| 不拿耳朶當眼睛 | 王讚源 著 |
| 古厝懷思 | 張文貫 著 |
| 關心茶——中國哲學的心 | 吳怡 著 |
| 放眼天下 | 陳新雄 著 |
| 生活健康 | 卜鍾元 著 |
| 美術類 | |
| 樂圃長春 | 黃友棣 著 |
| 樂苑春回 | 黃友棣 著 |
| 樂風泱泱 | 黃友棣 著 |
| 談音論樂 | 林聲翕 著 |
| 戲劇編寫法 | 方寸 著 |
| 戲劇藝術之發展及其原理 | 趙如琳譯著 |
| 與當代藝術家的對話 | 葉維廉 著 |
| 藝術的興味 | 吳道文 著 |
| 根源之美 | 莊申 著 |
| 中國扇史 | 莊申 著 |
| 立體造型基本設計 | 張長傑 著 |
| 工藝材料 | 李鈞棫 著 |
| 裝飾工藝 | 張長傑 著 |
| 人體工學與安全 | 劉其偉 著 |
| 現代工藝概論 | 張長傑 著 |
| 色彩基礎 | 何耀宗 著 |
| 都市計畫概論 | 王紀鯤 著 |
| 建築基本畫 | 陳榮美、楊麗黛 著 |
| 建築鋼屋架結構設計 | 王萬雄 著 |
| 室內環境設計 | 李琬琬 著 |
| 雕塑技法 | 何恆雄 著 |
| 生命的倒影 | 侯淑姿 著 |
| 文物之美——與專業攝影技術 | 林傑人 著 |